# 学生就业与劳动力市场

## ——日本新毕业生市场的制度化过程

[日] 苅谷刚彦　菅山真次　石田浩　编著
李德方　主译

中国劳动社会保障出版社

**图书在版编目(CIP)数据**

学生就业与劳动力市场：日本新毕业生市场的制度化过程/李德方主译. —北京：中国劳动社会保障出版社，2007

ISBN 978-7-5045-6196-1

Ⅰ.学… Ⅱ.李… Ⅲ.毕业生-就业-研究-日本 Ⅳ.G531.35

中国版本图书馆CIP数据核字(2007)第073456号

**中国劳动社会保障出版社出版发行**

(北京市惠新东街1号 邮政编码：100029)

出 版 人：张梦欣

*

北京北苑印刷有限责任公司印刷装订 新华书店经销

787毫米×960毫米 16开本 16.5印张 278千字

2007年3月第1版 2007年3月第1次印刷

**定价：29.00元**

**读者服务部电话：010－64929211**

**发行部电话：010－64927085**

**出版社网址：http：//www.class.com.cn**

# 前言

日本在战败后的1948年春，由战败后教育改革应运而生的“新制初中”有了首届毕业生，其数量约为70万人。但是到了1950年，其毕业生总数竟高达159万人，其中大约占45%的72万人是走出校门希望进入就业市场的15岁左右的年轻人。

在现在的我们看来，或许已经连“新制”的形容也不复存在的初中学校的这一数字可能不抱什么特殊感情。但是，如果从“六三三制”以前的制度来看，在战败后的混乱时期里，仅是上述数量的年轻人的就业就是难以解决的问题。义务教育年限被延长了三年，中等学校仅有“初中”这一种类型，从毕业生的进路问题视角来看，变化是前所未有的。过去是寻常小学、高等小学、实业学校、高等女子学校、(旧制）初中等各种类型、不同年龄的毕业生走上社会谋求职业。而第二次世界大战败后，除去升入高一级学校的人，毕业生中的大多数都从初中这唯一的出口进入职业世界。

本书试图尽可能地通过实证研究来阐明，初中毕业生在进入职业世界的过程中与初中学校及战败后新起步的国营职业安定机构具有怎样的关联，通过“制度”的介入如何对新毕业学生劳动市场实施供需调整，以及从学校平稳过渡到职业世界怎样才会成为可能的问题。

初中毕业生就业这一主题如果与“集团就业”相结合，或许可能会透视出从过去的贫穷时代到现代繁荣的过程。但是，本书想挖掘的既不是对过去的怀旧，也不是对贫穷的回忆，而是想阐明以初中毕业生就业这一问题为中心，依据细致周密的程序管理过渡到职业世界的系统是如何在全国范围内确立的问题。通过这个问题的解决，能够从与过去不同的视角，对包含产业间、地区间移动在内的大规模社会移动及作为其结果的职业结构的变化、高度成长期能够实现的劳动力的供需调整、以整体录用为特征的新毕业学生录用的制度化、带来基础劳动力从初中毕业生到高中毕业生的提升这一“日本式经营”的基础形成等战败后日本社会形成与发展中的诸多问题进行探讨。

在解决上述问题过程中，我们采取了如字面所述的从教育社会学、日本经济史、社会阶层论等不同领域的跨学科研究方法。作为本书基础的共同研究，是在1993年成立的文献研究会上，以菅山与苅谷一起邀请年轻的研究生们重新开始研究战败后毕业生劳动市场为开端。其后，1995—1997年，受到文部省科学研究费的资助［一般研究（B)；课题名称：关于学校新毕业生从教育过渡到职业的实证研究——其成立过程与现状；课题负责人：苅谷刚彦］，开展了包括访谈调查在内的真正的研究。本书的另一位编者石田1995年从美国归国后，到东京大学社会科学研究所赴任，也参加了这个研究会。此后的1997—2000年，又将其置于由石田主持的社会科学研究所的小组研究会“关于战败后日本毕业生劳动市场的组织化研究”的位置。本书是作为这一小组研究成果的结晶，其宗旨被社会科学研究所研究报告第60集刊发。

截至本书出版，我们在1996年日本教育社会学会第48次大会上作了发表，并于1997年、1998年共同合作在社会科学研究所的纪要《社会科学研究》（第49集第2号、第3号）上发表了论文。可以说通过上述过程，扎扎实实地打下了本书的基础。

接下来，想借此机会对在本书写作过程中给予关心支持的诸位表示感谢。首先，对虽然未参与本书的写作，但参加研究会并共同开展研究的成员谷本雅之、柳田雅明、本田由纪、中村高康、粒来香、大内裕和、大岛真夫、高濑雅弘、森川美绘等在文献数据的收集，特别是在作为本书基础的研究方案的凝练上付出的辛勤劳动表示感谢。虽未列举姓名，但在研究中接受采访的劳动省、职业安定所的相关人士、企业的人事负责人、初中学校的教师等在百忙之中长时间地接受我们的访谈表示谢意。还有，对详细审读本书原稿并提出严格但非常有益的评论的广田照幸和谷本雅之表示感谢。他们二位指出的问题对其后的原稿修改起了非常关键的作用。在本书出版过程中，得到了东京大学出版社的佐藤修包括出版资助申请手续在内的诸多支持。与委托给各位作者的编著不同，我们努力寻求基于对共有的问题与共同的认识基础上对原稿进行多次反复调整修改来解决问题。在紧张的日程安排中能够如此，完全得益于佐藤先生的关心与厚爱。仅就所花费的工夫与时间来说，本书可以说是确如文字所述的“共同研究”的成果。另外，本书是在1999年度科学研究费补助金“研究成果公开促进费”的资助下出版的。

近年，包括高中毕业生、大学毕业生在内，毕业后既不升学又不就业的年轻人在增加。尽管也有经济不景气所带来的就业难的影响，但正如本书所阐明的那样，从学校过渡到职业的系统的松散不能不说也是其中要因之一。即使从这样的"日本的系统"的松散意义上来考虑，本书如果能有所助益，对我们来说则是荣幸之至。因为历史是反映现实的一面镜子。

苅谷刚彦、菅山真次、石田浩

1999 年 12 月

# 译者序

当前困扰中国社会的突出问题之一就是毕业生的就业难。由中国人口众多这一基本国情所决定的就业压力，随着经济结构的调整、适龄就业人口高峰的到来以及高校连续大规模扩招带来的毕业生数量的积累等原因，将会变得越来越大。为了解决这个问题，学习借鉴发达国家在处理这一问题方面的理论成果和实践经验，窃以为很有必要。这就是翻译本书的起因之一。

本书是由日本东京大学苅谷刚彦教授等人以毕业生就业为研究对象，系统阐述日本从第二次世界大战败后的混乱期到高度成长期之间，通过在全国范围建立就业中介系统，实行细致严密的程序管理，从而实现大量毕业生顺利就业的论著。作者运用教育社会学、日本经济史、社会阶层论等不同领域的跨学科研究方法，从新的视角进一步论述了包括产业与地区移动在内的大规模社会移动以及作为其结果的职业结构的变化、劳动力的供需调整、以整体录用为特征的毕业生录用的制度化以及从初中毕业生到高中毕业生的劳动力学历上移的形成等日本战败后诸多社会问题的概貌。

本书首先对毕业生的就业与学校及职业安定所的关系，从定量角度进行了分析。接着对毕业生的就业中介制度的历史以及具体结构进行了论述。具体是对毕业生就业中介事业的发展过程，从第二次世界大战前开始详细追踪，在明确制度制定历史的同时，对战败后快速发展的过程，特别是对 20 世纪五六十年代的初中毕业劳动者剧烈的地区移动中的广域中介系统进行了分析。在制度的微观层面，按照职业指导年度计划的顺序，再现了 1953 年 3 月毕业的初中毕业生从毕业到就业的全过程，以便了解学校和职业安定所在学生就业安置方面的严格计划管理、合适岗位的寻找、依据“一人一单位主义”原则的选拔以及就业后的扎根指导等一系列流程。特别是存在于特定企业与学校之间的“指定校制度”等方面的情况。对女性毕业生的就业问题，在分析与男性进入劳动力市场差异的基础上，解释了女性进入纺织业成为根据职业安定行政实行全国范围的劳动市场制度化的契机的前因后果，并通过对纺织业中的女子广域录用方式和分割录用制度的变化过程的分析，阐明了毕业生就业中介制度建立的原因。最后，依据上述实证分析结果，对毕业生就业中介制度的意义进行了论述。

本译著是集体合作的结果，具体的翻译分工如下：前言（李德方），第一章（李德方），第二章（李德方），第三章（李德方），第四章（姜丽萍），第五章（姜丽萍），第六章（邵小丽、姜丽萍），第七章（李德方）。最后的统稿工作由李德方完成

本书在翻译过程中，得到了日本学者玉置启子老师的指点，留学生同仁张婷、朱孔军也给予了帮助，邵小丽、陆剑等人协助做了大量事务性的工作，对此一并表示感谢。

最后，我们要感谢中国劳动社会保障出版社，感谢他们为出版这部译著所做的努力，如果没有他们对本书价值的认可，这本书是不可能和读者见面的。

由于译者水平所限，书中缺点、不足以及谬误定然不少，真诚地欢迎各位专家、学者提出宝贵意见和建议，在此谨表谢忱。

李德方

2006. 12. 18

# 目录

# 第一章

# 问题的提出与本研究的范围

## 第一节　问题的提出

“六三三”制的学校制度，以承担难以想象的繁重的任务于 1945 年开始起步。加上出于对实行民主主义教育政治上的、思想上的考虑，带着对作为承担新义务教育的新制初中培养出来的大量的毕业生无论如何都要提供出路等教育上的、经济上的任务出发了。

1950 年日本的初中毕业生数为 159 万人。其中 72 万人升入了新制高中，几乎相同数量的 72 万人就业了①。与以前被称为普通小学、高等小学等多种多样的初等教育的时代相比，在义务教育结束后统一进入新制初中的制度下，每年如何将大量的毕业生顺利地向社会输送，这是以前不管什么样的学校都没有经历过的进路指导上的重大问题。

而且，在高度成长之前的战败后经济状况极端混乱，在经济持续混乱时，作为民主教育的象征开始起步的新制初中，其毕业生怎样才能顺利向社会输送出去呢。其成败与否，无论是对于社会稳定，还是对于新学校制度，可以说都是重要的考验之一。20 世纪 50 年代里，就是在这种状况下每年有五六十万的初中毕业生开始走向社会。

但是，从那以后不久，初中生的进路问题却发生了巨大的变化。由于进入了

① 根据文部省《学校基本调查》。

高度经济增长时期，因而对初中毕业生的需求增大，因此，原先的就业难一下子变成了招聘难。通常有超出应聘人数数倍的招聘需求，企业为了招聘到初中毕业生而踏遍全国。众所周知，就是在这个卖方市场时代，出现了伴随着初中毕业生的大规模区域移动的“集团就业”的社会现象。

然而，可以称为是初中毕业生就业的黄金期的卖方市场时代没有能够持续多久。进入20世纪60年代后期，伴随着高中升学率的提高，初中毕业就业者的数量越来越少。即使是希望录用初中毕业生，但原本希望就业的学生很少。于是，众多的企业就将招聘方向由初中学校转移到高中学校去了。在1975年，初中毕业就业人数不足10万人，不到初中毕业生总数的7%。

由上所述，我们似乎不难发现，初中毕业生的就业现象，仅在四分之一世纪的时间里就发生了巨大的变化。经济的混乱、新学制的起步、就业难、经济高度成长与招聘难以及高中升学的普遍化与初中毕业就业人数的骤减——作为这样不断出现的急速变化的一个侧影就是初中毕业生的就业问题。

像这样，将日本经济发展史的侧影与初中毕业生们个人人生探索的侧影相结合，是能够追思往昔的吧。对初中毕业就业者的个人奋斗史的生动描述，作为战败后历史研究来说也是重要的课题之一。但是，作为本书的中心并不是像这样从个人视角出发进行的历史描述。与其说是在对急剧变化时代的初中毕业生们怎样选择进路、怎样开始职业生活的描写，还不如说是着眼于决定他（她）们职业选择方向的“制度”阐述。具体就是以实现新毕业生的劳动市场调整以及由职业安定所与初中学校联合进行的职业中介、就业指导的制度的历史作为分析对象。

说起对制度的历史的描写，乍一看与活生生的从个人观点出发的历史描写相比，或许可能使人想到枯燥无味的编年史。我们之所以避开个人观点而倾心于对制度的描述，是因为考虑到像开头所描述的那样，在急剧变化的社会、经济状况下，弄清楚作为制度是采取怎样的方法去应对并由此带来怎样的结果等。通过避开个人的观点意识，或者说超越作为每个人行为的总和，而将重点放在捕捉“制度”动向的层次上，反而更能揭示出战败后日本的形成特性。将制度的活动力作为分析对象，使巨大的社会结构的变动、经济状况的变化与个人的行动联系起来，就能够设定中间层次的视角。这样就能够研究：第一，大量的年轻人的地区之间的移动能够比较顺利地进行是基于怎样的原因；第二，全国范围的程序管理下的进路指导的体制，以及毕业的同时就能够实现从学校到职场的移动结构是在怎样的背景下成立的等一系列带有日本社会特征、横跨教育与职业的重要问题。进而通过这些问题的解决，还能够考察被称为企业的“日本式的经营”的一部分的对新毕业的学生有计划地整体录用——“毕业生整体录用”方式普及化的过程。像这样，考虑到通过对社会移动、进路指导、劳动市场等横跨社会学、教育研究、经济学学科的问题的解决，还能够对日本社会的特征，从与以往的研究不同的视角进行阐明。

对个人的研究与本书的研究究竟有什么样的不同？不妨以20世纪60年代前期，农村出身的初中生，既不去务农，又不进入高中学习，毕业后能够选择什么样的进路为例进行考察。招聘信息是通过什么样的途径到达他（她）手中的呢？这里面，又经历了怎样的过程呢？就像后面能够具体看到的那样，其经过并不是单纯地由招聘企业将招聘信息通过邮局邮寄给应聘者。而且，从其他的府县（相当于我国的省、直辖市、自治区——译者注）的招聘票送达求职者面前之前，与哪些方面有关、交换了什么信息、遵循怎样的规定后，这个招聘票才能到达他（她）的手中。如果包含制度的健全在内，作为个人，在面对招聘票以前必须进行多长时间以及怎样的准备？还有，就业单位的决定过程、参加就业考试并根据其结果办理到达就业地的手续以及为了促进就业后安心工作的做法等，都有许多围绕应聘者的制度的动向。实际上，围绕着个人，都有决定他（她）的行动方向的制度的动向。

那么制度的动向是依据什么样的意图、经过怎样的争论，还有实际通过怎样的组织结构来决定新毕业学生求职者的行动方向的呢。诸如此类的问题，通过个人的观点来捕捉是比较困难的。而且，从20世纪50年代前期到60年代后期，制度本身也有变化的可能。其动向如果与如前所述的围绕急剧变化的社会、经济、教育状况的大规模变化有所联系的话，那么通过抓住制度发展的历史，我们就能够在联系宏观状况的变化与微观的个人行为之间的中间层次，把握制度内部组织结构的实态。

## 第二节　理论框架

我们出于以上考虑而进行的围绕“制度”的研究，是与经济学的工作调配研究和构成经济社会学一部分的“劳动市场的社会学”相关联的研究。在自由的“市场”下进行劳动市场工作调配这一经济学的前提下，近年来，从经济社会学的立场出发，注重人与工作相结合的具体的社会关系的研究已有所进展。格兰诺维特（Granovetter）揭示了通过人与人的个人关系能够实现良好的工作调配，而且，工作调配是潜藏于个人之间的关系网络中的[①]。格兰诺维特从社会学的角度出发，揭示了在劳动市场中的人的移动，不仅仅只是经济学中所述的原生的个人自由行动的结果。实际上在这里有被称为个人关系网络或者纽带的社会联系存在其中。另外，林（Lin）和马斯登（Marsden）等人在研究中，将以上阐述的关系看做是“社会的资源（social resources）”，他们还解释了职业移动具有什么样的社会关系资源是重要的问题[②]。

以上这些研究，可谓是以进入劳动市场的人们的移动为要点的研究。与此相对，也有揭示初次参与工作中组织与组织之间持续的信赖关系的“制度的联系（institutional linkages）”的研究。罗森堡（Rosenbaum）与苅谷的一系列研究，通过详细分析日本高中毕业生就业情况，阐明了被称为高中学校与企业的“实绩关系”制度的联系介入工作调配的过程。这些研究，表明了高中的排名、在校成绩是获得“理想的工作”的重要选拔标准，阐述了高中学校与企业的实绩关系，不是弱化以这些成绩为标准的选拔，而是起了加强的作用，并由此起到了弱化求职者的出身对就业机会的影响[③]。

另外，苅谷其他的研究[④]，以日本的大学毕业生就业为对象，阐明了与过去的指定学校制度不同，现在是利用校友关系使特定的企业与特定的大学之间持续

① 参照 Granovetter，Mark，Getting a job，Boston，Mass.：Harvard University Press，1974，New Edition，1995 及 Granovetter，“Economic Action and Social Structure：The Problem of Embeddedness，” American Journal of Sociology 91：480－510，1985 等。

② 参照 Lin，Nan，Ensel，Walter M. and Vaughn，John C.，“Social Resources and Strength of Ties：Structural Factors in Occupational Status Attainment，” American Sociological Review 46：393－405，1981 及 Marsden，Peter V. and Hurlbert，Jeanne S.，“Social Resources and Mobility Outcomes：A Replication and Extension，” Social Forces，66：1038－1059，1988 等。

③ 参照以下文献：苅谷刚彦：《学校、职业、选拔的社会学：日本高中毕业生就业的结构》，东京大学出版社，1991 年。Kariya，Takehiko and Rosenbaum，James E.，“Institutional Linkages between Education and Work as Quasi-Internal Labor Market，” Research in Social Stratification and Social Mobility，vol. 14，1995，pp. 99～134.

④ 参照以下文献：苅谷刚彦：《应届学校毕业生就业和出身阶层：在大学毕业生、高中毕业生就业中社会、经济背景的影响》，《劳动社会学年报》第 7 期，1996 年，第 71～84 页；苅谷刚彦编：《从大学到职业：关于大学生就业活动及差别形成的调查研究》，广岛大学大学教育研究中心，高等教育研究丛书 No. 31，1995 年；苅谷刚彦、冲津由纪、吉原惠子、中村高康、近藤尚：《被前辈－后辈关系包围的大学毕业生的就业》，《东京大学教育学部纪要》第 32 卷，1992 年，第 89～118 页；Brinton，Mary C. and Kariya，Takehiko，“Institutional and Semi-Institutional Networks in the Japanese Labor Market，” in Brinton，Mary C. and Nee，Victor，eds.，The New Institutionalism in Sociology，Russell Sage Foundation，1988.

合作，在这些企业与大学之间的合作中，大学越是有名，通过校友关系就业的情况就越普遍。

针对以上这些研究，作为本书来说，以到目前为止未被充分关注的初中毕业生为研究对象，对战败后日本职业中介与学校的关系，试图从历史（社会学）的角度进行阐明。职业安定所与初中学校对新初中毕业生的就业具有什么样的联系，通过以职业安定政策为对象，并对其发展史进行阐述，是能够探讨出日本制度联系的成立过程的。

不仅如此，我们着眼于对制度的研究，不仅限于了解学校与职业安定所单单是作为劳动市场的代理人介入工作调配的过程我们在本书中的设想是，在充分把握制度的活动力的基础上，包括理念之间的纠葛与对立在内，被制度介入劳动市场的动向，以及通过这一劳动市场的人们的职业移动的流向，还有教育与企业社会的联系形成等问题的关注来分析制度的变动状况。

特别是在对制度变动把握的基础上，我们所关注的是支撑制度的不同理念之间的对立与纠葛。当着眼于初中毕业者的职业介绍制度时，里面包含有“保护”与“自由”两大理念。而比这些理念的对立更突出的，是求职者均为未满 15 岁的初中毕业生这样一个事实。

对成年的求职者来说，比如即使为了工作要到遥远的地方去，其责任基本上由个人承担。与此相对，对 15 岁左右的未成年人来说，如果离开父母，初次出门开始工作，则必须考虑要对他（她）们采取一定的保护措施。是否被诸多虚假招聘信息所骗？离开原来的生活环境到大都市生活是否能够很好地适应？能否耐得住孤独？是否会走上犯罪道路等，在日本民主化的浪潮中，以对刚刚结束义务教育的少男少女们关怀为前提，制定与比他们年长的毕业生以及成年人有别的制度，是就业过程中必须要考虑的问题。

但是另一方面，如后面第三章详细阐述的那样，出于对第二次世界大战中的劳务统制的反省以及受到占领下的 GHQ（盟军最高司令部——译者注）指导的影响，在第二次世界大战败后的职业安定行政中，有最大限度地保障个人的职业选择自由这又一民主化思潮。按照这一思路，公共职业介绍机构不能侵犯求职者求职活动的自由。即使是对年少者，求职活动的自由也必须得到保障。但是，前面所述的从重视对他（她）们的“保护”的立场来看，如果任其自由，那么就可能无法保证他（她）们能够顺利开始工作生活。学校、职业安定所对学生们就业的全过程进行管理，对招聘信息，认为与直接寄给个人相比，还是通过学校、职业安定所的方法或许更好。从这个意义上看，站在重视保护的立场，由国家对劳动市场实行调整与统制，比起重视个人的自由更有“亲和力”。因为这个缘故，保护与自由的对立内在地包含了在市场的介入与个人的自由之间可能引起的分歧。

战败后的职业介绍制度，就是在这样的保护（或者市场的调控）与自由之间的潜在对立中起步的。因而在这种潜在的对立中，随着强调对象的变化，制度的作用也相应地发生变化。或者也能看到两者兼顾促进毕业生职业介绍制度蓬勃发展的情况。就像第五章详细描述的那样，对进入纺织行业的女子初中毕业生，学校与职业安定所起到了保护与自由的双重作用。经济不景气时期，重点强调在当地就业；到了初中毕业生被称为“金蛋”的 20 世纪 60 年代的卖方市场时代，比起在当地就业，更鼓励去大都市就业，可以说这是对保护与自由的灵活运用的结果。

劳动市场由买方市场向卖方市场的转化过程中，为新毕业生而设立的职业介绍制度将如何应对呢？这些应对措施与制度不存在的时候相比，对各个时代的工作调配究竟赋予了怎样的特征呢？对以上这些问题，包含制度的变动论在内，进行“劳动市场的社会学”分析都是重要的。特别是可以让初中学校这一教育组织也介入其中，更进一步来说，考虑到即使是职业安定所开展对初中毕业生的职业介绍时也会基于“教育上的”关怀，因此，初中毕业生的工作调配，可能就不仅仅是依据市场的理论与经济的原理来进行的。

而且，前文所述的“保护”与“自由”的对立，如果说给职业安定制度的变化带来什么影响的话，那么在劳动市场中的需求平衡的变化可能就伴随着这种带有对立含义的变化。如果是这样的话，市场的变化就不是直接左右工作调配的做法。供求平衡的变化与市场的原理不同，它是通过组织介入的工作调配的过程给各个初中毕业生的职业选择施加影响的。考虑到劳动市场的变化，怎样将招聘信息送达中学生手中？选择去应聘的他（她）又是如何决定的？通过以上这些问题的分析，是能够解答仅仅根据数量把握分析劳动市场的供求关系而不能搞清楚的问题。

## 第三节　研究的意义

从以上的视角出发，通过以新毕业学生的职业中介制度为分析对象，对以前的社会科学中各领域的研究来说，本书可以在以下两个方面有所突破：第一，解释大量的年轻人是基于怎样的原因在地区间比较平稳地移动的问题；第二，解释全国范围的程序管理下的进路指导的体制、毕业的同时就能够不间断地实现从学校到职场的移动结构是在怎样的背景下成立的问题。对这两个问题，通过横跨经济史、经济学中的劳动市场研究、社会学中的社会移动研究以及教育社会学中进路指导研究等多领域、多学科研究方法的采用而能够给出实证性的解答。本节将在说明这两个问题的设定具有什么样的意义的同时，探讨一下本书的贡献。

**一、平稳地移动**

本书最大的贡献之一就是以新毕业学生的就业问题为中心，横跨教育与职业、经济、行政等不同领域，分析日本社会特征的诸多侧面。并且，本书所研究的时期，包括第二次世界大战败后的混乱期、高度成长期，以及在劳动市场中被称为基干劳动力的新毕业生从初中毕业生提升到高中毕业生的时期。以包含大变动期在内的时期为对象，对劳动力分配形态的历史以及与此相关的制度发展史等进行实证解析。用刚才的说法就是能够说明大量的年轻人是基于怎样的原因在地区间比较平稳地移动的问题。这一问题的解决，正如下面论述的那样，也阐明了战败后日本社会的特征。

根据古典学派的大河内一男等人的研究，新毕业学生就业者正是最能够灵敏地适应由于日本经济的急剧变化带来的劳动市场变化的劳动力①。这里包含两个理由：第一，与具有经验的劳动者相比，新毕业学生由于不需要抚养家庭而能够比较容易地进行跨地区移动；第二，正因为是没有经验的劳动力，所以在进行职业转换时不牵涉到熟练技术的损失问题。在新毕业学生具有的以上两个特征的基础上，接着大河内等人进行研究的氏原正治郎与高梨昌指出，“被大量提供的青少年劳动力，其高效率、低工资以及对劳动需求的质的结构变化适应性强，是50年代的高积累与技术革新成为可能的重要原因”②。这里所说的“被大量提供的青少年劳动力”，毫无疑问就是指被大河内等人形容的“像羊羔一样听话”的（新制）初中毕业生。

那么，作为支撑20世纪50至60年代劳动力需求最前沿的基干劳动力（初中毕业生）的职业移动是通过怎样的结构进行的呢？是通过自由放任为基调的市场？还是通过什么样的制度、组织对市场进行干预或调整来进行？如果是后者，又是根据怎样的理由、通过什么样的构造来进行的呢？更进一步来说，这样的调

① 大河内一男、氏原正治郎、江口英一、关谷耕一、高梨昌：《劳动市场的研究：初中毕业生的就业问题》，东京大学出版社，1955年。

② 氏原正治郎、高梨昌：《日本劳动市场分析》（上、下），东京大学出版社，1971年，第51页。

整会对就业者的职业经历带来什么样的结果？本书的中心课题是，通过对初中毕业生的就业结构进行分析，试图来回答上述问题。

这些问题的解决，除了以毕业生的职业移动为中心，来探讨日本社会大规模的结构变化是如何进行的以外，别无他法。

众所周知，战败后的日本，从事农业的人数急剧减少，产业工人数量增加，从产业结构的角度来看，通过高度成长期，第一产业向第二、第三产业发生了急速的转移。比如，从事农业人口占全体就业者的比例，1950年是48%，20年后减少到只有20%左右。而同一时期被雇用者的比例，由52%激增到81%。在仅仅不到四分之一世纪期间，日本社会迅速进入到“雇用社会”。

从农村到城市的人口移动与农民到城市产业工人社会职业的转变这两个方面同时进行带来了日本社会的结构变动。在这里面，很多的研究证明，农村子女到非农业部门就业是带来地区移动与职业转换的主要原因①。特别需要重视的是新毕业学生的移动问题。被认为是务农的后继者们，从学校毕业的同时离开农村而作为城市的产业工人就业。在战前农村出现的被称为“次子三男问题”的农村人口的流动，到了战败后，又波及到了长子。

截至目前，对劳动力转移的宏观动向的研究不算很少。从研究农民阶层解体的问题、地区之间人口移动的问题的角度来看，有关从农民到城市产业工人的转变、从农村到城市的人口移动的研究也非常多②。当然，以上这些研究，都不可避免地将新毕业学生的移动作为研究的中心之一。不仅如此，仔细地分析过去的研究可以发现，尽管对关于移动的“结果”的分析较多，但是对这些移动的介入结构以及具有什么样的制度介入等的研究却非常少。特别是直接关系到新毕业学生就业的职业安定所、学校等所起的作用的研究，除了当时与此相关的现状报告，及后来的极少数研究以外几乎可以忽略。从现在来看，对支撑当时的结构变动的各种各样的制度与组织的作用没有进行充分的论证的情况下，发生了从农村到城市的年轻劳动力的大规模移动这样一种结果，作为一种定论存在于20世纪50至60年代。

前面提到的大河内等人的研究中，引用了贝弗里奇的“对具有灵活性的年轻

① 例如，参照三治重信：《日本雇用的发展过程》，劳务行政研究所，1964年；松本通晴、丸木惠祐编：《都市移居的社会学》，世界思想社，1994年等。

② 例如，作为这个领域的收集文献有：北海道大学经济学部地区经济研究资料室编，《关于我国地区间人口移动的文献目录》，1973年。

人流动的管制，是各产业部门根据需求的变化调整劳动力总供给的简单易行的方法”这一说法。但是，对照我们所关心的问题，充分利用这些新毕业学生的灵活性，是能够轻松地解决适应产业结构的急剧变化中的劳动力配置的问题，与其说是适合贝弗里奇所在的英国，不如说是更贴切当时日本社会的实际。之所以这样说，是因为这个时期的日本社会，事实上对新毕业学生的流动的控制，可以说不仅仅是完全依赖“市场结构”，而且还通过相关制度的介入，来对“具有灵活性的年轻人的流动”实施“统制”（或者调整）。

大规模的移动中，制度的作用究竟如何发挥的问题，对社会学中的社会移动研究来说，即使到现在也没有完全解决。在社会移动研究中，学业结束后初次参加工作的过程，被看做是个人谋求其社会经济地位的重要手段。还有，伴随初次就业而带来的区域移动，也是构成社会移动的重要因素之一。

但是，以往相对比较注重定量分析的研究，还不能说已经充分注意到了在这样的移动中实际介入的制度、组织所发挥的作用。即使注意到了对出身阶层、学历等制约移动的初期条件以及作为移动结果的职业地位的提高，但对实现这些目标过程的实际状态，比如说有关毕业生与职业的具体制度的作用，时至今日也还不充分。

但是，比如地方出身的初中毕业生，究竟是如何、又是找到了怎样的第一份工作？一般认为其过程是受到决定其方向的制度的影响的。也可以说他（她）们的就业机会本身，正是由于制度的介入而出现在他（她）们面前的。而且，这里所说的制度本身就包含了理念之间的对立与纠葛，因而就包含了其适应劳动市场的变化而相应地调整其作用。如果是这样的话，通过着眼于对介入个人移动的制度的研究与包括对社会移动的过程自身的研究，就能够扩大移动研究的领域。从这个角度来说，作为决定社会移动方向的制度，是能够把握职业中介的构造的。

伴随着产业之间、地区之间大规模劳动力移动的战败后日本社会的结构变动是由以自由放任为基调的市场这只“看不见的手”决定的呢？还是由介入其间的某些制度所决定的？本书通过对 20 世纪 50 年代、60 年代的实证研究，试图解决什么样的制度介入新毕业生劳动力的移动以及由此带来的对劳动力的供求影响的问题。我们特别关注的是第二次世界大战败后日本新成立的（国营的）职业安定行政的各机构，以及与此保持密切关系的新制初中学校的作用。通过上述研究，试图努力解明对新毕业劳动力的流动进行适当调控，使得日本社会比较顺利地实现产业结构巨大变化的制度结构。

## 二、“无间断的”移动

本书的第二个贡献是解决全国范围的程序管理下的进路指导的体制是如何建立的问题，以及作为其结果使学生在毕业的同时就能够实现没有间断地从学校到职场的移动结构是在怎样的背景下成立的问题。

正如后文第三、四章所详细分析的那样，第二次世界大战败后诞生的初中学校与职业安定所联合对初中毕业生进行就业指导的构造几乎是其他发达国家未有先例的，即在全国实行统一的严格程序管理下进行的高度制度化的指导。进行了多长时间的进路愿望的调查？其结果按照什么样的日程反馈到所辖的职业安定所、县以及全国范围来进行招聘与求职的调整？然后，将其结果再一次返回到学校，对每一个学生的就业愿望进行反复推敲。从就业单位的希望调查开始，经过就业考试，一直到录用的全过程，几乎全国范围所有的初中学校都按照同样的程序在做。之所以采取统一的进程，无疑是为了在全国范围内对初中毕业生的就业供求进行调整。如果各个学校或者各个县的日程不一，那么就会给上一个层次的供求调整带来困难。通过建立全国统一的职业中介系统，就能够纠正地区之间的供求不平衡，使横跨地区之间的职业移动比较顺利地进行。其结果，就是形成了学生们初中毕业的同时实现从学校到职业的“无间断的”移动构造，而不是学生们在毕业之后再去寻找工作单位，也就是毕业之前就决定了 4 月 1 日在何处工作（每年的 4 月 1 日是日本学校新学年的开始——译者注）。从而建立了可以说在国际上没有先例的“毕业即就业”的结构。

以全国统一的程序管理为基础的“无间断的”职业移动的构造，不管对于战败后的教育来说，还是对于企业社会来说，都具有重要意义。

第一，对教育的意义。“六三三”学制被一再认为是划时代的学校教育制度。其中，新制初中的设立，不仅是义务教育阶段的延伸，而且是建立单线型教育制度的核心举措。尽管是如此重要阶段的学校，有关其毕业生们的进路，特别是就业进路究竟是基于怎样的制度而选择的，截至目前也未能充分地进行研究。学校内的进路指导就不必说了初中学校与职业安定所等职业中介机构之间具有什么样的关系？还有与在全国范围开展的全面的职业中介的程序管理有何关联？在教育研究领域中，可以说对这些问题几乎都未曾涉及。

但是，正如开头所述，新制初中与以前承担初等教育、前期中等教育任务的各学校不同，毕业生们在学校生活结束后作为大量的群体进入到工作阶段。与战前不同年龄的少男少女们经过普通小学、高等小学、青年学校等学校学习进入职业世界有别，新制初中学校，除去升入高中的以外，数量高达 50 万～60 万 15

岁左右的少男少女们，结束学校生活后走向工作岗位这同一出口。毫无疑问，能否从这一出口平稳地将毕业生们送上社会，对新教育制度而言具有重要意义。但是，可以看成是新教育制度评价标准之一的学生毕业后能否实现就业的问题以及支撑其制度的详细分析研究，可以说几乎没有。从这个意义上看，以初中毕业生的就业问题为研究对象的本研究，是能够在对战败后的教育成果进行评价上带有新观点的研究。

第二，对企业社会来说，构建实现新毕业学生“无间断的”移动结构具有重要意义。这是因为每年 4 月接受一定数量的毕业生作为新员工，不仅仅牵涉到录用问题，而且对企业全面人事管理来说也带来了巨大的变化。

上述的全国统一的就业指导日程管理，不单单是学校与职业安定所进行的管理的延续。对录用毕业生的企业也提出了按照规定的日程进行相应录用的要求。首先决定求职者人数，然后按照职业安定所要求的格式提出。录用考试的实施时间，不是由各个企业分别独自在不同时期举行，而是全国范围几乎都在同一时期进行。甚至在与求职者个人接触之前，要求企业与职业安定所的工作人员以及学校负责就业指导的人员先进行面谈并提供第二年春季的录用情况信息。特别是在 20 世纪 60 年代这样一个招聘难的时代，因为需要从毕业生中补充新员工的比重增加，新毕业生的录用计划，对很多企业来说是人事管理上确保人才的极其重要的课题。

在这样的情况下产生的从学校到企业的“无间断的”移动，不仅是初次参加工作的平稳过渡的问题，从当时日本的教育与企业社会的特征考虑，这个制度能够使新毕业学生树立安心工作的志向。通过对学生平稳过渡的支持，使学生们从学校出来初次就业的适应性得到提高，从而能够保持较高的稳定率。就是在就业后，学校有关人士与职业安定所的工作人员所推行的被称为“扎根指导”的做法，如后面第六章将要详细阐述的那样，也是尝试实现从学校毕业后直接到企业就业这一良好社会共识的形成。其成功与否尽管不容易定量把握，但“无间断的”移动的制度化，使毕业生树立安心工作的想法，可以说对推进根据学历状况与工作年限进行人事管理，从而形成日本式录用制度基础的极其重要的契机。之所以这样说，是因为在“无间断的”移动前提下的新毕业生统一、集体录用的普及，与学校毕业生就业或者一定期间内扎根前提下的工作后的经历描绘紧密关联。与欧美十几岁的毕业生在短时期内多次反复地辞职转岗的“年轻人劳动市场”为基础的企业录用惯例相比，统一、集体录用毕业生，是日本企业录用上的“独有”特征。之所以能够如此，可以说是因为教育与职业、学校（职业安定所）

与企业的紧密配合的结果。考虑到以上这些方面，初中毕业生实现就业的过程的严格制度化，在形成战败后日本社会横跨教育与职业的这一点，是不能被忽视的。

## 第四节　前期研究综述

但是，在这个领域的研究还不能说是十分充分。尽管如此，通过对前期研究进行讨论，对进一步明确本书研究的内容来说显得非常重要。首先在本节，想通过对战败后初中毕业生劳动市场的问题，特别是与职业介绍的关联的前期研究的分析，来阐明本研究的主题。下面，将从 1970 年以前的所谓“同时代的”研究与 1990 年以后的“历史的”研究两个方面，对照我们所关注的问题，来进行讨论。

### 一、同时代的研究

首先，关于新毕业学生进入劳动市场的问题，让我们看一看前面已提到过的大河内等人的研究[①]，以及承其后的氏原、高犁的研究[②]。这些研究都是依据东京大学社会科学研究所以神奈川县为样本调查的基础上进行的，探讨了有关新初中毕业生进入劳动市场的问题。这些研究对初中毕业的男女生，分别从劳动市场中的需要与供给两个角度进行探讨。在此当中对我们的研究来说尤其值得注意的是关于就业单位与就业路径关系的分析结果。

根据这个调查，1953 年毕业的神奈川县的初中毕业生，无论是男生还是女生，通过职业安定所与学校实现就业的达 60%。但是，经过进一步的观察发现，“劳动市场的组织化”的发展，在不同的产业、企业规模以及地区之间的差异很大。而且，就像利用关系就业一样，未经过职业安定所与学校的职业介绍、“组织化”未能得到发展的部分接近 40%。根据这个调查结果，无论是大河内还是氏原、高犁都在研究中指出：“无论（职业安定所）努力与否，都很难说缓解了在劳动市场中产业间、地区间的冲突，以及劳动条件标准化的功能作用”[③]。仅从神奈川县这个样本来看，在这些研究者的眼中，初中毕业生劳动市场的“组织

① 大河内一男、氏原正治郎、江口英一、关谷耕一、高梨昌：《劳动市场的研究：初中毕业生的就业问题》，东京大学出版社，1955 年。

② 氏原正治郎、高梨昌：《日本劳动市场分析》（上、下），东京大学出版社，1971 年，第 51 页。

③ 大河内等，上述书，第 316～317 页及氏原、高梨，上述书，第 293 页。

化”至今仍然是不充分的。

图 1—1 是从《劳动市场年报》中引用的全国范围内除了农林渔业以外的经过职业安定机构（包括学校的介绍）就业的就业率情况。从这个图中可以看出，20 世纪 50 年代初期，超过 60％的初中毕业生通过职业中介机构实现了就业。这个数据与以神奈川县为调查对象的上述研究结果几乎是相同的。

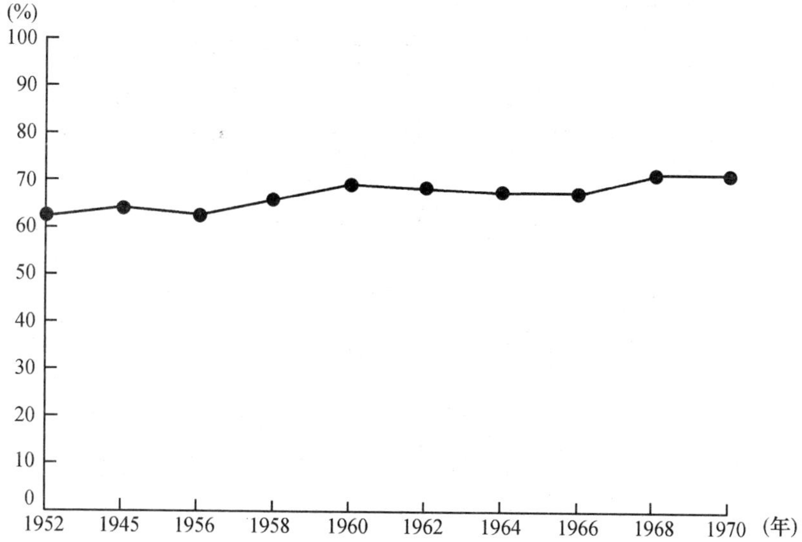


图 1—1　初中毕业非农就业者中通过职业安定机构的就业率

资料来源：《劳动市场年报》各年度版

问题是与其认为这个数值较低，从而消极地做出职业安定机构“很难说充分发挥了劳动条件标准化功能”作用的判断，还不如说我们想做出在这个时期除了农林渔业以外的新初中毕业生的大多数都是通过职业安定机构的职业介绍而实现就业的更为肯定的评价。而 1936 年的小学（包括普通小学、高等小学的毕业生以及中途退学者）毕业生就业者中，经过职业安定所介绍而就业的比例仅仅只有 12％[①]。与战前的数据相比，20 世纪 50 年代初期，超过六成的初中毕业生通过职业安定所等相关机构的职业中介以及初中学校的职业指导而实现了就业。并且，以包含大工业圈的神奈川县这样的地区为对象的研究结果与全国的数据几乎

① 但是，在战时体制下，根据劳务调整令（1941 年），国民学校的毕业生毕业后两年内除了通过职业安定所介绍以外不能就业。关于战时体制下的问题，参照本书第三章。

相同这样一个事实，在评价60%这一数据时是不能忽视的。如此说来，接近60%的初中毕业生通过职业安定机构实现就业这个事实，比起大河内、氏原、高犁等人的判断，是不是可以做出更为肯定的评价呢？

另外，这些研究是依据劳动力需求较大，因此，流向其他府县的人员较少的神奈川县为调查对象的。因此，正如本研究在下面要阐明的那样，这不能完全代表全国范围的地区间移动状况①。如果对没有的东西硬要进行比较的话，关于在这个调查之后发生的新初中毕业生的大规模的地区间的劳动移动是如何平稳地进行的，还不能说已经有了明确的标准。因此，这些研究，尽管成功阐明了50年代初中毕业生劳动市场的结构，但是这些结构是如何发生大的变化的？在这些变化中与职业安定行政又有哪些联系等问题，还是没能进行充分的探讨。

与以上这些研究相比，对职业安定所发挥的作用做出积极评价、进行更为详细地探讨的是并木正吉②与三治重信③的研究。在他们的研究中，明确指出了职业安定所与学校所发挥作用的重要性。尽管篇幅较长，但是因为是非常重要的观点，所以在这里还是想引用一下与本研究紧密关联的并木研究中的一部分④：

“1953年的早春，我探访了熊本县天草岛的一个职业安定所，于是就有了了解某纺织工厂招聘女子劳动者的招聘状况的机会。这个工厂有500人以上的规模，预计这一年要招收30名初中毕业生。学校负责就业的老师带领着5倍于招聘人数的人员前来应聘。从工厂来的招聘人员，按照工厂的录用标准，在进行了身高、体重、视力、手指是否完好等检查以及简单的书面考试之后又进行了克雷普林检查（为判断精神工作能力，连续进行数字计算，检查注意力、集中力、对工作的适应性和疲劳程度等的检查——译者注），确定了50名候选人。然后对这50名候选人的家庭状况进行调查，最终录取了30名。大致就是这样的过程。

在这里，职业安定所、学校和公司的招工人员构成了招聘机构的中枢。此前，担负制丝、纺织、布厂的劳动力招聘工作的招工人员，大多数都在幕后。根据统计，取得政府许可的‘招聘从业员’，在1930年、1935年时的数量为

---

① 即使在女子初中毕业生劳动市场的分析中，也选择了神奈川这个研究区域，由于地区间的劳动移动较少，所以指出了劳动市场的封闭性这个问题。但是，如我们的研究所显示，从全国范围来看，疏忽了女子初中毕业生较大的地区间移动这一点（参照本书第五章）。

② 并木正吉：《战败后农业人口的补充问题》《农业综合研究》，Vol. 12，No. 1，1958年，第89～139页以及并木正吉，《农村变化》，岩波新书，1960年。

③ 三治，《日本雇用的发展过程》。

④ 并木，《农村变化》，第34～35页。

14 000人（女子劳动者对象）。输出外出打工挣钱女工的农村村庄，平均每村大约几人。现在情况变化了。各个公司告知职业安定所需要的招聘人员，然后职业安定所再告知学校，这样就行了。学校负责就业的老师，经常是带着‘安定所老师’这样的称呼，在指定的时间，带着超过招聘人员几倍的应聘者集中前来应聘，公司再从中挑选出所需要的优秀的劳动者。对上述人员录用后的行动表现，学校也分担着身份保证人（向雇主保证受雇者将不损害雇主的利益的人——译者注）的责任。过去的中间人已不再需要①。”

就像上述引用材料所显示的那样，并木根据访谈调查的结果，明确地表明了当时的职业安定所所发挥作用的重要性。而且，并木还指出“仅限于学校新毕业生劳动力的就业方面，职业安定所与学校紧密配合，发挥了巨大的作用。就像过去需要招聘人存在的理由一样，正是因为农村是巨大的劳动力供给源，才肯定会使这样的介绍机构的作用显得非常巨大”②。这个观点，揭示了担负作为基础劳动力的初中毕业劳动者的调配功能的职业安定所与学校相配合，对从农村到城市的地区间劳动移动以及从农业到工业的产业间劳动移动，具有重要的意义。

进一步来说，与战前相比，并木研究的重要性，体现在其指出了战败后的“职业安定劳动市场的扩大”这一特性。在这一点上，三治还这样进行了阐述：“因为战前的毕业生年龄很小的缘故，毕业后直接从事矿业的非常少，一般先进入第三产业就业，经过一段时期后再转入第二产业的较为常见”③。在这里，结合两者的观点，主要以三治的数据为主，对战前与战败后的不同论点进行整理如下。

根据并木④与三治⑤的研究，与以前的小学毕业生相比，战败后的初中毕业生的就业方向，发生了从零售业、服务业（包括学徒工、女佣人）向制造业的巨大变化。其原因之一是义务教育结束后的年龄上升到了15岁，因此进入制造行业工作变得相对容易。根据1923年的工厂法修正案——工业劳动者最低年龄法的规定，在10人以上的工厂中，14岁以下的青少年原则上不允许录用为工厂的

① 并木指出：“实际上这种变化并不是在战败后突然产生的，而是在战时劳动力总动员的过程中逐渐产生的”。关于这一点参照本书第三章及第七章。

② 并木，《农村变化》第37页。

③ 三治，《日本雇用的发展过程》，第32页。

④ 并木，《战败后农业人口的补充问题》。

⑤ 三治，《日本雇用的发展过程》。

劳动者[①]。而且，在具有从业限制的青少年职工保护规定中，以前的未满 15 岁被修订为 16 岁。也就是说，从业限制的范围扩大了[②]。当时，普通小学的毕业年龄为 12 岁，高等小学的毕业年龄是 14 岁。因此，按照工业劳动者最低年龄法，普通小学毕业生不能直接进入制造业当工人。根据修订后的工厂法的保护规定，即使是高等小学毕业生，也不能录用为有从业限制的劳动者。其结果正如并木和三治所指出的那样，战前的小学生毕业后，一般先在农村做几年帮手，或者从事商业或服务业等第三产业后，再进入制造行业的情况较为常见。

由于战败后义务教育的年限延长到了 15 岁，根据劳动基准法的规定从事工业劳动者的最低年龄也是 15 岁，因此，新制初中毕业生在毕业的同时就具备了成为制造业基础劳动力的必要条件[③]。义务教育年限的延长，不仅仅是意味着教育时期的延长，也具备了满足“(最低) 年龄”这一作为产业劳动者的基本条件。其结果，特别是对男子来说，毕业后的就业单位，就从第三产业转移到第二产业。这里再一次引用并木的话语：“新制初中毕业生的年龄，与毕业后直接从事矿业以及其他的现代产业部门紧密相关。1945 年后，职业安定所得到快速发展、学校的作用得到巨大发挥也并不是偶然的。如前所示，可以说是新增毕业学生劳动力与劳动市场的联系的结构发生变化使然。这一变化在吸引新增毕业学生劳动力方面具有新的作用”[④]。

并木与三治的前期研究所指出的事实，对于我们的研究具有重要的意义。之所以这样说是因为上述的变化，从工业劳动力供给这一角度来看，意味着在初中这一义务教育的出口处，大量的毕业生具备了作为新增劳动力的条件。这一点与以前相比显得更加清楚。比如，1937 年 3 月毕业的经过职业安定所就业的学生中，59.4％进入了矿业行业[⑤]。与此相比，1952 年 3 月毕业的经过职业安定所就业的学生中，74.1％从事制造业 (加上从事矿业的共 74.6％)[⑥]。与学校毕业后

① 劳动省：《劳动行政史》第 1 卷，财团法人劳动法令协会，1961 年。

② 其后，根据战时体制下的修改放宽了这种规定 (上述《劳动行政史》第 1 卷)。

③ 但是，劳动基准法对于未满 18 岁的年轻人有“限制从事危险有害工作”的就业限制。并且受这种限制的产业里像钢铁业之类的很多。从这一点可以推测出养成工制度的导入已成为在录用初中毕业生作为基础工人之际的重要制度。

④ 并木，《战败后农业人口的补充问题》，第 122 页。

⑤ 根据厚生省临时军事援护部：《关于小学毕业儿童的就业资料》，1938 年。

⑥ 根据《劳动市场年报》，1952 年。

"无间断的"直接参加工作紧密相关[1]。在这里，职业安定所与初中学校相配合的基础上的职业中介具备了有效发挥作用的条件——也就是每年能够招聘到所需的大量劳动力。

以上讨论的各项研究，都是在1970年前发表的，所谓的在高度成长期中毕业生劳动移动成为社会问题的时期里，作为当时问题之一的初中毕业生的就业以及在此间职业安定行政发挥的作用受到广泛关注的研究。仅就此来说，上述研究对问题的重要性进行了充分的探讨。但是，从现在的角度来看，仅仅只是指出了当时的问题，未能充分论证的部分仍然很多。

比如说，尽管提到了职业安定所对促进劳动力的地区移动发挥的作用，但是，这些劳动力地区移动的规模究竟有多大？具体通过什么样的途径来进行的？以及供求调整会议的存在及其结构实际状况究竟如何等问题。进一步来说，关于与职业安定行政的联系，男子初中毕业生劳动市场与女子劳动市场之间有无区别？还有，对女子劳动力市场，是如何从招聘人制度过渡到职业安定所介绍上来的等问题，还不能说是已经进行了充分的研究。更深入一步说，有关20世纪60年代中期以后发生的高中毕业生取代初中毕业生，使得新增毕业学生劳动力的学历提高以及所谓从职业安定所到"实绩关系"的"雇用口"的变化（参照本书第三章与第六章）的含义，几乎没有触及。

当然，这些不足与不全面，丝毫也不会影响并木、三治等前期研究的价值。对我们来说，必须对在当时带着预见性、明确指出初中毕业生劳动市场的"制度化"这一问题的重要性，并进行相关记述的前期研究予以充分肯定。

**二、作为"历史"的初中毕业生劳动市场研究**

可是，一旦开始淡化对解决当时问题的激情，加上初中毕业就业者数量的锐减，对初中毕业生劳动市场以及职业安定行政所发挥作用的研究，已经不能引起绝大多数研究者的关注了。现在作为"历史"的初中毕业生劳动市场的问题，必须要等到解决日本社会、特别是高度成长期的日本社会的变化问题时，才能再次回到研究者的视野。特别是进入20世纪90年代，围绕新毕业学生劳动市场的研究有了新的进展。在这里，让我们从以上的研究中，探讨一下佐口和郎、乾彰夫、加濑和俊等人的研究。

佐口设定从劳动力供给的角度解决以"毕业生录用中心主义"为特征的日本

---

[1] 关于"无间断"的移动，岩永雅也已经指出（岩永：年青劳动市场的组织化及学校，《教育社会学研究》第38集，1983年，第134～145页）。

内部劳动市场的历史变化的课题，对战前、战败后的新毕业学生职业介绍制度的作用予以了关注①。如若讨论与我们所关注的职业介绍问题的联系，佐口的研究主要有以下几方面：以20世纪60年代后期为中心，在此前后劳动力供给的主力由初中毕业生向高中毕业生发生变化的问题。这个变化同时也包括从职业安定所对初中毕业生的职业介绍开始，依据学校与企业的“实绩关系”转向高中毕业生的职业介绍的变化。根据上述变化，指出了企业内依据学历的“身份制度”逐渐崩溃并转变为实行职业能力资格制度等。另外，在佐口的研究中也可看到本书第三章中详细阐述的为了初中毕业生就业而召开的“全国供需调整会议”的内容。由此可见，佐口的研究中有关本研究的观点进行先行探讨的不在少数。但是，正如佐口自己所说的那样，“关于这些（指毕业生录用中心主义是如何产生的——引用者注），基本是作为前提条件来对待，真正的研究将利用其他的机会来进行”，这个研究并没有探讨职业安定行政是如何发展的问题。更进一步说，关于由初中毕业生向高中毕业生学历变化而带来的“雇用口”变化的详细情况，也没有在职业安定行政的背景中明确地反映出来。从这个角度看，“真正的研究”还未进行。因此，可以说本书将是以此为起点开始尝试迈出的第一步。

与佐口的视角不同，以探讨教育与企业社会的关系为目的，对战败后职业安定所的作用进行明确阐述的是乾的研究②。乾在研究中是以探讨教育的一元化能力主义如何以企业社会与学校的关系为媒介而成立的为主线，在此背景下来探讨职业安定政策问题。

根据乾的研究，高度成长期以前与之后，学校作为参与企业社会的路径发生了根本的变化。他依据《学校基本调查》《职业安定业务统计》等资料，发现在20世纪50年代前期通过学校职业介绍以外的途径实现就业的不在少数。但是，经过高度成长期后，很明显“学校毕业后的就业就是进入企业的就职”这个“常识”，在学校职业介绍制度牢固确立的同时已经形成。接着，他下了“像这样，劳动法规、行政法规规定的对新毕业学生通过学校的职业介绍系统，随着高度成长前期的就业结构的大幅度变化，在社会中普及、确定，形成“新毕业学生的就业”就等于“通过学校介绍的企业就职”这一国民常识”的结论。可以说，这个

① 佐口和郎：《日本的内部劳动市场》，吉川洋、冈崎哲二编：《经济理论的展望》，东京大学出版社，1990年，第207～234页。

② 乾彰夫：《日本的教育和企业社会：一元化的能力主义和现代的教育——社会构造》，大月书店，1990年。

研究明确揭示了在新毕业学生就业中职业安定所与学校发挥着巨大的作用，同时也是揭示对工厂劳动者形成定期录用方式的前期研究。

作为历史研究，对当时的初中毕业生就业进行较为全面探讨的是加濑的研究[①]。正如其专著《集团就业：高度成长的中坚者们》名称所指明的那样，本书也是如此，该研究以 20 世纪 50 至 60 年代的新初中毕业生的就业为中心，可以说是作为历史研究中比较全面地以这个主题为研究要点的上乘之作。在研究中，作者首先分析了输出初中毕业生的农村的变化、农业人口的减少趋势。作为需求方的实际状态，分析了劳动市场的二重构造与农村子女的就业单位的关系，探讨了初中学校与职业安定所的职业介绍的功能，接着对移居到都市后的农村劳动者的生活状态等较大的范围上，阐明了和新初中毕业生就业关联的方方面面的问题。特别是在初中学校与职业安定所开展的职业介绍的特征问题上，在明确两者通力协作的同时，在对 20 世纪 60 年代实行的由职业安定所进行新毕业学生一元化管理（用本书的术语也可说就是“制度化”的进行）和在全国范围发挥的供需调节的作用研究上，与本书所进行的研究具有很大的共通性。加濑的研究以精心的资料收集与分析为基础，对于本书来说，可以说是非常重要的文献。

但是，与本研究所不同的是，正如本章第一节所述，对“制度”动向的内幕究竟涉及多少？并且是否暂且与价值判断保持一定距离来进行分析？加濑的研究，着眼于作为“距离自由劳动市场很远”[②] 的由初中学校与职业安定所联合的新毕业学生劳动市场的市场制度化发展这一点上。但是，如果这样评价的话，正如这篇文章后续之处所指出的“在那里，就不能否认按照初中学校和职业安定所的指导行事的学生被当成傻瓜这样的情况。多数人利用关系寻找好的就业途径，从这个角度看是自然的”[③]，以及在文章其他地方所描述的“职业安定所为了寻求自身业务的顺利开展，加强了所辖初中学校对求职学生的指导。初中学校为了重视与职业安定所的关系，容易形成限制学生自由地（在职业安定所看来就是“随便地”）选择职业”，通过职业安定所与学校的劳动市场的制度化，不管从什么角度来看都是持否定的观点。总之，认为劳动市场的制度化是限制自由劳动市场，因而也就制约了学生自由地选择职业。

但是，就如后文详细描述的那样，这样的评价，可以说只是片面地看待问

① 加濑和俊：《集团就业的时代：高度成长的中坚者们》，青木书店，1997 年。

② 加濑和俊：《集团就业的时代：高度成长的中坚者们》，青木书店，1997 年，第 135 页。

③ 加濑和俊：《集团就业的时代：高度成长的中坚者们》，青木书店，1997 年，第 135 页。

题。比如，在招聘人数还不多的时期，对从农村来的大量的初中毕业生寻找农业以外的职业时，如果没有职业介绍制度，20世纪50年代的劳动市场将会如何呢？还有，如果有能够“利用人际关系”与不能利用人际关系两种情况存在，那么由此是否带来因为社会地位不同而产生的得到相关就业信息的不平等现象呢？更进一步来说，在20世纪60年代的卖方市场时代，集中进行年轻劳动力的职业介绍，职业中介制度在努力提高招聘信息的准确率、寻求更好的企业方面发挥的作用，与限制就业者个人的自由相比，难道不是增加了全体就业者的利益吗？

这些问题，也就是对于制度是持肯定的态度还是否定的态度，可以说是超越单纯的二者对立的有关评价方法自身的问题。也就是说，应当舍弃非此即彼的简单二分法，按照促进制度发展的动因，对照各个时代的劳动市场与初中教育中存在的问题，是能够评价出这个制度发挥的社会作用的功过是非的。为了进行这样的准确评价，对制度的成立与发展有必要作进一步的详细分析。

以上的前期研究，从与我们关注的问题相联系的角度来看，无论是佐口说的“学校毕业生录用中心主义”的成立、乾的“新毕业学生的就业就是通过学校介绍的企业就职”这一国民常识的形成，还是加濑的“初中学校、职业安定所介入的新毕业学生的劳动市场”，在揭示与学校紧密联系的职业安定所在高度成长期的劳动力供给中发挥的巨大作用方面，不管哪个研究都是充分肯定的。但是与前面论述的60年代的“同时代的”研究相比，在以下几方面略显不足。

第一，职业安定所发挥的功能的实态以及职业安定行政中新毕业学生的职业中介的组织结构、制度的方法及其变迁方面，未能进行充分阐述。当然，关于这一点，70年代以前的“同时代的”研究中，也未必进行了充分的研究。关于职业安定所与职业安定行政具体的作为，佐口与乾的研究更显得不足。另外，在加濑的研究中，尽管触及了制度化过程的一部分，但并没有进行深入详细的分析。特别是对制度化过程中内在活动力方面的问题，上述研究都显不足。制度化是如何发展的？这一发展对教育以及企业带来什么影响？在实现“无间断的”职业移动中有必要将职业安定所、初中学校发挥的作用作为研究的重点。

第二，在佐口与乾的研究中，关于劳动力的地区移动，换一个角度来说，对如何根据职业安定行政来消除劳动力供需的地区间不平衡的问题意识不足。在他们的研究中，对录用后的待遇方面的论述较多，但对录用前是如何实现移动的等问题大多未曾涉及。其结果就是对支撑劳动力大规模地区移动的职业安定行政发挥的作用几乎未曾探讨。与此相对，在加濑的研究中，就十分注重地区间的劳动力移动问题。但是，在其中职业安定行政是如何介入的问题上，却得出了与本书不一样的结论。关于地区间的劳动力的平稳移动如何进行——有关初中学校与职业安定所在地区移动中发挥的职业介绍的作用问题，依然还有从与过去的研究不同的角度进行深入研究的余地。

第三，从性别的角度、阶层论的角度来说显得不足或较弱。在“同时代”的研究中，不同程度地涉及了新毕业学生中男生与女生进入劳动市场的不同方式，以及由此带来的职业安定行政对应的相关差异情况。与此相对，近年来却几乎见不到从男女间性别差异的角度进行的研究——尽管在社会科学中从性别的视角进行分析已成常规。

还有，很多的前期研究，即使有关于初中毕业生的出身阶层的探讨，但是，通过初中学校与职业安定所建立的就业构造是否受到出身阶层的影响等，还不能说是进行了充分的研究。比如，加濑在研究中，通过一些事例，在有关初中学校、职业安定所对市场的介入方面，就下了这样的结论：“按照初中学校和职业安定所的指导就业的人，有些被认为是傻瓜。很多的人利用关系来寻找更好的就业机会在某种程度上来说是自然的事情”。这种情况，正如社会学中的个人关系研究揭示的见解那样，多大程度上能够有效利用人的关系，与这个人的社会阶层紧密相连。对此，在以制度为基础的职业介绍中，能够多大程度上排除被介绍者的社会出身的影响？如此看来，从社会阶层论的角度来分析职业介绍机构的作用，在过去的研究中还不充分。

## 第五节　本书的构成

前文探讨了本书前期研究的情况，最后简单地介绍一下本书的构成情况。下面的各章，按照以下的问题设定进行了实证性研究。

在第二章，主要从定量角度刻画出新毕业学生的就业与学校以及职业安定所的宏观联系动向。具体是：（1）农村出身毕业生的进路问题；（2）在地区移动中，职业安定所发挥的作用；（3）通过学校以及与其相联系的职业安定所的介绍，实现就业的相对重点与演变等三个方面，依据宏观统计进行相关的趋势分析。

在以上数量分析的基础上，接下来的两章，对新毕业学生就业中介“制度”的历史以及具体的结构作整体探讨。

第三章尝试从职业安定行政的角度对“制度”的宏观层面进行历史的、动态的分析。详细追溯了新毕业学生的职业介绍事业的发展过程，在阐明“制度”成立的历史经过的同时，分析其有力的发展过程。特别是详细阐述介入 20 世纪 50 至 60 年代初中毕业劳动力剧烈地区移动中的广域中介系统，阐明根据职业安定行政进行的宏观劳动市场的“供需调整”结构。

与此相对应，第四章以初中学校的内部过程为中心，来分析“制度”的微观层面。在这里，对 1953 年 3 月毕业的初中生，按照职业指导年度计划的顺序再现从毕业到就业的全过程。由学校与职业安定所实施的严格日程管理、“合适岗位”的发现、依据“一人一单位主义”原则的选拔与介绍以及就业后的“扎根指导”等一系列的就业中介的组织结构，以及特定的企业与学校之间的“指定校制”关系的存在等，对“制度”介入的初中毕业生就业的微观结构进行了阐明。

在第五章和第六章，作者对日本新毕业学生劳动力市场的制度化过程中所表现出的特征，从性别视角出发，进行更为深入详细的分析。

第五章以女子初中毕业生劳动市场为中心，对“制度”的成立过程进行了分析。之所以如此，是因为战败后不久通过职业安定所就业的初中毕业生中的大多数并不是男生而是女生。为了明确这一点，首先在第四章，(1) 根据宏观分析，阐明男子与女子在进入劳动市场中具有什么样的不同。在此基础上，(2) 说明了女子进入纺织业成为根据职业安定行政实行全国范围的劳动市场制度化的契机的前因后果。(3) 通过纺织业中的女子广域录用方式和分割录用制度的变化过程的分析，阐明初中毕业生的就业中介制度是经过劳动省与产业界从对立到妥协后而稳定确立的事实。

第六章以男子毕业生就业过程为中心，阐述以企业与学校紧密配合为基础，直到现在还在实施的定期录用系统是经过怎样的历史过程而形成的。在这里，(1) 在阐明根据职业安定行政所进行的初中毕业生的职业介绍是按照怎样的规则进行的基础上，(2) 探讨与高中毕业生的职业介绍究竟有何不同？进而，(3) 阐明了从初中到高中的学历更替，对新毕业学生市场的制度化以及企业的录用管理具有什么样的影响的问题。

最后，依据以上的实证分析结果，作为结论（第七章），对新毕业学生职业中介“制度”的意义进行了讨论。

（苅谷刚彦）

# 第二章

# 学校、职业安定所与地区移动

## 第一节 课题的设定

本章作为从第三章开始的正式分析的铺垫，对本书的研究对象——新毕业学生的就业及其与学校、职业安定所的关系从定量角度进行宏观描述。利用学校与职业安定所实现就业的新毕业学生规模有多大？由此带来的在年轻劳动力的社会移动——特别是在职业移动与地区移动中发挥了怎样的作用？我们将利用统计资料，阐明包括时代的变迁在内的上述问题。

在试图对本书作为研究对象的战败后日本社会中，新毕业学生的就业与职业安定行政的关系进行定量描述时，可以从与此问题相关联的三个方面进行：(1) 农村毕业生的进路问题；(2) 职业安定所在地区移动中发挥的作用；(3) 通过学校与其密切关联的职业安定所的职业介绍实现就业的相对重点以及变迁等。

第一个方面，在战败后发生的从农村到城市以及从农业到工业的大规模劳动力移动中，对占有重要位置的农村出身的新毕业学生的进路状况的把握。从20世纪50至70年代，从事农业人口的大幅度减少，这主要是由农家子女到非农业部门（特别是制造业）就业引起的，这已在第一章中进行了阐述。在这种产业结构的大变化时期里，劳动力移动是如何进行的？解决这个问题的关键之一是把握作为供给方的农村出身的新毕业学生的进路动向。更具体一点说就是，移动到其他地区、其他行业的大量的农村出身的年轻人的就业与学校及职业安定所具有怎样的关系。作为探讨这个问题的必要的基础工作就是首先看一看他（她）们从学校毕业后的进路状况的变迁。之所以这样说，是因为考虑到农村出身的新毕业学生与其他学生相比，在居住地以外寻找工作方面，除了接受公共职业介绍机构援助以外，缺乏其他安全有效的手段。如此看来，描绘职业移动以及伴随着地区移动的这些农村出身的学生毕业后的进路究竟如何，这是作为确认由学校与职业安定所进行的职业介绍所起作用大小的重要的准备工作。

第二个方面，就是把握在年轻劳动力的地区移动中，学校与职业安定所所发挥的实际作用的相对大小。包括第一个方面所阐述的农村出身的学生在内，新毕业学生在地区间移动的劳动力所占比例有多大？还有，在地区间移动的新毕业学生的就业中，与学校、职业安定所究竟有多重要？通过对上述问题的定量描述，能够揭示出对新毕业学生的劳动力主要流向进行“调整、控制”的职业安定行政的重要性。

第三个方面是，在新毕业学生就业途径中通过学校就业的相对多少的问题。新毕业学生通过学校与职业安定所实现就业，与通过其他方法就业的学生相比，有多大规模？都经历了哪些时代变迁？不仅限于初中毕业生，从不同学历、不同就业单位的不同产业类别、工种类别、规模类别等方方面面，通过对就业途径的特征描述，阐明作为本书对象的初中毕业生以及后期的高中毕业生经过学校和职业安定所实现就业的相对位置。为了达到这个目的，有必要对战败后毕业学生就业路径进行概述。

依据以上的讨论，本章第二节首先论证农村出身者的进路状况的变迁。在此基础上，第三节阐述包括农村出身者在内的新毕业学生的劳动移动（特别是地区移动）与学校、职业安定所具有多大的关联。接下来在第四节，通过与其他的就业途径（特别是利用家庭、亲戚等社会关系而实现的就业途径）相比较，探讨学校与职业安定所进行的职业介绍所发挥作用的相对大小。

另外，在本章，对学校基本调查、劳动市场年报以及农业就业动向调查等既有统计资料进行分析的同时，还使用了部分 SSM（社会阶层与社会移动）研究会的全国范围的调查数据来对上述课题进行分析①。

① 本章关于 SSM 调查（社会阶层和社会移动）数据的使用，作为 1995 年 SSM 调查研究的一部分，得到了 1995 年 SSM 调查研究会的许可。另外，关于详细的数据，希望参照 1995 年 SSM 调查研究会《关于现代日本的社会阶层的全国调查研究成果报告书》（共 21 卷）。

## 第二节　农村毕业生的进路

### 一、农业人口的流出

由学校与职业安定所联合对新毕业学生的职业介绍，作为劳动力移动的“调整”机构具有重要意义的理由之一就是这一制度在日本大规模的产业结构与职业结构变化中发挥了巨大的作用。由此带来的农业人口的急剧减少，第二产业、第三产业就业人数的增加已被人们所熟知。

但是，职业移动和伴随着农村到城市的地区移动同时发生的产业结构的巨大变化使毕业学生能在多大程度上顺利就业是个课题。之所以这样说，是因为农村出身的新毕业学生才是产业结构变化过程中所必需的最大劳动力供给源，而且在未成年阶段去未知的地方作为新产业工人去生活的毕业生们必须受到保护——换句话说，就是潜藏着对他（她）们进入城市后存在“堕落”可能性的担忧。

在本节，首先对可以说是产生上述课题的重要背景要因的农业人口的减少，以新毕业学生为中心进行分析。作为论证被形容为山崩地裂的农业人口的减少，以及农家子女进入非农业部门工作这一职业、地区之间同步发生的移动的基础工作，让我们分析一下农家子女的毕业后的进路状况的变迁。

首先，为了确认从事农业人口的急剧减少这一基本事实，我们首先依据现有的统计资料，讨论一下农村家庭成员转移到其他产业的情况。面对从事农业人口的急剧减少这一可以预见的事实，农林省统计调查部从 1950 年代后期开始，每年都实施了《农家就业动向调查》(《农家子女的新毕业学生的动向》)。这个调查是以七十分之一的抽样率在全国范围实施的抽样调查。虽然不能说是普查，但是对把握 20 世纪 60 年代的农家子女的进路动向方面可以说是第一手资料。

根据这个调查，以高度成长期为中心的农业向其他产业的转移，包括从事农业人员的自身转移和农家子女中新毕业学生向其他产业的流入这两种主要方式。在此当中，后者所占比例，与离开农业人数的绝对数增加同步增长，占据极其重要的位置。根据表 2—1，在农民家庭成员向其他产业转移的就业者中，新毕业学生所占比例在 20 世纪 50 年代后期已经超过了 40%，超过了从事农业自身转移的人数。特别是新毕业生中从事其他产业的就业人数达到 80 万～90 万人的 1962 年以后，农民家庭成员向其他产业转移的比例呈上升趋势。1962 年是 53.3%，1966 年达到了 69.8%。从这里可以发现，在农民家庭成员向其他产业转移的就业人数普遍增加时期，农家子女中新毕业的学生所占比例也在同步增长。

表 2—1　　农村家庭成员从事其他产业就业人数的推移

| 年份 | 农业就业者的转职 | 新毕业生 | 其他 | 人数（100 人） |
|---|---|---|---|---|
| 1959 | 42.2% | 45.4% | 12.4% | 6 901 |
| 1960 | 40.7% | 43.5% | 15.8% | 7 459 |
| 1961 | 42.9% | 41.8% | 15.3% | 7 958 |
| 1962 | 32.5% | 53.3% | 14.2% | 9 023 |
| 1963 | 26.5% | 57.8% | 15.8% | 9 338 |
| 1964 | 26.7% | 57.6% | 15.7% | 8 901 |
| 1965 | 20.3% | 66.1% | 13.5% | 8 502 |
| 1966 | 18.3% | 69.8% | 11.9% | 8 082 |

资料来源：林茂：《近期农村劳动力流出的结构变化及其问题》，《人口问题研究》，第 105 号，1968 年 1 月，第 21～31 页。

原资料中 1958—1962 年源自农林渔业家庭就业动向调查，1963 年以后源自农业家庭就业动向调查。

由此可知，产生从事农业人口急剧减少的主要原因是从事农业人员的转岗以及使其加速的农家子女到非农业部门的就业。特别是后者，正如引起重视的农业人口的补充问题一样，对战败后的职业结构的变化也带来了巨大的影响。

关于农村新毕业生选择了什么样的进路问题，我们根据《农家就业动向调查》来探讨一下。

表 2—2 和表 2—3 是根据这个调查得出的农家子女从学校毕业后的进路动向情况。首先看一下初中毕业后的进路，由表 2－2 可知，在 20 世纪 60 年代初，男生与女生进入高中读书是一半左右，选择就业的超过四分之一。1962 年以后从事农业人员的比例在表中都已反映出来，无论男女都不超过 6%。

而且，从 20 世纪 60 年代开始，高中升学率得以急速上升。选择就业的人员，经过 1963 年的高峰后开始略有减少。另外，从 60 年代开始无论男女从事农业的比例都是越来越小。

表 2—2　　农业家庭子女（初中毕业生）毕业后的进路　　（%）

| 年份 | 男生 | | | 女生 | | |
|---|---|---|---|---|---|---|
| | 升入高中 | 农业 | 雇佣工人 | 升入高中 | 农业 | 雇佣工人 |
| 1960 | 52.1 | 无 | 26.0 | 51.6 | 无 | 25.8 |
| 1961 | 55.1 | 无 | 28.4 | 53.6 | 无 | 27.0 |
| 1962 | 61.3 | 6.4 | 30.1 | 61.9 | 6.0 | 29.1 |
| 1963 | 60.8 | 6.6 | 30.2 | 61.7 | 4.4 | 30.9 |
| 1964 | 66.2 | 4.8 | 27.1 | 64.6 | 2.9 | 30.2 |
| 1965 | 68.0 | 4.3 | 25.7 | 67.4 | 2.8 | 27.5 |
| 1966 | 70.0 | 4.2 | 23.4 | 70.3 | 2.5 | 25.0 |
| 1967 | 72.9 | 2.9 | 22.6 | 73.2 | 2.5 | 22.7 |

表 2—3　　农业家庭子女（高中毕业生）毕业后的进路　　（%）

| 年份 | 男生 | | | 女生 | | |
|---|---|---|---|---|---|---|
| | 升入大学 | 农业 | 雇佣工人 | 升入大学 | 农业 | 雇佣工人 |
| 1960 | 20.3 | 无 | 40.6 | 17.2 | 无 | 38.2 |
| 1961 | 15.6 | 无 | 51.4 | 12.7 | 无 | 54.3 |
| 1962 | 18.3 | 11.1 | 67.7 | 16.4 | 6.3 | 71.0 |
| 1963 | 21.4 | 9.2 | 64.4 | 17.0 | 5.0 | 70.8 |
| 1964 | 20.2 | 6.9 | 68.7 | 19.0 | 3.0 | 72.2 |
| 1965 | 22.5 | 8.5 | 64.7 | 20.2 | 3.8 | 69.7 |
| 1966 | 25.8 | 9.5 | 59.3 | 23.4 | 3.2 | 67.2 |
| 1967 | 25.1 | 8.4 | 61.2 | 23.4 | 3.8 | 67.4 |

资料来源：农林省统计调查部：《应届农村家庭子女毕业生的动向》，1968 年。

另一方面，再来看一看高中毕业生的进路情况，男子毕业后的就业人数，20 世纪 60 年代前期是过半数的 60%，从事农业的比例在 10%左右。女生的情况，就业的比例在 60 年代前期已经达到 70%，60 年代后期，伴随着高等教育升学率的提高，就业人数略有减少。还有，与男子不同的是，从事农业人员比例从

1962 年的 6%开始逐渐减少。

农村新初中毕业生进路动向，在 20 世纪 60 年代集中在高中升学与就业两个方面，即使从高中毕业后的进路来看，从事农业的人数也是很少的。正如以农民阶层解体为中心的前期研究所揭示的那样，农家子女进入非农业部门就业使得农业人口的急剧减少的步伐加快了[①]。

那么，1960 年以前的状况如何呢？为了了解既有统计资料未包括的情况，让我们通过 SSM 调查数据来分析一下。我们以 1975 年 SSM 数据为主、以 1985 年 SSM 的数据为辅，按照出生类别分类，对农村出身者（父亲的职业是从事农业），从学历类别划分的初次工作的分布情况。结果如表 2—4 所示。由表可知，从旧制的初等、中等教育毕业后就业的那一代人（1926—1935 年出生以前），接受过旧制初等教育后从事农业的人员为大多数。但是，在 1936—1945 年期间出生的人从新制的初中毕业后从事制造业（按 SSM 分为熟练的、半熟练的和不熟练的职业，下同）成为主流。而在 1946—1955 年期间出生的人，从事农业的低于 20%，并且初中毕业和高中毕业从事制造业的人数几乎相当。1956 年以后出生的人，从新制高中毕业后从事制造业的占大多数。

**表 2—4　　按学历分类的农村出身者（男子）初次工作的变化**　　（%）

| 学历、初次工作 | 1956—1965年出生 | 1946—1955年出生 | 1936—1945年出生 | 1926—1935年出生 | 1916—1925年出生 | 1906—1915年出生 |
|---|---|---|---|---|---|---|
| 初中毕业（旧制初等教育）农业 | 0.0 | 3.6 | 22.0 | 42.8 | 47.8 | 48.0 |
| 初中毕业（旧制初等教育）制造业 | 6.7 | 23.1 | 26.5 | 21.6 | 16.1 | 25.6 |
| 初中毕业（旧制初等教育）白领职员 | 0.0 | 3.6 | 4.5 | 4.9 | 11.9 | 8.0 |
| 高中毕业（旧制中等教育）农业 | 6.7 | 14.2 | 8.2 | 9.0 | 5.9 | 5.6 |

① 例如，参照并木正吉：《战败后农业人口的补充问题》，《农业综合研究》第 12 卷第 1 号，1958 年，第 89～139 页；三治重信：《日本的雇用的发展过程》，劳务行政研究所，1964 年。

续表

| 学历、初次工作 | 1956—1965年出生 | 1946—1955年出生 | 1936—1945年出生 | 1926—1935年出生 | 1916—1925年出生 | 1906—1915年出生 |
|---|---|---|---|---|---|---|
| 高中毕业（旧制中等教育）手工业 | 53.3 | 24.3 | 16.3 | 6.1 | 4.8 | 2.4 |
| 高中毕业（旧制中等教育）白领职员 | 10.0 | 20.7 | 14.2 | 8.1 | 7.6 | 2.4 |
| 高等教育毕业农业 | 3.3 | 1.2 | 0.0 | 0.4 | 0.0 | 0.8 |
| 高等教育毕业手工业 | 0.0 | 3.0 | 0.8 | 0.8 | 0.5 | 0.0 |
| 高等教育毕业白领职员 | 20.0 | 5.9 | 7.4 | 6.1 | 5.4 | 7.2 |
| 样本数 | 30 | 169 | 245 | 245 | 186 | 125 |

资料来源：1956—1965年出生的依据SSM85数据，其余依据SSM75数据作成。

注：1）1956—1965年以及1946—1955年出生的高等教育毕业生中包括短期大学、高等专科学校毕业生在内。

2）1936—1945年以前出生的包括旧制的学历在内（初中毕业＝初等教育毕业，高中毕业＝中等教育毕业，大学毕业＝高等教育毕业）。

以上的分析显示了从事制造业等高度成长期所需的人才是大量从农村人员流出的。那么在这样的流动中，究竟多大程度上满足了制造业的人才需求呢？为了从需求角度确认此点，我们根据《学校基本调查》与《农家就业动向调查》算出的数字确认农家子女在新毕业学生中进入制造业的全体人员中所占的比例。

如表2—5所示，在20世纪60年代初，从事制造业的新初中毕业学生中，农家子女所占的比例，在初中毕业的男子中大约占1/3，女子约为四成。在高中毕业学生中，如表2—6所示，20世纪60年代中期以后，男子所占比例是30％～36％，女子是35％～38％。

表 2—5　　从事制造业的应届初中毕业生中农村出身者的比例

| 年份 | 男子总数（a） | 农村出身（b） | （b）/（a） | 女子总数（c） | 农村出身（d） | （d）/（c） |
|---|---|---|---|---|---|---|
| 1959 | 216 368 | 56 500 | 26.1% | 179 624 | 46 600 | 25.9% |
| 1960 | 215 111 | 56 100 | 26.1% | 192 383 | 59 400 | 30.9% |
| 1961 | 176 008 | 55 700 | 31.6% | 152 081 | 51 800 | 34.1% |
| 1962 | 225 445 | 78 400 | 34.8% | 195 415 | 77 500 | 39.7% |
| 1963 | 240 895 | 80 500 | 33.4% | 221 300 | 91 700 | 41.4% |
| 1964 | 220 978 | 69 900 | 31.6% | 209 653 | 89 800 | 42.8% |
| 1965 | 197 256 | 69 300 | 35.1% | 189 940 | 79 600 | 41.9% |
| 1966 | 143 537 | 42 900 | 29.9% | 151 877 | 60 800 | 40.0% |
| 1967 | 126 801 | 41 100 | 32.4% | 123 740 | 52 100 | 42.1% |

资料来源：总数依据《文部省学校基本调查》（各年度版），有关农村出身者数依据农林省《农村家庭子女应届毕业生的动向》（1967 年度版）。

表 2—6　　从事制造业的应届高中毕业生中农村出身者的比例

| 年份 | 男子总数（a） | 农村出身（b） | （b）/（a） | 女子总数（c） | 农村出身（d） | （d）/（c） |
|---|---|---|---|---|---|---|
| 1959 | 101 445 | 23 100 | 22.8% | 49 916 | 12 900 | 25.8% |
| 1960 | 131 891 | 31 100 | 23.6% | 72 841 | 16 900 | 23.2% |
| 1961 | 151 922 | 41 900 | 27.6% | 85 688 | 26 800 | 31.3% |
| 1962 | 158 929 | 51 100 | 32.2% | 96 582 | 35 200 | 36.4% |
| 1963 | 130 702 | 39 400 | 30.1% | 83 487 | 31 800 | 38.1% |
| 1964 | 122 059 | 42 800 | 35.1% | 79 635 | 27 700 | 34.8% |
| 1965 | 149 634 | 54 500 | 36.4% | 104 982 | 39 500 | 37.6% |
| 1966 | 173 931 | 52 900 | 30.4% | 127 652 | 45 400 | 35.6% |
| 1967 | 196 042 | 65 200 | 33.3% | 145 469 | 51 000 | 35.1% |

资料来源：总数依据《文部省学校基本调查》（各年度版），有关农村出身者数依据农林省《农业家庭子女应届毕业生的动向》（1967 年度版）。

根据表 2—7 所示，在 20 世纪 60 年代，农村出身的初中毕业生与高中毕业生合计所占新毕业学生全体的比例，男子大约为三成、女子接近四成，造成农业人口急剧减少的农村出身的新毕业学生所选择的进路很大程度迎合了制造业的人才需要。

**表 2—7　从事制造业的应届毕业生（初中毕业＋高中毕业）中农村出身者的比例**

| 年 | 男子总数（a） | 农村出身（b） | （b）/（a） | 女子总数（c） | 农村出身（d） | （d）/（c） |
|---|---|---|---|---|---|---|
| 1959 | 317 813 | 79 600 | 25.0% | 229 540 | 59 500 | 25.9% |
| 1960 | 347 002 | 87 200 | 25.1% | 265 224 | 76 300 | 28.8% |
| 1961 | 327 930 | 97 600 | 29.8% | 237 769 | 78 600 | 33.1% |
| 1962 | 384 374 | 129 500 | 33.7% | 291 997 | 112 700 | 38.6% |
| 1963 | 371 597 | 119 900 | 32.3% | 304 787 | 123 500 | 40.5% |
| 1964 | 343 037 | 112 700 | 32.9% | 289 288 | 117 500 | 40.6% |
| 1965 | 346 890 | 123 800 | 35.7% | 294 922 | 119 100 | 40.4% |
| 1966 | 317 468 | 95 800 | 30.2% | 279 529 | 106 200 | 38.0% |
| 1967 | 322 843 | 106 300 | 32.9% | 269 209 | 103 100 | 38.3% |

资料来源：总数依据《文部省学校基本调查》(各年度版)，有关农村出身者数依据农林省《农业家庭子女应届毕业生的动向》(1967 年度版)。

## 二、“六三制”的意义

如前所说，对战败后时代的大多数农村出身的学生来说，从新制的初中、高中毕业就意味着从事农业以外的职业（特别是制造业的手工操作）。而且，这里隐藏着通常被忽略的“看不见的学历上升”的影响，因为新制初中已经实行了义务教育化。

众所周知，旧制的学校制度中的义务教育是指在寻常小学上 6 年。1935 年，升入此后的二年制的高等小学的升学率为 56.8%①。包括高等小学在内，学业结束后的年龄是 14 岁。根据 1945 年后的改革，小学 6 年、初中 3 年，合计 9 年，毕业年龄变成了 15 岁。

① 国立教育研究所编：《日本近代教育百年史（5）》，1974 年。

可以说这个“看不见的学历上升”对农村子女进入其他产业就业来说，在以下两方面具有一定意义：第一是年龄的上升；第二，战败后起步的公共职业安定所与新制初中学校发挥的职业中介作用方面。

关于年龄的上升问题，过去经常被忽略，特别是对进入制造业就业来说是重要的变化要点。正如第一章所述，根据并木的研究，义务教育毕业年限上升到15岁，对进入制造业工作变得相对容易①。在战前，根据工业劳动者最低年龄法的规定，普通小学毕业生是不能直接作为制造业的基础劳动力录用的。即使从高等小学毕业，也不能作为有就业限制的劳动者录用的。其结果就是学生毕业后，先在农村从事几年农业，或者从事商业、服务业等第三产业后，再进入制造业工作的情况较为常见。但是战败后，义务教育延长到15岁，并且劳动基准法规定工业劳动者的最低年龄为15岁以上，因此新制初中的毕业生，在毕业的同时就具备了成为制造业劳动力的基本条件。

我们从间接的角度，根据SSM数据来验证一下此观点。表2—8是初等教育或者义务教育结束后，以从事农业以外的就业者为对象，着眼于旧制、新制学历的不同，显示按全体以及父辈职业类别区分的初次就业时的平均年龄的图表。

**表2—8　　初次就业年龄（不包括从事农业者）**

| | 初次就业平均年龄 | 标准偏差 | 样本数 |
|---|---|---|---|
| 寻常小学毕业（全体） | 15.12 | 2.66 | 87 |
| 寻常小学毕业（农业以外） | 15.02 | 2.88 | 53 |
| 寻常小学毕业（农业出身） | 15.27 | 2.30 | 34 |
| 高等小学毕业（全体） | 16.56 | 3.06 | 295 |
| 高等小学毕业（农业以外） | 16.41 | 3.07 | 193 |
| 高等小学毕业（农业出身） | 16.84 | 3.03 | 102 |
| 新制初中毕业（全体） | 15.86 | 1.86 | 401 |
| 新制初中毕业（农业以外） | 15.93 | 2.06 | 261 |
| 新制初中毕业（农业出身） | 15.74 | 1.40 | 140 |

资料来源：依据SSM75数据。

① 参照并木的上述论文及并木正吉：《农村变化》，岩波新书，1960年，第34～35页。

首先，从整体的趋向来看，不管是旧制的初等教育还是新制初中的毕业生，初次就业时的平均年龄都集中在15～16岁。可是，如前所述，从旧制的寻常小学毕业时年龄是12岁、高等小学是14岁，而从新制初中毕业是15岁。可以这样说，由于毕业年龄的差异，持有旧制学历者，毕业后要经过几年才能就业。

接下来看一看按父辈的职业类别分类的情况，寻常小学毕业生，父辈从事农业的毕业生的年龄与父辈从事非农业的毕业生年龄相比要略高一些，这正如并木所指出的那样，从初等教育毕业后，不是将从事农业作为固定职业，而是在家作为农业帮手先干几年，然后再正式就业①。

另一方面，新制初中毕业生以及高中毕业生的情况，与父辈的职业无关，初次就业时的年龄与学校毕业时的年龄相同，与毕业的同时实现“无间断”地正式就业紧密关联②。可以说统一录用新毕业生这一日本式录用惯例是以义务教育的延长——学校毕业年龄的上升为背景而形成的。

## 第三节 地区移动与职业安定政策

### 一、地区移动与新毕业学生

但是，以制造业为中心的劳动力需求的增加与作为劳动力供给源的农村之间，两者存在着距离。为了解决劳动力供给的地区间的不平衡，伴随着区域移动的新毕业学生的求职活动成为必要。

独身并且没有抚养家庭责任的“富有可塑性”的新毕业学生是最适合移动的劳动力，这一点早就为人们熟知③。我们首先通过统计数据来证实这一基本事实。先看一下全体初中毕业就业者中，在县外就业者的比例。如图2—1所示，初中毕业就业者中在县外就业人数，1953年还不足10万人，但到了20世纪60年代初就急剧上升，1963年已经接近25万人。之后开始慢慢回落，至1969年减少到与1953年几乎持平的10万人左右。另一方面，仅就制造业来看，1961—1966年在县外就业的均超过10万人。正如图2—1两条曲线所

① 并木，《战败后农业人口的补充问题》。

② 关于“无间断”的转移，参照岩永雅：《年轻劳动市场的组织化及学校》，《教育社会学研究》第38集，1983年，第134－145页；岩永：《关于新学校毕业生劳动市场构造的实证研究》，《大阪大学人文科学部纪要》第10卷，1984年，第247～276页。

③ 氏原正治郎、高梨昌：《日本劳动市场分析》（上、下），东京大学出版社，1971年。

示的那样，不难确认，在县外就业的大多数是制造业的从业者。总体来说，仅从数字来看，可以说 20 世纪 60 年代的初中毕业生中有超过 10 万人这样一支大军选择县外就业。

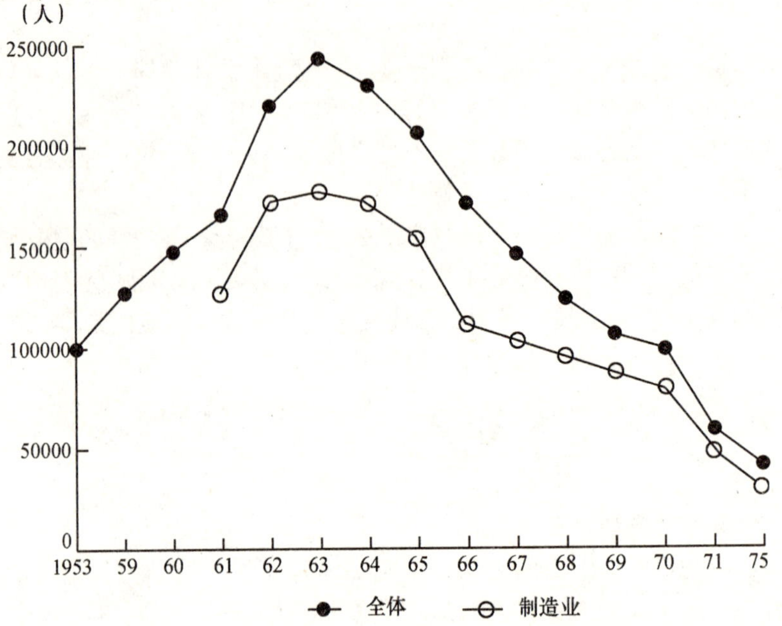


图 2—1 县外就业者数的推移（初中毕业生）

资料来源：1959 年、1960 年是依据劳动省《通过联络介绍的劳动力移动状况调查》，1953 年是依据文部省《产业教育调查报告书》（1953 年度），其他数值依据学校基本调查。

图 2—2 是县外就业率（在全体就业者中选择县外就业的比例）的变化图。从中可知，1953 年县外就业的仅仅 13%，但到了 20 世纪 60 年代以后几乎稳定在30%～35%前后。另外，从事制造业的稳定在 40%左右。难怪仅从制造业来看，与整体相比，县外就业率显得较高。不管怎么说，仅从比例来看，60 年代的初中毕业生在县外就业的约占全体的 1/3、制造业约占四成这样一个相对稳定的比率变化。可以认为在 60 年代，对初中毕业生来说，县外的就业机会相对较多。

那么，在府县间移动的新就业者中初中毕业生究竟占有多大的重要性？接下

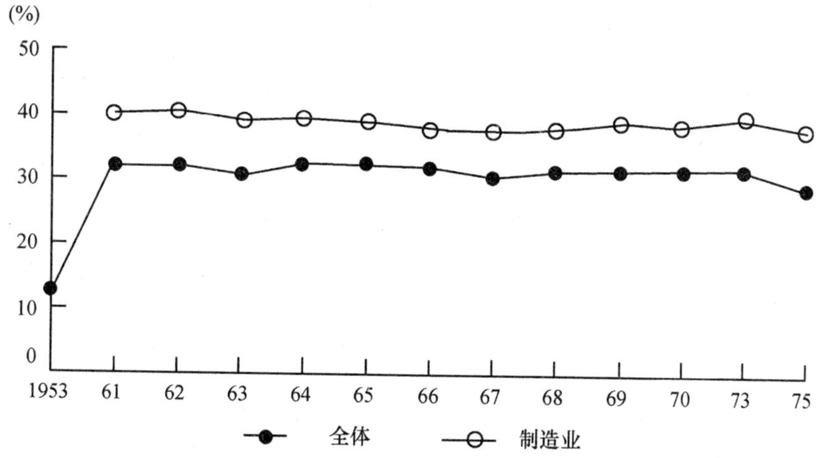


图 2—2　初中毕业生县外就业率的推移

资料来源：1953 年依据《产业教育调查报告书》（1953 年度），其余依据学校基本调查。

来看一看进入其他都道府县工作的毕业生中，初中毕业就业者所占比例的变化。如图 2—3 所示，在其他都道府县就业者中新初中毕业生所占的比例，除了 1961 年，在 1959 年到 20 世纪 60 年代早期，大约占了一半以上。正如后面第三章所详述的，初中毕业与高中毕业的更迭是在 1965 年，在此之后，高中毕业生占了进入其他都道府县就业人数的大多数。但可以肯定的是，在此之前，初中毕业生扮演了保持地区间劳动力需求平衡的重要角色。

但是跨地区的就业，并不一定意味着居住地的移动。在这里，虽然不能区分初中毕业与高中毕业，为了观察伴随着居住地变迁的地区间劳动力移动的状况，作成了表 2—9。这个表是根据劳动省的《劳动变动调查》，对因为工作变动而改变了居住地的劳动者中新毕业学生所占的比例图表。从表中可知，20 世纪 60 年代初，变更居住地的新毕业学生就业者中，男子占了 36%～46%，女子为 47%～57%。特别是制造业，其比例更高，男女都约占半数左右。由此可知，以制造业为中心，在平衡地区间劳动力需求上，伴随着居住地变迁的新毕业学生的劳动移动占据了重要的位置。诚然，作为“出现在劳动市场的最大的”劳动力的战败后新制初中毕业生，其分配“对国家来说也是极其重要的问题”这一来自职业安定行政当局的认识，由上述数据也可以得到佐证。

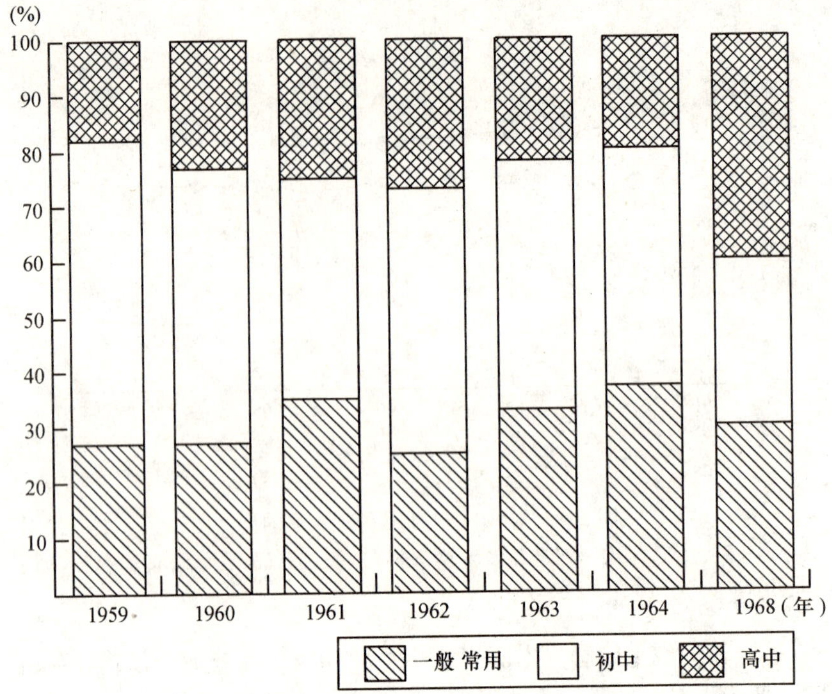


图 2—3　县外就业者的推移（不包括临时就业的构成比的变化）

资料来源：《地区间劳动力流动的变化倾向及其背景》，《劳动统计调查月报》Vol. 21，NO. 3；《劳动力地区间流动的变化倾向》，《职业安定广报》Vol. 15，NO. 22。

**表 2—9　　变更住所的新就业者中新毕业生的比例**

| | 男子 | | | 女子 | | |
|---|---|---|---|---|---|---|
| | 全体 | 新毕业生 | 同比率 | 全体 | 新毕业生 | 同比率 |
| 1961 年 | | | | | | |
| 全体 | 410 161 | 147 734 | 36.0% | 204 807 | 96 642 | 47.2% |
| 制造业 | 278 749 | 105 458 | 37.8% | 175 857 | 84 766 | 48.2% |
| 1962 年 | | | | | | |
| 全体 | 367 093 | 167 206 | 45.5% | 208 389 | 117 893 | 56.6% |
| 制造业 | 246 126 | 120 737 | 49.1% | 166 701 | 94 481 | 56.7% |

资料来源：劳动省《劳动移动调查》，1963 年。

注：新毕业生包括初中与高中毕业生。

## 二、地区移动与农村出身者

那么，伴随着地区移动的就业者中，农家子女究竟占有多大的比重呢？从农村走出、从事农业以外职业的大量毕业生是如何实现就业的呢？还有，对企业来说，周边地区劳动力已不能满足需求，那么是从何处招聘满足其需求的呢？在这种地区间劳动力需求不能保持平衡的时期，新毕业学生能够实现就业正是由于地区移动的结果。下面，为了把握平衡地区间劳动力需求问题及其与农业人口的减少这一产业结构的变化的关系，让我们看看伴随着农家子女的就业的地区移动状况。

表 2—10 是根据《劳动移动调查》数据和农林省《农家子女新毕业生动向》调查数据估算的农家子女新毕业生在地区间移动的劳动力中所占的比例。从表中可以发现，农家子女占据了伴随着地区移动的新毕业生的主要部分。

**表 2—10　　农村家庭子女在都道府县间移动的劳动力中所占的比例**

| 年份 | 移动劳动者总数 | 其中农村家庭子女应届毕业生 | 其中初中毕业生 | 其中高中毕业生 |
|---|---|---|---|---|
| 1959 | 364 010 | 43.3% | 29.1% | 14.2% |
| 1960 | 304 716 | 57.0% | 34.6% | 22.4% |
| 1961 | 443 822 | 38.9% | 19.5% | 19.4% |
| 1962 | 485 745 | 41.2% | 23.8% | 17.5% |
| 1963 | 534 335 | 45.0% | 29.8% | 15.2% |
| 1964 | 527 095 | 48.1% | 27.1% | 21.0% |
| 1965 | 416 820 | 无 | 无 | 无 |
| 1966 | 417 368 | 无 | 无 | 无 |
| 1967 | 406 165 | 无 | 无 | 无 |
| 1968 | 491 142 | 39.7% | 14.9% | 24.7% |

资料来源：劳动省《劳动移动调查》，农林省《农村家庭子女应届毕业生的动向》。

初中毕业生与高中毕业生合计起来，在 1960 年地区转移的劳动力中，农村出身的毕业生实际占有 57%。而且，在这当中，初中毕业生占了 34.6%，高中毕业生为 22.4%，可知新初中毕业生的比重是较大的。

1960 年以后，上述数字虽略有浮动，但是依然在 40%左右。正如所见到的那样，受到农家子女高中升学率上升的影响，初中毕业生的比重虽然比 1960 年时的34.6%有所减少，但还维持在20%～30%左右，可以推断，农村出身的初中毕业生在都道府县间的“移动”劳动力中占有重要位置。

那么，伴随着住所变化的移动情况如何呢？为了了解这个问题，让我们看一看表2—11所示的制造业中伴随着住所变动的农村出身的新毕业生的情况。从表中迁出者比率（c/b）可知，农村出身的从事制造业的就业者中伴随着住所变动的，男子约为六成左右，女子在2/3～3/4之间。对大部分农村出身的初中毕业生来说，进入制造业工作就意味着从家乡离开。从绝对数来看，最高峰是1963年，男子超过5万人、女子超过9万人的农村出身的初中毕业生离开家乡走上制造工作岗位。并且，农村出身的住所变动者占包括农村出身者以外的初中毕业生在内的全体制造业就业者的比例，从“占全体制造业就业者的比率”一栏中可知数值也不小。具体数值为男子约二成、女子为20%～30%。

**表2—11 初中毕业从事制造业就业者中农村出身并且就业时迁出者的推移**

| 年份 | 男子（a） | 农村出身者（b） | 农村出身的迁出者（c） | 迁出者率（c/b） | 占制造业就业者全体比率（c/a） | 女子（a） | 农村出身者（b） | 农村出身的迁出者（c） | 迁出者率（c/b） | 占制造业就业者全体比率（c/a） |
|---|---|---|---|---|---|---|---|---|---|---|
| 1959 | 216 368 | 56 500 | 40 300 | 71.3% | 18.6% | 179 624 | 46 600 | 33 900 | 72.7% | 18.9% |
| 1960 | 215 111 | 56 100 | 37 500 | 66.8% | 17.4% | 192 383 | 59 400 | 44 500 | 74.9% | 23.1% |
| 1961 | 176 008 | 55 700 | 35 200 | 63.2% | 20.0% | 152 081 | 51 800 | 38 000 | 73.4% | 25.0% |
| 1962 | 225 445 | 78 400 | 45 200 | 57.7% | 20.0% | 195 415 | 77 500 | 50 600 | 65.3% | 25.9% |
| 1963 | 240 895 | 80 500 | 51 200 | 63.6% | 21.3% | 221 300 | 91 700 | 68 300 | 74.5% | 30.9% |
| 1964 | 220 978 | 69 900 | 43 500 | 62.2% | 19.7% | 209 653 | 89 800 | 60 900 | 67.8% | 29.0% |
| 1965 | 197 256 | 69 300 | 39 400 | 56.9% | 20.0% | 189 940 | 79 600 | 48 900 | 61.4% | 25.7% |
| 1966 | 143 537 | 42 900 | 26 700 | 62.2% | 18.6% | 151 877 | 60 800 | 40 600 | 66.8% | 26.7% |
| 1967 | 126 801 | 41 100 | 25 200 | 61.3% | 19.9% | 123 740 | 52 100 | 21 300 | 40.9% | 17.2% |

资料来源：总数依据《文部省学校基本调查》（各年度版），农村出身者数依据农林省《农村家庭子女应届毕业生的动向》（1967年度版）。

### 三、地区间移动与职业安定机构的作用

那么，实际由职业安定机构的调整给初中毕业劳动力的地区移动带来了什么样的结果呢？在这里，我们从地区间移动这一角度来追踪新初中毕业就业者的动向。

在第一章的图1—1中，我们已经确认，除了在农林业以外的产业就业的初中毕业生中，有近六成的人是通过职业安定机构而就业的。农林业以外的就业者，也就是主要是作为产业工人而就业的，在20世纪50年代，一半以上的初中毕业生是通过职业安定所或学校介绍而找到工作的。这个数字与此前主要靠关系就业相比，无疑是一个令人惊讶的数字①。

而且，通过职业安定所的职业介绍，不仅从数量上显示出其重要性。表2—12是根据学校基本调查，选取知道到其他地区就业人数的年份，在本地与外地就业者中，分别有多少是经过职业安定所介绍而实现就业的表格。从表中可知，在20世纪60年代初期，到外地就业的初中毕业生中，超过70%的是通过职业安定所就业的。而且，利用职业安定所的就业者，不管哪一年度，都是去外地就业比在本地就业的多。也就是说，职业安定所的职业介绍在初中毕业生劳动力实现地区间顺利移动中是发挥了一定作用的。

表2—12　县外、县内应届初中毕业就业者中通过职业安定所介绍就业者的比率

| 年份 | 初中毕业就业者数 | 其中职业安定所介绍 | 比率 | 县外就业者 | 其中职业安定所介绍 | 比率 | 本县内就业者 | 其中职业安定所介绍 | 比率 | 县外就业率（全体） | 县外就业率（职业安定所介绍） |
|---|---|---|---|---|---|---|---|---|---|---|---|
| 1953 | 728 944 | 206 392 | 28.3% | 99 933 | 37 840 | 37.9% | 629 011 | 168 552 | 26.80% | 13.7% | 18.3% |
| 1961 | 500 864 | 329 651 | 65.8% | 166 778 | 125 281 | 75.1% | 334 086 | 204 370 | 61.17% | 33.3% | 38.0% |
| 1962 | 652 400 | 410 120 | 62.9% | 218 086 | 159 907 | 73.3% | 434 314 | 250 213 | 57.61% | 33.4% | 39.0% |
| 1963 | 763 844 | 459 048 | 60.1% | 242 040 | 171 368 | 70.8% | 521 804 | 287 680 | 55.13% | 31.7% | 37.3% |
| 1964 | 697 687 | 432 815 | 62.0% | 231 097 | 166 573 | 72.1% | 466 590 | 266 242 | 57.06% | 33.1% | 38.5% |
| 1965 | 624 731 | 412 935 | 66.1% | 208 224 | 155 817 | 74.8% | 416 507 | 257 118 | 61.73% | 33.3% | 37.7% |

① 小学毕业就业者（一般包括寻常小学、高等小学的毕业生、辍学者）中，通过第二次世界大战前的职业安定所的职业介绍实现就业者的比率，即使仅抽出被雇用者，1935年为11.1%，1936年为12.1%，和第二次世界大战败后相比仍处于很低的水平，详细参照本书第三章的表3—3。

续表

| 年份 | 初中毕业就业者数 | 其中职业安定所介绍 | 比率 | 县外就业者 | 其中职业安定所介绍 | 比率 | 本县内就业者 | 其中职业安定所介绍 | 比率 | 县外就业率（全体） | 县外就业率（职业安定所介绍） |
|---|---|---|---|---|---|---|---|---|---|---|---|
| 1966 | 522 475 | 328 093 | 62.8% | 165 950 | 117 013 | 70.5% | 356 525 | 211 080 | 59.20% | 31.8% | 35.7% |
| 1967 | 445 681 | 290 412 | 65.2% | 140 342 | 99 873 | 71.2% | 305 339 | 190 539 | 62.40% | 31.5% | 34.4% |
| 1968 | 385 550 | 259 305 | 67.3% | 124 718 | 89 764 | 72.0% | 260 832 | 169 541 | 65.00% | 32.3% | 34.6% |
| 1969 | 324 262 | 227 501 | 70.2% | 108 146 | 80 445 | 74.4% | 216 116 | 147 056 | 68.04% | 33.4% | 35.4% |
| 1970 | 271 266 | 196 934 | 72.6% | 91 171 | 68 681 | 75.3% | 180 095 | 128 253 | 71.21% | 33.6% | 34.9% |
| 1973 | 145 055 | 108 580 | 74.9% | 49 847 | 40 362 | 81.0% | 95 208 | 68 218 | 71.65% | 34.4% | 37.2% |
| 1975 | 93 984 | 70 134 | 74.6% | 28 606 | 23 452 | 82.0% | 65 378 | 46 682 | 71.40% | 30.4% | 33.4% |

资料来源：就业者数、县外就业者数依据文部省《学校基本调查》（各年度版）；职业安定所介绍数依据劳动省《劳动市场年报》（各年度版）。但是，1953年度的数据，初中就业者数、县外就业者数、县内就业者数均来自于文部省《产业教育调查报告书》（1953年度）。

遗憾的是，没有发现除了1953年之外的1960年以前的经过职业安定所以外的途径去外地就业者的初中毕业生人数的数据。在这里，为了解1960年以前的变化，有数据可依的福岛县与岩手县的情况如表2—13、表2—14。这两个县是所谓的“农业县”，因此在反映农家子女的地区移动中职业安定所机构的作用方面，提供了具有说服力的数据。这两个表反映的是就业者总数（但岩手县仅限于雇用者）中，经过职业安定所的就业者的比率、经过职业安定所去县外就业者的比率，还有经过职业安定所去县外就业者占就业者总数的比率。正如表中所显示，经过职业安定所的就业者中，去县外就业所占的比例不管是哪个县在20世纪50年代后期（福岛是1957年，岩手是1956年）都达到了38%，并且在此之后有增加的趋势。然后到了1960年前后，经过职业安定所去县外就业的比例，两个县都占半数以上。仅从县外就业者较多的东北地区各县的数字来看，尽管不具有普遍性，但从上述结果可知，20世纪50年代后期，在初中毕业生的工作调配中，职业安定所对促进毕业生地区移动发挥了巨大的作用。

表 2—13　福岛县应届初中毕业生职业安定所介绍的变化（在县外就业中职业安定所作用的变化）

| 年份 | 就业者数 | 其中通过职业安定所介绍 | 比率 | 通过县外职业安定所介绍 | 比率 | 通过职业安定所介绍的县外比率 |
|---|---|---|---|---|---|---|
| 1955 | 24 214 | 9 787 | 40.4% | 2 643 | 10.9% | 27.0% |
| 1956 | 27 559 | 18 174 | 65.9% | 3 311 | 12.0% | 18.2% |
| 1957 | 24 517 | 13 064 | 53.3% | 4 962 | 20.2% | 38.0% |
| 1958 | 21 412 | 12 089 | 56.5% | 4 664 | 21.8% | 38.6% |
| 1959 | 24 497 | 12 651 | 51.6% | 5 146 | 21.0% | 40.7% |
| 1960 | 18 670 | 12 608 | 67.5% | 8 141 | 43.6% | 64.6% |

资料来源：依据东京商工会议所《东北的新劳动市场的现状与趋势》，1961 年制成。

表 2—14　岩手县应届初中毕业生职业安定所介绍的变化（在县外就业中职业安定所介绍所作用的变化）

| 年份 | 就业者数（仅限于雇佣工人） | 其中通过职业安定所介绍 | 比率 | 通过县外职业安定所介绍 | 比率 | 通过职业安定所介绍的县外比率 |
|---|---|---|---|---|---|---|
| 1954 | 5 066 | 3 410 | 67.3% | 782 | 15.4% | 22.9% |
| 1955 | 6 979 | 4 579 | 65.6% | 1 084 | 15.5% | 23.7% |
| 1956 | 7 200 | 5 358 | 74.4% | 2 034 | 28.3% | 38.0% |
| 1957 | 7 602 | 5 605 | 73.7% | 2 577 | 33.9% | 46.0% |
| 1958 | 8 608 | 7 325 | 85.1% | 3 487 | 40.5% | 47.6% |
| 1959 | 7 642 | 6 359 | 83.2% | 3 448 | 45.1% | 54.2% |

资料来源：依据东京商工会议所《东北的新劳动市场的现状与趋势》，1961 年制成。

而且，这些县都是农业人口较多的县。因此，以上的分析在显示 20 世纪 50 至 60 年代的动向的同时，某种程度上也能反映出职业安定所在农村出身者的地区间移动中所发挥的作用。从这个角度再次分析图表得知，福岛县到了 1960 年，经过职业安定所就业总数中，有 65%去了县外就业，岩手县在 1959 年占了 54%

（但仅限于雇佣者）。前面已经论述过在1960年以后农村出身者作为地区间的移动劳动力占据了重要的位置，从这里的结果不难看出在地区移动中职业安定所所发挥的一定的作用。

经过职业安定所实现的府县间的移动情况还可通过全国范围的数据再来验证一下。表2—15是根据各年度的《劳动市场年报》统计的经过职业安定所就业的初中毕业生中，由其他府县的职业安定所联系招聘实现就业的比率。因为调查的形式发生了变化，可以使用的数据仅有1952—1961年的。从这十年的变化中可以发现，在1952年，经过职业安定所就业者中，有16%是由其他府县联系招聘实现就业的。到了1957年以后，经过职业安定所就业者中，有20%以上是由其他府县联系招聘就业的，1960年，这一数值达到了30%以上，而1961年更是达到了37%。

**表2—15　初中应届毕业生中通过联络招聘去其他府县就业者数的推移**

| 年份 | 通过介绍就业的人数 | 其中通过联络招聘去其他府县就业的人数 | 比率 |
|---|---|---|---|
| 1937* | 61 024* | 6 338* | 10.4% |
| 1952 | 196 917 | 32 269 | 16.4% |
| 1953 | 206 392 | 37 840 | 18.3% |
| 1954 | 209 851 | 51 060 | 24.3% |
| 1955 | 240 523 | 44 118 | 18.3% |
| 1956 | 326 005 | 64 351 | 19.7% |
| 1957 | 401 223 | 93 769 | 23.4% |
| 1958 | 367 043 | 85 326 | 23.2% |
| 1959 | 392 051 | 99 836 | 25.5% |
| 1960 | 390 995 | 128 041 | 32.7% |
| 1961 | 318 183 | 118 519 | 37.2% |

资料来源：《劳动市场年报》（各年度版）。1937年度的数据依据厚生省《关于小学毕业儿童就业的资料》（1938年）制成。有关其他府县1937年度通过职业安定所的就业者、通过职业安定所的就业者数以及联络招聘等情况不明。

因为调查方法以及招聘联系方式本身可能不同，所以进行严格的比较是比较困难的，作为参考，将 1937 年的数据一同放在表中可知，其数值仅仅为 10.4%。与这一数值相比，由其他府县联系招聘实现就业的比例，20 世纪 50 年代后期超过 20%，60 年代为 30%以上，可以说是较大的。这也可看作是在高度成长期初中毕业劳动力实现地区间顺利移动中，职业安定所的“联络招聘”这一方式发挥了重要作用的有力佐证。

## 第四节　就业途径的变迁

前文的分析主要是以农村出身的新初中毕业生为对象，从数量上揭示伴随着地区移动的他（她）们的初次就业中，初中学校与职业安定所发挥了怎样的作用。那么，除了通过学校与职业安定所实现就业之外还有哪些就业方法？与其他学历阶段毕业生的初次就业相比具有什么特征，全体毕业生初次参加工作的方式具有哪些变化？就业单位的产业、职业、企业规模等方面来看具有哪些不同？阐明本书研究对象的 20 世纪 50 年代、60 年代的初中毕业生经过职业安定机构就业特征的另一方法，就是将初中毕业生的就业现象置于更广的范围内进行探讨。

为了达到这个目的，与前面的分析有异，这里将使用 SSM 调查 1995 年的数据来进行分析。在全国实施的、以 20～69 岁的成年男女为对象的抽样调查所得到的这个数据，使以前的统计没能反映的参加工作路径的分析成为可能。但是，关于初次参加工作的方法，由于依据的是被调查者的回忆信息，因此与本章截至目前所采用调查的精确度有所不同。尽管如此，这个数据包含了其他调查所没有的信息。这里仅以把握战败后新毕业学生初次就业的大致趋势为目的，增加一些根据 SSM 调查数据所进行的分析。下面，在对每一个参加工作路径的趋势按学历类别、年龄类别大致了解的基础上，分别从职业类别、产业类别与企业规模类别角度来分析经过学校、职业安定所的就业动向的特征。

### 一、参加工作路径的变化

从学校毕业参加工作的路径有很多，作为本书研究对象的经过学校和职业安定所参加工作的方法是其中之一。除此之外，还有通过父母与亲戚、朋友的介绍以及直接参加企业的招聘等许多种方法。

在上述方法中究竟多大程度被采用？它们具有什么样的时代变化？随着时间的推移，能够解答这些朴素的问题的数据并不是很多。

1995 年实施的 SSM 调查中，是根据记忆向被调查者询问了从学校毕业后最早参加的工作路径问题。依据全国抽样调查的数据，按照回答者的年龄类别做横向比较的话，就能够把握多种多样的参加工作路径的时代变迁问题。

那么，初次参加工作的路径经过了哪些变化呢？接下来的表 2—16 至表 2—20 就是依据年龄类别、学历类别，对初次参加工作的路径利用情况，按不同的工作路径进行分类[①]。这些表显示了不同时代、不同学历的利用者的路径变化情况。

**表 2—16　就业途径：学校、职业安定所利用**

世代、学历类别　（%）

| | 初中 | 高中 | 短大高专 | 大学 |
|---|---|---|---|---|
| 20 代 | 18.8 | 35.1 | 17.0 | 4.9 |
| 30 代 | 26.7 | 53.0 | 29.3 | 23.2 |
| 40 代 | 37.7 | 55.9 | 39.1 | 32.7 |
| 50 代 | 34.0 | 44.0 | 37.5 | 43.8 |
| 60 代 | 22.2 | 47.8 | — | 46.9 |
| | 旧制初等 | 旧制中等 | 旧制中等实业 | 旧制高等 |
| 60 代 | 18.4 | 19.7 | 48.0 | 30.0 |

注：初次就业者中不包括无业、自营业及农林渔业者。

**表 2—17　就业途径：家属亲戚**

世代、学历类别　（%）

| | 初中 | 高中 | 短大高专 | 大学 |
|---|---|---|---|---|
| 20 代 | 33.3 | 7.4 | 11.1 | 5.6 |
| 30 代 | 7.1 | 10.0 | 16.1 | 7.2 |
| 40 代 | 26.9 | 17.2 | 14.0 | 16.5 |
| 50 代 | 19.4 | 24.0 | 25.0 | 14.9 |
| 60 代 | 34.6 | 30.8 | — | 12.5 |
| | 旧制初等 | 旧制中等 | 旧制中等实业 | 旧制高等 |
| 60 代 | 31.3 | 29.7 | 17.4 | 31.6 |

注：初次就业者中不包括无业、自营业及农林渔业者。

① 关于就业途径的分类方法，参照苅谷：《从学校到职业的转变过程的分析》《1995 年 SSM 调查集 11 教育和职业——构造和意识的分析》1998 年，第 25～55 页。但是，这个调查是以多种回答的方式进行的，下面所用的就业途径的分类并不是相互排斥的。回答通过学校引荐的人同时也可能通过家人、亲戚的介绍。另外，本节的分析在苅谷的文献的基础上作了一些修改。

表 2—18　**就业途径：经常交往的朋友**

世代、学历类别　(%)

| | 初中 | 高中 | 短大高专 | 大学 |
|---|---|---|---|---|
| 20 代 | 6.7 | 5.3 | 2.3 | 1.4 |
| 30 代 | 7.1 | 4.4 | 3.6 | 6.5 |
| 40 代 | 5.8 | 2.9 | 14.0 | 1.0 |
| 50 代 | 9.7 | 8.6 | 0.0 | 4.3 |
| 60 代 | 5.8 | 1.5 | — | 6.3 |
| | 旧制初等 | 旧制中等 | 旧制中等实业 | 旧制高等 |
| 60 代 | 4.0 | 4.7 | 0.0 | 5.3 |

注：初次就业者中不包括无业、自营业及农林渔业者。

表 2—19　**就业途径：偶尔相会的朋友**

世代、学历类别　(%)

| | 初中 | 高中 | 短大高专 | 大学 |
|---|---|---|---|---|
| 20 代 | 6.7 | 2.6 | 0.0 | 0.0 |
| 30 代 | 0.0 | 4.4 | 0.0 | 4.3 |
| 40 代 | 6.7 | 1.8 | 2.3 | 2.1 |
| 50 代 | 7.7 | 4.3 | 6.3 | 6.4 |
| 60 代 | 11.5 | 6.2 | — | 3.1 |
| | 旧制初等 | 旧制中等 | 旧制中等实业 | 旧制高等 |
| 60 代 | 8.1 | 1.6 | 0.0 | 5.3 |

注：初次就业者中不包括无业、自营业及农林渔业者。

表 2—20　**就业途径：直接应聘**

世代、学历类别　(%)

| | 初中 | 高中 | 短大高专 | 大学 |
|---|---|---|---|---|
| 20 代 | 13.3 | 10.0 | 11.4 | 5.6 |
| 30 代 | 0.0 | 7.2 | 5.4 | 16.7 |
| 40 代 | 1.9 | 7.8 | 11.6 | 11.3 |
| 50 代 | 5.8 | 3.0 | 12.5 | 6.4 |
| 60 代 | 1.9 | 1.5 | — | 6.3 |
| | 旧制初等 | 旧制中等 | 旧制中等实业 | 旧制高等 |
| 60 代 | 8.1 | 1.6 | 8.7 | 5.3 |

注：初次就业者中不包括无业、自营业及农林渔业者。

在分析变化之前，先比较一下不同的路径利用者的比例情况。作为总体趋势，在所列的5种就业路径中，利用率最高的是通过学校（老师的介绍以及学校的推荐等）和职业安定所的就业。其次，是通过家庭及亲戚的介绍。其余的4种利用率都不是很高。正如前期研究所揭示的那样，学校在日本发生的职业移动中发挥了巨大作用，这一点，通过上述数据也能够得到验证。

那么，这些不同的就业路径，从学历类别和年龄类别来说具有什么特征呢？在这里，特别要分析一下以利用学校与职业安定所以及家庭与亲戚的介绍为主的就业情况。

首先，看一看通过学校、职业安定所（包括老师的介绍、学校的推荐以及职业安定所的中介）实现初次就业的情况，其中利用最多的是高中毕业生。日本的高中学校在职业介绍方面发挥了重要的作用这一点，从SSM数据中再次得到确认[①]。并且，值得注意的是，在三四十岁的同期高中学生中，这个数值很高，到了二十岁后这个数值急剧下降，充分显示了高中职业中介的普及与萎缩的历史变化。

接下来利用率较高的是大学以及旧制高等教育。在这个学历阶段，年龄越大的利用率越高。这也和前期研究的结果相一致。根据前期研究[②]，截至1970年以前，在大学生就业中，包括文科在内通过学校推荐实现就业的居多。到了20世纪70年代中期以后，变成了直接应聘的方式。就业方式的这种变化，从SSM数据中也得到了反映。

本书所研究的初中毕业生就业情况，其结果意义颇深。利用学校和职业安定所最多的是四五十岁的同期初中毕业生。这一代人是截至20世纪70年代为止已经参加工作的，正如本章前面所述，是从农业向其他产业转移的初中毕业的一代。这个结果，反映了以20世纪50至60年代为中心、通过与职业安定所联合的新制初中在职业中介中所发挥的重要作用。

---

① 但是，前期研究显示通过学校推荐就业的高中毕业生占80%，初中毕业生在本章看来也达到60%～70%，和这相比SSM调查的回顾式的提问利用率要稍微低一些。关于高中毕业生参照苅谷：《学校、职业、选拔的社会学：日本的高中毕业生的就业结构》，东京大学出版社，1991年；日本劳动研究机构：《高中毕业生初期工作经历的形成及高中教育：关于初期职业经历追踪调查结果》调查研究报告书No. 89，1996年。

② 苅谷刚彦、冲津由纪、吉原惠子、中村高康、近藤尚：《被前辈－后辈关系包围的大学毕业生的就业》，《东京大学教育学部纪要》第32卷，1992年，第89～118页；Brinton，Mary C. and Kariya，Takehiko，“Institutional and Semi-Institutional Networks in the Japanese Labor Market，” in Brinton ，Mary C. and Nee，Victor，eds.，The New Institutionalism in Sociology，Russell Sage Foundation，1988.

另外，短期大学、高等专门学校与大学一样，通过学校推荐实现就业占据了一定的比例。还有，尽管是少数，观察一下60岁这一代的取得旧制学历的同期生就会发现，旧制实业学校的毕业生的学校利用率非常高，这一事实可以说对研究学校职业中介功能的起源具有深刻含义。

那么，利用家庭和亲戚等个人关系实现就业的情况如何呢？尽管并不呈线性变化，但作为一种趋势，就是越是过去的时代，利用家庭与亲戚关系就业的就越多。特别是60岁这代，除了旧制实业学校的毕业生和新制大学毕业生，其他的学历阶段都是30%左右的利用率。第二次世界大战败后，在快速发展的学校、职业安定所职业中介普及以前，取而代之的是普遍利用个人关系实现就业。

另外，在四五十岁这一代，与大学毕业相比，初中、高中毕业生利用家庭与亲戚的关系实现就业的倾向比较明显。不通过学校及职业安定所的职业中介的情况下，学历相对较低的毕业生依赖家庭关系的较多。

在利用率上，与上述两类相比显得较低的、利用朋友介绍而就业的情况，无论是“经常交往的朋友”，还是“偶尔相会的朋友”，作为大致的趋势，越是学历低的，利用朋友介绍实现就业的越多。虽然不是非常明显，通过直接应聘就业的情况与此刚好相反，越是年轻的、越是学历高的，利用率就越高。

**二、从职业、工种与企业规模分类就业路径**

多种多样的就业路径与从事的职业、工种及企业规模之间具有什么样的关系呢？接下来，从劳动力分配的角度来看一看就业路径的特征。

1. 职业

首先，看一看按职业类别划分的初次参加工作的路径有哪些不同。表2—21是通过学校、职业安定所就业的按职业类别、学历类别显示的初次就业率情况①。从整体来看，非熟练的职业通过学校、职业安定所就业的较少，其他的职业，大致在30%～40%，没有太大的差别。接下来从学历分类来看，正如前面从年龄类别所分析的特征一样，不管何种职业都是高中毕业生利用学校与职业安定所实现就业的多。特别是从事事务性工作以及销售、服务业工作的，通过学校与职业安定所就业的超过一半以上。

一方面，初中毕业生的情况，除了样本数少的专门职业较多以外，从事半熟练和熟练职业的均利用学校与职业安定机构实现了就业。与10.7%的利用学校、职业安定机构的非熟练职业相比，对初中毕业生来说，从事高熟练度技术工作的

① 初次就业除了农业和自主经营。由于管理职位的样本数较少，所以从表格中删除。

人，通过学校、职业安定机构的比例较高。

**表 2—21　　从职业类别、学历类别中所见的通过学校、职业安定所获得初次工作的就业率**

| | 专门 | 事务 | 销售、服务 | 熟练 | 半熟练 | 非熟练 |
|---|---|---|---|---|---|---|
| 全体 | 37.6 | 43.6 | 39.9 | 37.8 | 41.1 | 16.0 |
| 初中毕业 | 54.5 | 22.2 | 24.4 | 31.0 | 43.9 | 10.7 |
| 高中毕业 | 48.5 | 53.7 | 51.3 | 45.3 | 44.5 | 25.9 |
| 短大、高专毕业 | 40.0 | 30.6 | 20.0 | — | — | — |
| 大学毕业 | 26.3 | 30.1 | 28.1 | 18.2 | — | — |

注：样本数 10 人以下时为空白；不论何种学历均不包括中途退学及旧制学历者。

另一方面，对短期大学与高专毕业生来说，从事专业工作的往往通过学校、职业安定机构实现就业。与此相比，大学毕业生在不同职业之间的差异不大，还有，从事相同职业时，与其他学历相比，利用学校、职业安定机构的比率有降低趋势。

在以上分析中，值得关注的是，高中毕业从事事务工作及初中毕业从事熟练、半熟练工作的，往往利用学校、职业安定机构的比率较高。即使是相同学历，技术含量越高的职业，通过学校与职业安定机构中介实现就业的可能性越高①。

接下来根据表 2—22 看看通过家庭与亲戚介绍的情况。首先从总体来说，与刚才的情况正好相反，从事非熟练工作的利用率最高。即使从学历类别来看，利用家庭与亲戚介绍就业最多的是初中毕业从事非熟练工作。而且高中毕业生也是一样，从事非熟练工作的利用率最高。以上结果反映的是，学历较低的、从事熟练度相对较低的职业时，利用家庭与亲戚关系的趋势越明显。

还有，从事相同职业之间的情况相比较，除了事务、销售及服务业之外，学历越高的越少利用家庭与亲戚的关系就业。

2. 工种

下面从工种类别看一看通过学校、职业安定所和利用家庭、亲戚这两种关系就业的情况。

① 由学校推荐获得初次就业，用本书第一章的概念的话可以叫做“制度的联系”。关于这个概念的理论的含义及其在劳动市场发挥提高信息的准确度的功能上参照 Kariya，Takehiko and Rosenbaum，James E.，“Institutional Linkages between Education and Work as Quasi－Internal Labor Market，” Research in Social Stratification and Social Mobility，vol. 14，1995，pp. 99－134.

表 2—22　　从职业类别、学历类别中所见的利用家庭、亲戚关系获得初次工作的就业率

| | 专门 | 事务 | 销售、服务 | 熟练 | 半熟练 | 非熟练 |
|---|---|---|---|---|---|---|
| 全体 | 10.1 | 17.6 | 12.7 | 22.1 | 18.2 | 31.1 |
| 初中毕业 | 18.2 | 15.8 | 13.7 | 31.4 | 17.2 | 38.7 |
| 高中毕业 | 13.6 | 16.5 | 14.2 | 15.3 | 15.3 | 21.9 |
| 短大、高专毕业 | 10.9 | 19.1 | 7.7 | — | — | — |
| 大学毕业 | 5.9 | 15.3 | 8.6 | 8.3 | 18.2 | — |

注：样本数 10 人以下时为空白；不论何种学历均不包括中途退学及旧制学历者。

表 2—23 显示的是按不同学历、表 2—24 是按不同年龄类别，从工种类别角度观察的利用学校、职业安定所初次参加工作的比率。首先从表 2—23 中“全体”这一栏可知，不同的工种利用学校、职业安定所的比率是不一样的。通过学校、职业安定机构最多的是金融、不动产、制造业，还有销售业。特别是社会信用度非常重要的金融、不动产业通过学校就业较多的事实，可以说与前期研究①所揭示的“学校——企业间的关系以信赖为基础的工作调配是可能的”结果是相吻合的。与此相比，从事建筑业、服务业及事务工作的通过学校、职业安定所的比率较低。

表 2—23　　从行业类别、学历类别中所见的通过学校、职业安定所获得初次工作的就业率

| | 建筑 | 制造业 | 运输、通信 | 销售 | 服务 | 金融、房地产 | 专门 | 公务 |
|---|---|---|---|---|---|---|---|---|
| 全体 | 27.3 | 48.3 | 34.4 | 42.9 | 28.2 | 59.5 | 32.8 | 18.8 |
| 初中毕业 | 11.4 | 44.5 | 25.0 | 23.3 | 23.3 | — | 50.0 | — |
| 高中毕业 | 34.4 | 57.8 | 44.0 | 52.2 | 36.6 | 78.6 | 39.1 | 22.9 |
| 短大、高专毕业 | 37.5 | 26.7 | — | 39.3 | 25.0 | 38.9 | 32.7 | |
| 大学毕业 | 35.7 | 42.9 | 31.0 | 31.1 | 14.7 | 34.4 | 20.9 | 7.9 |

注：运输、通信业包含公益（煤气、自来水及电力等）部门。专门行业指医疗、法律、教育、大众传媒。

样本数 10 人以下时为空白。

不论何种学历均不包括中途退学及旧制学历者。

① 参照苅谷刚彦的上述论著。

**表 2—24　　从行业类别、年龄类别中所见的通过学校、职业安定所获得初次工作的就业率**

| | 建筑 | 制造业 | 运输、通信 | 销售 | 服务 | 金融、房地产 | 专门 | 公务 |
|---|---|---|---|---|---|---|---|---|
| 20代 | 24.0 | 27.4 | 23.8 | 34.7 | 20.9 | 30.4 | 17.1 | 18.2 |
| 30代 | 25.0 | 60.7 | 37.0 | 47.1 | 33.3 | 45.5 | 25.6 | — |
| 40代 | 40.9 | 57.4 | 50.0 | 52.3 | 37.0 | 72.1 | 41.3 | 8.3 |
| 50代 | 12.0 | 49.7 | 45.5 | 34.1 | 29.4 | 100.0 | 35.0 | 42.9 |
| 60代 | 22.2 | 35.8 | 15.0 | 37.5 | 17.9 | 50.0 | 44.1 | 37.9 |

注：运输、通信业包含公益（煤气、自来水及电力）部门。专门行业指医疗、法律、教育、大众传媒。

样本数10人以下时为空白。不包括中途退学者。

从学历类别来看，可以发现高中毕业的金融业和不动产业、制造业、销售业，初中毕业的制造业，大学毕业的制造业等利用学校、职业安定所的比例较高。特别是高中毕业进入金融业、房地产业工作的，通过学校的超过75%。与金融业、房地产业并列的制造业的比率也很高。正如前面所分析的那样，这可以说是以大量的新毕业学生作为重要劳动力供给源的制造业的特征。正如在本书中所作的更为详细的分析那样，经过学校的职业中介，作为具备在学校的出口处能够获得大量劳动力的“系统”的特征也能通过这个数据得到确认。

接下来，根据表2—24所示的按年龄类别的精确统计，许多工种在40岁这一代利用学校、职业安定所的就业率高。20世纪60至70年代参加工作的这一代，是充分利用学校和职业安定机构职业中介制度的一代，这一事实显示了在新毕业学生大量进入劳动力市场的时期，作为职业中介机构的学校、职业安定所发挥了巨大的作用。

另外，在制造业中，由初中毕业被高中毕业替代后的40岁、30岁这一代的利用率较高，然后是作为重要的初中毕业劳动力供给的50岁这一代，利用学校、职业安定所的比率也较高，这一情况与前面所述的制造业的特征相符合，同时，这一见解揭示了本书作为研究对象的初中毕业生参加工作的方式，也由上述SSM调查得到反映。

与通过学校、职业安定机构就业的情况相比，如表2—25所示，利用父母及亲戚的关系就业的相对集中在运输、通信和建筑等学校、职业安定机构利用率低的工种上。利用率特别高的是初中毕业后在建筑业、运输业和通信业工作的。而且，如表2—26所示，越是年长的一代，利用家庭、亲戚关系从事这些工种的越多（除去运输、通信的50岁这一代）。

表2—25 从行业类别、学历类别中所见的利用家庭、亲戚关系获得初次工作的就业率

| | 建筑 | 制造业 | 运输、通讯 | 销售 | 服务 | 金融、房地产 | 专门 | 公务 |
|---|---|---|---|---|---|---|---|---|
| 全体 | 23.3 | 16.7 | 24.7 | 15.3 | 17.6 | 7.9 | 16.3 | 18.8 |
| 初中毕业 | 36.6 | 20.0 | 33.3 | 22.9 | 20.9 | 18.8 | — | — |
| 高中毕业 | 20.8 | 14.3 | 21.3 | 14.6 | 18.2 | 4.2 | 18.1 | 22.9 |
| 短大、高专毕业 | — | 23.3 | — | 6.3 | 17.6 | 11.1 | 18.9 | — |
| 大学毕业 | 6.7 | 11.5 | 10.3 | 10.6 | 8.8 | 9.4 | 11.5 | 7.9 |

注：运输、通信业包含公益（煤气、自来水及电力等）部门。专门行业指医疗、法律、教育、大众传媒。

样本数10人以下时为空白。

不论何种学历均不包括中途退学及旧制学历者。

表2—26 从行业类别、年龄类别中所见的利用家庭、亲戚关系获得初次工作的就业率

| | 建筑 | 制造业 | 运输、通信 | 销售 | 服务 | 金融、房地产 | 专门 | 公务 |
|---|---|---|---|---|---|---|---|---|
| 20代 | 7.7 | 9.5 | 9.5 | 9.6 | 9.1 | 4.3 | 5.7 | 18.2 |
| 30代 | 17.0 | 8.3 | 7.4 | 7.4 | 8.2 | 6.1 | 16.7 | 16.0 |
| 40代 | 22.2 | 16.9 | 27.5 | 16.6 | 18.0 | 7.0 | 19.5 | 19.4 |
| 50代 | 35.5 | 20.2 | 18.2 | 19.0 | 25.5 | 11.1 | 14.6 | 7.1 |
| 60代 | 35.0 | 22.0 | 45.0 | 25.0 | 29.0 | — | 22.2 | 27.6 |

注：运输、通信业包含公益（煤气、自来水及电力等）部门。专门行业指医疗、法律、教育、大众传媒。

样本数10人以下时为空白。

如上所示，从工种类别来看，利用学校的介绍与利用家庭、亲戚的介绍实现就业具有相反的特征。

3. 企业规模

那么，从企业规模的角度看，参加工作的路径具有哪些不同呢？在这里，让我们看看通过学校、职业安定所就业和利用家庭、亲戚关系就业这两种情况的分

析结果。

表 2—27 是按照个人学历类别显示的在不同规模企业中通过学校、职业安定所的中介实现就业的就业率情况。从整体来看，企业规模越大，通过学校、职业安定所的就业者就越多。这个情况可从以下两个方面进行解释：一方面，从企业角度来看，越是大企业，越愿意依靠职业中介来录取员工；另一方面，从应聘者角度来看，通过利用学校、职业安定机构的职业中介，进入规模较大企业工作的机会较高。

表 2—27　　从企业规模类别、学历类别所见的通过学校、职业安定所获得初次工作的就业率　　（%）

| | 100 人以下 | 100～499 人 | 500 人以上 | 国家和地方机关 |
|---|---|---|---|---|
| 全体 | 20.8 | 45.7 | 50.6 | 23.8 |
| 初中毕业 | 24.9 | 58.1 | 52.2 | — |
| 高中毕业 | 38.7 | 53.0 | 65.9 | 30.4 |
| 短大、高专毕业 | 31.0 | 21.4 | 35.7 | 41.2 |
| 大学毕业 | 18.2 | 39.0 | 37.8 | 15.7 |

注：样本数 10 人以下时为空白。

不论何种学历均不包括中途退学及旧制学历者。

接下来从学历类别来看，不管什么学历，企业规模越大，利用学校、职业安定机构的比例越高。还有，在 500 人以上的大企业，与录用高等教育毕业生相比，录用中等教育毕业生时，较多利用学校、职业安定机构。高中毕业的情况与此非常吻合，仅从初中毕业比高中毕业低 10%这一数值可知，进入 500 人以上的大企业就业的初中毕业生的半数以上是通过学校、职业安定机构实现的。

围绕表 2—28 让我们看一看按年龄类别的倾向。从这个表中可知的是，在中等规模以上的企业，50、60 岁这代人利用学校、职业安定机构的职业中介实现就业的较多。规模较小的企业（不满 100 人）较多地通过学校、职业安定机构就业的是 30 岁这一代。另外，在拥有 500 名以上员工的大企业利用学校、职业安定机构就业的，40 岁的是 71%，50 岁的是 61%。这一代人初次就业是在急需劳动力的高度成长期的 20 世纪 60 至 70 年代。通过学校、职业安定机构的职业中介，在学校的出口处获得大量的新毕业学生的是这些大企业。

与此相对，通过家庭、亲戚的介绍实现就业的，如表 2—29 所示，越是规模相对较小的企业，利用率相对越高。从学历类别来看，除去政府机关，在不足

100人的小企业就业的初中毕业生，利用家庭、亲戚的比例最高。

**表2—28　从企业规模类别、年龄类别所见的通过学校、职业安定所获得初次工作的就业率**　（%）

| | 100人以下 | 100～499人 | 500人以上 | 国家和地方机关 |
|---|---|---|---|---|
| 20代 | 23.6 | 25.4 | 32.7 | 10.5 |
| 30代 | 40.6 | 50.6 | 46.6 | 9.8 |
| 40代 | 32.8 | 58.6 | 70.7 | 21.8 |
| 50代 | 31.4 | 47.9 | 61.4 | 43.8 |
| 60代 | 20.7 | 48.6 | 40.7 | 36.4 |

**表2—29　从企业规模类别、学历类别所见的利用家庭、亲戚关系获得初次工作的就业率**　（%）

| | 100人以下 | 100～499人 | 500人以上 | 国家和地方机关 |
|---|---|---|---|---|
| 全体 | 19.4 | 15.5 | 11.9 | 17.3 |
| 初中毕业 | 22.0 | 11.6 | 15.2 | 20.0 |
| 高中毕业 | 18.0 | 17.9 | 8.5 | 22.9 |
| 短大、高专毕业 | 18.2 | 17.9 | 12.5 | 17.6 |
| 大学毕业 | 14.1 | 11.9 | 9.6 | 6.7 |

注：不论何种学历均不包括中途退学及旧制学历者。

**表2—30　从企业规模类别、年龄类别所见的利用家庭、亲戚关系获得初次工作的就业率**　（%）

| | 100人以下 | 100～499人 | 500人以上 | 国家和地方机关 |
|---|---|---|---|---|
| 20代 | 11.5 | 10.4 | 2.0 | 15.8 |
| 30代 | 13.0 | 11.5 | 5.3 | 11.2 |
| 40代 | 21.8 | 18.9 | 11.0 | 18.2 |
| 50代 | 20.1 | 23.6 | 15.8 | 6.3 |
| 60代 | 24.3 | 8.6 | 26.9 | 29.0 |

接下来通过表2—30显示的年龄类别的利用率来看，即使是大企业，过去也曾经是利用家庭、亲戚的个人关系就业的较多。但是，员工数在500人以上的大企业，随着时代的变化，越是年轻的一代，利用家庭、亲戚关系的比例就越小。这一倾向，在其他规模的企业并未曾见，这一情况说明，至少是在初次参加工作

时，依赖个人关系实现就业的机会正逐渐地减少。

## 第五节 结 语

本章作为后面各章的开头，对学校与职业安定所对新毕业学生实施的职业介绍担负怎样的责任以及做出怎样的贡献，从定量角度进行了论证。从以上的分析中可知，在产业结构大变动的过程中产生的农村出身的新毕业学生的劳动移动，很大程度上适应了当时的社会对劳动力的需求，而且他（她）们就业的同时更多地还伴随着地区的移动，然后通过各种数据的分析，确认了在此过程中，职业安定机构发挥了重要的作用。还有，以上的数据表明，在制造业中上述倾向更为明显。

在本章的最后一节，使用了与官方统计不一样的数据，论证了通过学校、职业安定所实现就业，特别是在高度成长期，被广泛采用。从作为本书分析对象的初中毕业生来看，从产业类别来说是制造业、从企业规模来说是大企业、从职业类别来说是熟练度较高的职业，通过学校的职业介绍实现就业的相对较多。与此相对的就业路径是利用家庭、亲戚等个人关系实现就业。由于是根据被调查者的回忆所得的信息，因此，本节所采用的数字本身与其他章节的分析不尽相同，但是相对来说在某种程度上揭示了通过学校、职业安定机构就业的特征及其重要性。

如以上分析所示，职业安定机构在促进新毕业学生的地区劳动移动方面发挥了一定的作用，并且，这种作用到了地区移动非常频繁的 20 世纪 60 年代以后，变得更加重要。这些仅仅显示了市场调整的所谓的“结果”，但这一结果具体经过了什么样的“调整”过程而实现的还不为所知。这个问题将通过下一章的详细论述得到解决。

（苅谷刚彦）

# 第三章

# 职业安定行政的发展与广域介绍

## 第一节 绪　　论

20世纪50至60年代的日本经济，在市场经济中经历了前所未有的剧烈的产业结构的变化、雇用者的增加以及劳动人口的地区移动。正是战败后日本社会的结构变化才使得大量的年轻劳动力从农村流向城市成为可能。在前期研究中，比较关注在这一时期的新毕业生从学校直接走上社会就业所发挥的作用①。正是这些相对廉价的、具有较强的适应性的年轻劳动力进入以制造业为中心的劳动市场，成为了支撑日本高速成长的重要条件之一。

对这些新毕业学生的供给在劳动市场中具有的重要意义，日本政府早就有了认识。事实上，在GHQ的劳动民主化政策的基础上建立的职业安定政策，对新毕业学生的职业介绍作为最重要的课题之一，为推动这项事业的发展倾注了不懈的努力。劳动省对这一问题的认识，可以从该省编辑出版的职业安定法解说文章中得以充分体现："新毕业学生是每年在劳动市场中出现的最大的新增劳动力，他们的良好就业不单单是毕业生个人的问题，对国家来说也是非常重要的问题"②。

本章将对带有"国家"意义上的新毕业学生的就业，也就是毕业生的工作调配是如何通过职业安定行政得以实现的发展过程进行历史追踪。其中，特别关注

① 氏原正治郎、高梨昌编：《日本劳动市场分析》（上），东京大学出版社，1971年。

② 劳动省职业安定局编：《职业安定法解说》雇用问题研究会，1956年，第168页。

的是介入20世纪50至60年代新毕业学生劳动力剧烈的地区移动的同时，担负全国供需“调整”任务的职业安定行政的广域介绍系统。

由职业安定所介入的新初中毕业生的地区移动，从行政角度来说，通过供给地与需求地之间的职业安定所进行招聘、求职的联络交换，是有可能实现的。正如下面的分析所揭示的那样，在战败后的职业安定行政中对新毕业学生，特别是初中毕业生的职业介绍，采取了一般职业介绍所没有的“特别的措施”。这个“特别的措施”的关键就是，将相关者召集到一起开会。这一“涉及全国范围的职业介绍并且有计划地进行的由职业安定局主持召开的”[①] 会议不是别的，正是要在这里对其内容作详细讨论的“全国供需调整会议”。

初次召开的全国供需调整会议是在日本战败后不久的1947年，其对象是新制初中的第一届毕业生们。为什么此时政府当局就对新毕业学生劳动力在劳动市场中占据的重要性如此重视并对全国范围的供需调整进行有组织有计划地应对呢？在本章的前半部分，带着上面的问题，对新毕业生开展的职业介绍的历史发展过程进行溯源追根，试图阐明包括全国供需调整会议在内的战败后职业安定行政中的广域介绍的结构实际上是以战时计划经济进行的劳务动员“遗产”继承基础上建立的这样一个事实。

接着系统成立过程分析之后的本章后半部分将对战败后有力发展的过程进行分析。首先，新初中毕业生的职业介绍在战败后不久的短期内就取得了巨大的成果，并且此后一直持续到20世纪60年代后期。但是，围绕职业安定政策的劳动市场的供求关系在1960年发生剧变，在此当中，围绕毕业学生劳动力的供需调整的课题，职业安定政策也相应地发生了巨大变化。结合上述的分析结果，50年代的供需调整是如何进行的？对其目的与内容进行阐述的基础上，分析进入60年代后实施的过去未曾有过的“强有力的供需调整”的原委经过并对其具体的内容进行详细深入的探讨。

## 第二节　国营化之前的青少年职业介绍与广域介绍

1921年规定设立从事免费职业介绍的国营职业介绍所的职业介绍法是建立日本公共职业介绍制度发展的基础。众所周知，职业介绍事业在1936年被移交

① 劳动省：《地区间的介绍》，《职业安定行政指导》，1949年。关于《指导》的编写过程及其性质参照第六章。

至都道府县管辖，接着在1938年被国营化，在此之前的职业介绍所是以市町村营为中心的。作为谋求上述国营介绍所之间事务联络的机构，职业介绍法规定在中央与地方设置职业介绍事务局并由内务大臣对此进行监督。

在1921年时仅有31家国营职业介绍所，此后得到了长足的发展，到了1931年增加到了372家。1932年，公共职业介绍所的介绍成绩初次超过了以赢利为目的的职业介绍所。在这样良好的形势下，当初在东京（设置在中央职业介绍事务局内）、大阪、名古屋这三个地方设立的地方职业介绍事务局，1927年在福冈、1930年在青森、1931年在长野、冈山等地相继开设，从而确定了由中央政府及上述七个地方职业介绍事务局对分布在全国城市乡村的职业介绍所进行统一联络的体制。虽说有一半以上的支出经费由国家补助，但彼此独立的经营主体之间的联络并不一定能保持畅通，因此，在职业介绍法制定后不久，就出现了有关人士极力主张使其国营化的讨论[①]。

上述国营职业介绍所参与新毕业学生就业事务可以追溯到1925年由内务省社会局与文部省普通学务局联名向各地方长官及中央职业介绍事务局长发出的“关于青少年职业介绍的书面通知”[②]。这是发生在职业介绍法制定仅仅四年后的事情。诞生不久的国营职业介绍所根据上述书面通知特别是对未满18岁的青少年的职业介绍与一般介绍进行区分并作为专项处理。

有关青少年职业介绍的特点在第六章将要再次论述，这项事业是以青少年，特别是“小学毕业后立即进行求职”，也就是以寻常小学或高等小学（特别是后者）的新毕业学生（包括中途退学者）为主要对象。其具体内容是由职业介绍所与特定的小学共同协作，首先对在学中的儿童进行“科学的”职业倾向判断，并以此为依据对其毕业后的就业进行介绍。大致来说，职业适应性判断之前以其所在的小学为中心，在此之后的具体招聘活动原则上是根据劳动市场的状况由职业介绍所负责。1925年的书面通知之所以由内务省与文部省联名发出，与职业介绍所建立合作关系并根据此介入新毕业学生职业介绍的学校被称为联络小学。1926年全国共有1 925所联络小学，1934年扩大到5 685所。

根据书面通知发出不久后公布的“关于青少年职业介绍实施要领”，职业介

① 川野温兴编：《国营前的职业介绍事业》，丰原又男氏古希祝贺会，1941年，第414～419页。

② 以下，关于青少年职业介绍事业基本的通告，仅限于未被拒绝的，根据东京地方职业介绍事务局编：《青少年职业介绍设施要领》，1927年，丝井文库（东京大学社会科学研究所所藏），图书编号210—20。

绍所与合作的小学每年在学生毕业之前，首先进行按男女性别分类的毕业生预计人数以及希望就业的人数调查，然后在希望就业者确定后，作为第二次调查，对希望就业的学生按个人类别汇总报告。有关报告时期的规定非常不一致，与后面的论述相关联的情况可以稍加留意。表 3—1 是第二次调查表的式样。在希望职业这一栏中，除了儿童及其监护人的希望职业之外，同时还设置了负责教师的意见栏。另外还有一点需要注意的是，有关希望就业地的栏目未被设置。实际上，有关市町村营的职业介绍所之间的联络方法，即使是对青少年职业介绍也是参照效率未必不高的一般介绍的方法。对新毕业生的地区移动，职业介绍所超越常规采取了相应的举措，这在当初并未被注意到。

**表 3—1　　　　希望就业青少年调查票（1925 年）**

希望就业青少年调查票

学校名　　　　受理印章

第　　　号　　　　　　年　　月　　日 调查

| | | | | | | |
|---|---|---|---|---|---|---|
| 姓名 | | | | | | |
| 现住址 | | | | | | |
| 家庭状况 | 家长姓名及职业 | | | 经济状况 | | |
| | 与家长的关系 | | | | | |
| 身体状况 | 身高 | | | 既往症 | | |
| | 体重 | | | | | |
| | 胸围 | | | 备注 | | |
| 学业成绩 | 一般成绩 | 喜欢的科目 | 不喜欢的科目 | 优秀科目 | 较差科目 | 操行等第 |
| | | | | | | |
| 性格 | | | | | | |
| 希望职业 | 青少年希望的职业 | | | | | |
| | 监护人希望职业及其理由 | | | | | |
| | 负责教师对希望职业的意见 | | | | | |
| 特殊技能 | | | | | | |
| 备注 | | | | | | |

本表由小学对希望就业者调查记录后送达职业介绍所

但是作为内务省，并不是不知道特别是对农村家庭子女来说，作为就业目的地是城市这样一个具有重要意义的事实。根据中央职业介绍事务局长给地方职业介绍事务局长的“青少年招聘人口调查要领”的通知，六大都市（东京、横滨、大阪、京都、神户、名古屋）及其周边的职业介绍所要对小学毕业学生的招聘人口进行调查，特别是录用希望地是其他府县的，12 月中旬之前要将结果向所在地的地方职业介绍事务局报告。根据这个要领的说明，之所以采取以上措施，是因为在大都市招聘青少年的人数远比求职的人数多得多，而且招聘者希望录用地方出身者的倾向明显。而在农村，求职者则远比招聘人数多，存在着大量想去外地就业的人[①]。

从青少年职业介绍的成绩来看，1926 年的就职人数是 6 300 人，1930 年增加到接近 10 倍的 60 400 人（其中新毕业学生为 16 700 人）。可以发现即使是在经济不景气比较严重的时期，其人数也是得到了很大的增长[②]。就这样，有组织地对农村的青少年进入城市就业的广域中介活动也终于提上了议事日程并在各个地方职业介绍事务局之间进行了热烈的讨论。其成果就是 1933 年各地方职业介绍事务局向其管辖的职业介绍所配发的“大都市希望就业青少年职业介绍联络纲要。”[③] 根据这个纲要，对接受希望进入上述六大都市的新毕业学生中，希望就业者的职业介绍所在“希望就业青少年调查票”中添附履历书等相关资料，于“1 月 1 日至 4 月末”期间送达希望地的地方职业介绍事务局。正如表 3—2 所示，新的青少年调查票，与原来相比，家庭状况、身体状况、性格、学习成绩等记录栏非常细致，而且毫无疑问有青少年的“就业希望地”这一栏目，还新增了智能体能检查的结果、就业地的保证人以及有关记录职业介绍所意见的栏目。通过将有关求职者的信息非常详细地传递给招聘者，可以提高职业介绍所开展的职业中介的信赖度，从中不难发现在城市努力开拓新毕业学生市场的干劲。通过表 3—3 可看出，根据这种特别的求职联络的方式进入六大都市就业的新毕业学生数在 1936 年时是 9 000 人、占经过职业介绍所就业者全体的 19%。在各职业介绍事务局间的联络事务统一纲要制定不久后的时期，跨越所辖地区的职业介绍在新毕业学生就业中介中占有如此比重，是值得注目的。

但是，国营化之前的职业介绍所开展的以上广域介绍的尝试，因为首先是以职业介绍所接受进入六大都市的希望就业者的申请为前提的，其取得的成绩取决于各个职业介绍所对相距较远的希望就业者究竟多大程度上的把握以及据此所做的努力。表 3—4 是 1937 年 3 月毕业的新毕业学生就业者中，经过职业介绍所按照出身都道府县类别分类进入六大都市就业者的人数。从表中可以发现，按照出身地分布的六大都市就业者人数分散零乱，其中最多的爱知、神奈川和新潟 3 个县均超过 1 000 名，但一半以上的县都是未满 200 名，100 名以下的县也有 18 个。将此数据与被录用的新毕业学生就业总数相比较可知，很多县都在 2%左右

① 中央职业介绍事务局：《青少年职业介绍设施及受理成绩 1930 年 2 月》，1930 年，第 18 页。

② 中央职业介绍事务局：《职业介绍法施行十年》，第 128 页。

③ 名古屋地方职业介绍事务局：《希望在大都市就业的青少年职业介绍联络纲要》，1938 年，丝井文库（上述）210～218。关于该纲要的历史意义的前期研究有，高濑雅弘的：《战争期间日本青少年职业介绍的制度化过程》，《东京大学研究生院教育学研究科纪要》，第 38 卷，1999 年。

及其以下数值。还有，爱知、神奈川出身的许多就业者都是进入同县内的名古屋、横滨就业。除去一部分领先的府县，职业介绍所把握的从农村到城市的希望就业者仅为极少数。

表 3—2　　希望就业青少年调查票（联络用，1933 年）

希望就业青少年调查票

| | | | | | | | | | | | | | | | | | | | | | |
|---|---|---|---|---|---|---|---|---|---|---|---|---|---|---|---|---|---|---|---|---|---|
| 职业分类 | 申请时间 | 登记时间 | 登记号 | 联络用 | 职业介绍所 | 经办人 | | | | | | | | | | | | | | | |
| | 年 月 日 | 年 月 日 | | 年 月 日调查 | 市 镇 小学 | 班主任 | | | | | | | | | | | | | | | |
| 姓名 | | 年 月 日出生（ 岁） | 年 月入学 昭和 年 月 | | | | | | | | | | | | | | | | | | |
| 现住址 | | 本籍 | | 户主名及关系 | | | | | | | | | | | | | | | | | |
| 家庭情况 | 家属 | 祖父 岁 | 祖母 岁 | 实养继父 岁 | 实养继母 岁 | 兄 人 | 姐 人 | 弟 人 | 妹 人 | 其他 人 | 家庭特殊情况 | 综合家庭状况 | | | | | | | | | |
| | 职业 | 户主 | 家庭成员（兄弟等） | 生活状况 | | | | | | | | | | | | | | | | | |
| 身体状况 | 年月检查 | 身高 cm | 体重 kg | 胸围 cm | 概评 | 视力 左 | 视力 右 | 听力 左 | 听力 右 | 眼神 | 乳视 | 营养 | 血色 | 眼镜 | 既往症 | 所见 | | | | | |
| | | 秃 | 瘤 | 口吃 | 扁桃腺 | 扁平足 | 脱肠 | 痔疮 | 左撇 | 腋臭 | 口臭 | 遗尿 | 畸形缺陷 | 其他异常疾病 | | | | | | | |
| 性格 | 性格 | 容貌 | 语言 | 动作 | 姿势态度 | 爱好 | 特殊技能 | 兴趣 | 所见 | | | | | | | | | | | | |
| 学业成绩 | 第第 学学年期 | 修身课 | 语文 读 | 语文 写 | 语文 拼写 | 语文 平均 | 算术 | 珠算 | 历史 | 地理 | 理科 | 图画 | 手工 | 唱歌 | 体操 | 家政 | 裁缝 | 外语 | 平均 | 操作等第 | 所见 |
| 一般智能 | 年 月 日检查 | 智能指数和智能年龄 | 式 | 所见 | | | | | | | | | | | | | | | | | |
| 就业保证人 | 住址 | | 姓名 | | 年龄 | | 职业 | | 与本人关系 | | | | | | | | | | | | |
| 希望 | 希望职业 | 1 | 希望地 | 1 | 工资 | 通勤 月薪 日薪 | 住宿 月薪 年期 | 其他 | | | | | | | | | | | | | |
| | | 2 | | 2 | | | | | | | | | | | | | | | | | |
| 就业意见 | 青少年 | | | | | | | | | | | | | | | | | | | | |
| | 监护人 | | | | | | | | | | | | | | | | | | | | |
| | 班主任 | | | | | | | | | | | | | | | | | | | | |
| | 职业介绍所 | | | | | | | | | | | | | | | | | | | | |
| 备注 | | | | | | | | | | | | | | | | | | | | | |

注意：1.除本调查表外还需添附亲笔履历书及近期照片

2.提交健康诊断书、户口簿；如无保证人同时需添附监护人的身份保证书

表 3—3　　新毕业（中退）小学生的就业状况　　（单位：千人/%）

| | 未升学者数 A | 其中雇用劳动者 B | 职业介绍所中介数 C | 其中六大都市就业中介数（%） | 介绍所通过率（1）D=C/A | 介绍所通过率（2）E=C/B |
|---|---|---|---|---|---|---|
| 1930 | 930.0 | 260.0 | 16.7 | — | 1.8 | 6.4 |
| 1931 | 948.3 | 276.8 | 20.5 | — | 2.2 | 7.4 |
| 1932 | 955.1 | 296.3 | 24.0 | — | 2.5 | 8.1 |
| 1933 | 960.6 | 304.5 | 26.0 | — | 2.7 | 8.5 |
| 1934 | 1 000.1 | 341.8 | 31.7 | — | 3.2 | 9.3 |
| 1935 | 1 043.6 | 385.8 | 42.6 | 7.4（17） | 4.1 | 11.1 |
| 1936 | 1 021.0 | 394.7 | 47.8 | 9.0（19） | 4.7 | 12.1 |
| 1937 | 999.3 | 416.1 | 61.0 | 14.1（24） | 6.1 | 15.4 |
| 1938 | 975.5 | 416.6 | 77.9 | — | 8.0 | 18.7 |
| 1939 | — | — | 181.1 | 82.5（46） | — | — |

资料来源：根据厚生省《小学儿童就业资料》（1938 年，1940 年）以及内务省社会局《1936 年度青少年职业介绍取得的成绩》，《职业介绍》4 卷 10 号（1936 年）制成。

表 3—4　　通过职业介绍所介绍进入六大都市就业的就业者数（各种出身府县类别；1937 年）　　（单位：人/%）

| | 进入六大都市就职数 A | 新学校毕业生就业者总数 B | A/B | | 进入六大都市就职数 A | 新学校毕业生就业者总数 B | A/B |
|---|---|---|---|---|---|---|---|
| 北海道 | 26 | 12 309 | 0.2 | 滋贺 | 228 | 4 859 | 4.7 |
| 青森 | 74 | 2 800 | 2.6 | 京都 | 736 | 8 052 | 9.1 |
| 岩手 | 94 | 4 283 | 2.2 | 大阪 | 152 | 20 515 | 0.7 |
| 宫城 | 198 | 4 997 | 4.0 | 兵库 | 900 | 19 703 | 4.6 |
| 秋田 | 351 | 5 157 | 6.8 | 奈良 | 161 | 4 335 | 3.7 |
| 山形 | 733 | 7 957 | 9.2 | 和歌山 | 173 | 5 690 | 3.0 |
| 福岛 | 165 | 8 740 | 1.9 | 鸟取 | 88 | 2 963 | 3.0 |
| 茨城 | 351 | 7 440 | 4.7 | 岛根 | 18 | 4 682 | 0.3 |

续表

| | 进入六大都市就职数A | 新学校毕业生就业者总数B | A/B | | 进入六大都市就职数A | 新学校毕业生就业者总数B | A/B |
|---|---|---|---|---|---|---|---|
| 栃木 | 272 | 8 190 | 3.3 | 冈山 | 52 | 6 000 | 0.9 |
| 群马 | 86 | 9 150 | 0.9 | 广岛 | 387 | 11 398 | 3.4 |
| 埼玉 | 280 | 11 965 | 2.3 | 山口 | 44 | 5 711 | 0.8 |
| 千叶 | 186 | 6 888 | 2.7 | 德岛 | 51 | 5 095 | 0.1 |
| 东京 | 13 | 31 360 | 0.0 | 香川 | 52 | 4 619 | 1.1 |
| 神奈川 | 1 847 | 11 469 | 16.1 | 爱媛 | 119 | 7 844 | 1.5 |
| 新潟 | 1 095 | 17 550 | 6.2 | 高知 | 62 | 3 217 | 1.9 |
| 富山 | 328 | 6 069 | 5.4 | 福冈 | 7 | 13 700 | 0.0 |
| 石川 | 252 | 5 835 | 4.3 | 佐贺 | 71 | 2 534 | 2.8 |
| 福井 | 172 | 6 016 | 2.9 | 长崎 | 0 | 6 260 | 0.0 |
| 山梨 | 180 | 6 489 | 2.8 | 熊本 | 5 | 5 407 | 0.0 |
| 长野 | 869 | 18 261 | 4.8 | 大分 | 33 | 4 253 | 0.7 |
| 岐阜 | 505 | 13 561 | 3.7 | 宫崎 | 83 | 3 998 | 2.1 |
| 静冈 | 252 | 15 928 | 1.6 | 鹿儿岛 | 109 | 11 006 | 0.9 |
| 爱知 | 2 000 | 20 630 | 9.7 | 冲绳 | 10 | 1 331 | 0.8 |
| 三重 | 510 | 9 844 | 5.2 | — | — | — | — |
| | | | | 合计 | 14 380 | 416 060 | 3.5 |

资料来源：根据厚生省《关于小学儿童就业的资料》（1938、1939）年制成。

注：新学校毕业生仅限于雇用劳动者。

而且，从上述纲要的描述中也可知，希望进入六大都市就业者的汇总时期为“1月1日至4月末”，不难想象毕业后也有可能会错过时机。而且，纲要对接受求职申请的介绍所写上了“联络介绍需要相当长的时间对求职者预先告知其宗旨”的注意要点。由于职业安定行政缺乏迅速的应对处置，广域介绍发生了大量的取消求职情况，成为较为严重的问题。事实上，以千叶县为例，在联络介绍实施后的1938年3月毕业的738名儿童中，实际上有291名取消了去外地就业。根据其后的追踪调查，很多取消就业者通过关系找到了工作，其余的大多数都放弃就业而留在家里①。这就是国营化之前的新毕业学生广域介绍的实情。

① 木川进：《关于农村儿童在大都市就业》，《职业介绍》，第6卷第7号，1938年。

再来看表3—3，尽管经过职业介绍所的新毕业的小学生（包括中途退学者）的就业中介数在20世纪30年代得以急增，但占被录用的新毕业学生总数比例、在职业介绍所被移交到府县管辖的1936年依然只有12%。考虑到调查当时（1936年10月1日）包括在家传行业中就业的、未就业的以及其他情况（其总数占未升学者全体的61%）的人，今后仍会选择重新就业，因此这一比例可能会更低。通过职业介绍所就业的低比例与职业介绍所在新毕业生的地区移动中未能充分发挥作用是紧密相关的。事实上，在职业介绍所实现国营化的1939年，向相关人员下达了招聘新毕业学生必须通过职业介绍所的书面通知，介绍所的职业中介数一下子比前年翻了数倍。但是，进入六大都市就业的中介数的增加更加显著，占了当年全体中介数的46%。经过职业介绍所实现就业的新毕业的小学生（包括中途退学的）中，大概有一半越过出身地的介绍所的管辖，进入六大都市就业。

那么，像如此大规模的新毕业学生的地区移动，是根据战时的职业行政的什么结构得以促进的呢？还有，战败后的职业安定所对新初中毕业生的广域介绍的结构与第二次世界大战时期的历史经验具有什么样的关系呢？这些又否定了过去的什么？还有——如果是从过去的“遗产”得以继承的话——又是学习了过去的什么呢？下面将对上述问题进行具体的分析。

## 第三节　从“统制”到“调整”：战时到战败后的轨迹

### 一、战时计划经济与新毕业学生市场的统制

1938年1月，公布了职业介绍所被国营化的修订后的职业介绍法，并定于同年7月开始实施。这一修订是作为战时日本经济计划的一环，把完成生产力扩充计划纳入考虑之中，对全国的劳动力进行再动员、配置的准备[①]。可是，新毕业学生每年占据了劳动市场中新供给劳动力的最大部分，而且与已经就业者相比，由于他（她）们是没有任何经验的相对单纯的劳动力，可塑性强，并且不需承担抚养家庭责任，因而在不同地区间移动要容易得多。实际上，在第二年制定的劳务动员计划中，就毕业小学生们被当做最大的劳动力供给源，在质量与数量上都是作为实现生产力扩充计划的重要支撑。

① 关于修订职业介绍法的经过，参照河棕文编：《东京大学日本史学研究丛书（2）第二次世界大战时劳动力政策的开展》，东京大学日本史学研究室，1996年。

1938 年 10 月由新设立的厚生省与文部省联名发出的训令①，做出了对具有重要意义的新小学毕业生就业指导的彻底强化，使之与“国家的期望相适”的指示。总而言之，青少年职业介绍的目的，从依据对适合他们的“个性”的科学判断基础上的职业中介转变为适合“国家期望”的劳动力的分配。

与以上训令一同发出的书面通知中，提出了按照这一新观点并依据一定的程序有计划地对新小学毕业生进行工作调配的具体的手续与方法。根据这一通知，学生所在学校首先要对毕业后希望就业的学生状况进行调查，并在 10 月底之前将其数据根据表 3—5 的式样通过职业介绍所向所辖县报告。与原来的格式不同，希望就业的学生数按照就业希望地类别，分别记载本县与外县就业情况。职业介绍所根据这样的求职状况调查首次对所有求职学生的就业希望地得以把握。

**表 3—5　　　　小学毕业生就业希望调查表（1938 年）**

小学毕业生就业希望调查表

第一号样式　　　　　　　　　　　　　　　　年　　月　　日调查

| | | | | | |
|---|---|---|---|---|---|
| 学校名 | | 校长 | | | |
| 所在地 | | 负责人 | | 电话号码 | |

| 种别 | 预计毕业生总数 | | | 希望就业人数 | | |
|---|---|---|---|---|---|---|
| | 男 | 女 | 合计 | 男 | 女 | 合计 |
| 高等小学毕业 | | | | | | |
| 高等小学修业 | | | | | | |
| 寻常小学毕业 | | | | | | |
| 合计 | | | | | | |

按就业希望地分类的求职希望人数

| 区分 | 种别 | 高等小学毕业 | | | 高等小学修业 | | | 寻常小学毕业 | | | 主要希望职业及人数 | 备注 |
|---|---|---|---|---|---|---|---|---|---|---|---|---|
| | | 男 | 女 | 合计 | 男 | 女 | 合计 | 男 | 女 | 合计 | | |
| 本地就业希望者 | ………市 | | | | | | | | | | | |
| | ………市 | | | | | | | | | | | |
| | ………市 | | | | | | | | | | | |
| | 其他 | | | | | | | | | | | |
| | 合计 | | | | | | | | | | | |
| 外地就业希望者 | ………县 | | | | | | | | | | | |
| | ………县 | | | | | | | | | | | |
| | | | | | | | | | | | | |
| | | | | | | | | | | | | |
| | 合计 | | | | | | | | | | | |

① 厚生省职业部：《关于小学毕业生的职业指导及职业介绍》，《职业时报》，第 1 卷第 2 号，1938 年。

另一方面，职业介绍所对招聘动向也进行调查并将其预定数字按照本县与外地分开，于10月底前向所辖县报告。各县将招聘、求职的数字于11月10日前报告给厚生省，由厚生省进行集中整理并对全国新毕业学生劳动力的需求状况进行把握。在此基础上，将其结果反馈给各都道府县并保持招聘求职的平衡。

1938年的书面通知的要点之一可以说就是最终通过以职业介绍所为中心对求职儿童进行彻底的职业指导从而实现劳动供需的调整。为此，这个通知新规定了职业介绍所对求职儿童实施“职业选择商谈”。具体过程是，首先由职业介绍所向所辖地的小学发放“青少年求职票”（见表3—6），要求在其背面记录各个儿童的详细信息。在此基础上，介绍所的工作人员在2月底前到各个学校走访，对每一个求职儿童进行面试。面试参照求职票中学校记载事项进行，其结果决定各人的“希望职业”与“希望地”，并由工作人员将其记入到求职票正面的相应栏目内。“合适的职业”的最终决定权——至少在原则上——现在已经从教育的角度对学生及其家长了解的学校转向了掌握全国劳动市场的供需状况信息的职业介绍所。介绍所依据“合适的职业”决定开展具体的就业中介工作。总而言之，职业介绍所事实上具有了独自进行人才选拔的权限。

**表3—6　　青少年求职票（1938年）**

（正面）

<table>
<tr><td>职业分类号码</td><td></td></tr>
</table>

青少年求职票　　职业介绍所

<table>
<tr><td>登记号码</td><td colspan="2"></td><td>登记时间</td><td>年 月 日</td><td>登记者</td><td colspan="2"></td><td colspan="2">印</td></tr>
<tr><td>姓名</td><td colspan="2"></td><td>出生年月</td><td>年 月 日</td><td>户主名</td><td></td><td>与户主关系</td><td colspan="2"></td></tr>
<tr><td>现住址</td><td colspan="3"></td><td>本籍地</td><td colspan="5"></td></tr>
<tr><td>就业地保证人</td><td>住址</td><td></td><td>姓名</td><td></td><td>年龄</td><td>岁</td><td>职业</td><td></td><td>与本人关系</td></tr>
<tr><td rowspan="3">根据面试结果决定事项</td><td rowspan="3">希望职业</td><td>1</td><td rowspan="3">希望地</td><td rowspan="3"></td><td rowspan="3">工资</td><td>通勤</td><td rowspan="3">指导事项</td><td rowspan="3" colspan="2"></td></tr>
<tr><td>2</td><td rowspan="2">住宿</td></tr>
<tr><td>3</td></tr>
</table>

<table>
<tr><td>介绍时间</td><td>登记号码</td><td>名称（公司或房号）</td><td>职业</td><td>住所</td><td>电话</td><td>职务</td><td>经过</td><td>不调理由</td><td>负责人印章</td></tr>
<tr><td></td><td></td><td></td><td></td><td></td><td></td><td></td><td></td><td></td><td></td></tr>
<tr><td></td><td></td><td></td><td></td><td></td><td></td><td></td><td></td><td></td><td></td></tr>
<tr><td></td><td></td><td></td><td></td><td></td><td></td><td></td><td></td><td></td><td></td></tr>
<tr><td></td><td></td><td></td><td></td><td></td><td></td><td></td><td></td><td></td><td></td></tr>
</table>

<table>
<tr><td rowspan="8">求职联络状况</td><td>月 日</td><td>联络单位</td><td rowspan="8">辅导经过</td><td>就业后的经过</td><td>月 日</td><td>方法类别</td><td>辅导状况</td></tr>
<tr><td></td><td></td><td></td><td></td><td></td><td></td></tr>
<tr><td></td><td></td><td></td><td></td><td></td><td></td></tr>
<tr><td></td><td></td><td></td><td></td><td></td><td></td></tr>
<tr><td></td><td></td><td></td><td></td><td></td><td></td></tr>
<tr><td></td><td></td><td></td><td></td><td></td><td></td></tr>
<tr><td></td><td></td><td></td><td></td><td></td><td></td></tr>
<tr><td></td><td></td><td></td><td></td><td></td><td></td></tr>
<tr><td>备注</td><td colspan="7"></td></tr>
</table>

续表

（反面）

| | | | | | | | | | | | | | | | | | | | |
|---|---|---|---|---|---|---|---|---|---|---|---|---|---|---|---|---|---|---|---|
| 姓名 | | 年3月毕业<br>修业 | | 学校 | 校长及教授 | 校长印章 | | | | | | | | | | | | | |
| | | | | | | 班主任印章 | | | | | | | | | | | | | |
| 家庭 | 实 继父 养<br>岁 | 实 继母 养<br>岁 | 兄 弟 姐 妹<br>人 人 人 人 | 其 他<br>人 | 家属的职业 | 户主 | 家属（兄弟等） | 家庭情况 | | | | | | | | | | | |
| 身体状况 | 年月检查 | 身高 | 体重 | 胸围 | 营养 | 脊柱 | 眼 | | | | 耳 | | 皮肤 | 牙齿 | | 本人注意事项 | | | |
| | | | | | | | 视力 | 折射异常 | 眼神 | 眼疾 | 听力 | 耳疾 | | 龃齿 | 其他牙疾 | | | | |
| | | cm | kg | cm | | | | | | | | | | | | | | | |
| | | 秃 | 瘤 | 口吃 | 扁平足 | 左撇 | 腋臭 | 其他 | 疾病异常 | 既往症 | 概评 | | | | | | | | |
| 学业成绩 | 第学年<br>第学期 | 修身课 | 语文 | | | 算术 | 珠算 | 历史 | 地理 | 理科 | 图画 | 手工 | 唱歌 | 体操 | 农业（商） | 家政 | 裁缝 | 外语 | 操行 |
| | | | 读 | 写 | 拼写 | | | | | | | | | | | | | | |
| 性格其他 | 性格 | 才能 | 语言 | 动作 | 容姿 | 爱好 | 特殊技能 | 兴趣 | | | | | | | | | | | |
| 能力 | 智力 | 年 月 日实施检查 | | 特殊能力 | | | | | | | | | | | | | | | |
| | | 标点 | 指数 | | | | | | | | | | | | | | | | |
| 希望 | 希望职业 | | | 就业希望地 | | 工资希望 | | 其他 | | | | | | | | | | | |
| | 1 | 2 | 3 | 1 | 2 | 通勤 | 住宿 | | | | | | | | | | | | |
| 学校意见 | | | | | | | | | | | | | | | | | | | |
| 备注 | | | | | | | | | | | | | | | | | | | |

上文所述的新毕业学生职业介绍的结构，依据求职、招聘状况调查（预计数），通过对“职业指导的彻底强化”，试图实现全国毕业学生劳动力的恰当配置的目的已经比较明朗了。这也是战败后的职业安定行政对新初中毕业劳动力进行供需调整时所常用的方法。1938 年的书面通知，特别是对远赴外地工作的人，要求供需两地的职业介绍机构对其出发的时间、地点、是否有人带领以及接受方法等预先联系，这让人仿佛回忆起高度成长期的集体就职情景，意义颇深。

到了第二年的 1939 年，以新小学毕业生为主要劳动力的劳务动员计划终于启动了，伴随着 9 月份厚生省向地方长官发出新的书面通知①，由国家对新毕业学生市场正式实施了“统制”。根据这一通知，招聘新小学毕业生必须向国营的职业介绍所提出申请（其要点已经于 1939 年 1 月由厚生省书面通知了有关人员），职业介绍所具有检查核实这些就业岗位是否合适以及招聘人数是否恰当的权限。经过以上的程序后，介绍所对受理的招聘通过所辖县，将其数量按照录用希望地类别以及产业种类类别（军需/生产扩充计划关联/出口/生活必需品/运输通讯/其他）向厚生省报告。厚生省在对其进一步核实的基础上，最终确定招聘

① 厚生省职业部：《1939 年小学毕业生的职业介绍相关通告》，1939 年。

数与录用地。

另一方面，关于求职的情况，其数字由所辖县按照与招聘情况相对应的式样向厚生省报告，厚生省据此决定各县“必须提供的学生数”。然后由各县将提供数下达给所辖的介绍所，最终分配给全国的各个小学。介绍所与学校协作进行的职业指导，变成了按国家的要求完成分配任务为目的的活动。

1941 年制定的劳务调整令，对如此严格的统制并不是依据一纸书面通知进行，而是通过赋与其法律的依据，使其在全国各个地方彻底得以实施为目的。根据这一法令，小学毕业生（包括中途退学者），在毕业（或退学）2 年内除了通过国民职业指导所（是职业介绍所的改称）介绍之外，不能进行录用或就业。国民职业指导所在这一法令的说明中指出，今后的职业指导要改变过去根据求职学生的“以自由思想为根本”的考虑，“对任意地从自我为本位立场提出的要求，有必要断然予以纠正”，但是，分配的工作地“作为纯朴的青少年的职业场所也有让人不胜寒心之处”①。这一插曲，可以说对战争时期的青少年职业介绍事业的目的地状况做了很好的说明。

**二、职业安定行政的“民主化”与广域介绍**

1947 年 11 月制定的职业安定法第二条明确宣布“不管什么人，在不违反公共福祉的前提下，都有自由选择职业的权利”，在第 8 条中还规定政府“免费设立为公众服务的公共职业安定所”②。根据众议院劳动委员会的提案说明，这个法律的基本精神就是通过尊重个人的基本人权，保护劳动者的合法权益来促进劳动民主化。该法还对政府以外进行的职业介绍实行许可证制度，特别是对妨碍他人自由的劳动力供需活动予以禁止，这是在个人的自由活动与劳动者保护相平衡的观点基础上，对没有弊端的广大劳动者的介绍事业、募集活动予以认可的同时，对有害的活动进行严厉打击。职业选择的自由、行政服务化以及个人活动自由和劳动的保护——从这些构成职业安定法框架结构的理念中，不难理解这是依据以保护自由招聘、求职为前提的劳动市场功能的信赖建立，政府的介入旨在消除由此产生的弊端并建立以尊重个人为基础的职业安定政策。显示了与以劳务动员配置为目的的、对劳动市场实行彻底统制的战时职业政策相决裂的坚定决心。

---

① 根岸晃平：《劳务调整令下应届学校毕业生的配备和指导》，《职业指导》，第 15 卷第 6 号，1942 年。

② 工藤诚尔：《职业安定法解说》，泰流社，1948 年。以下，关于职业安定法性质的理解，参照苅谷刚彦、菅山真次、石田浩、村尾祐美子、西村幸满：《关于应届学校毕业生劳动市场的制度化过程的研究（1）》Ⅱ－2（苅谷执笔部分），《社会科学研究》，第 49 卷第 2 号，1997 年。

但是，在战败不久的荒芜与混乱中制定的这一职业安定法，含有一点与上述原理不尽相同的思想。这一点在该法第一条规定中被象征性地显示出来。这就是职业安定所对劳动者进行适当的职业中介是为了“充实工业及其他产业所必需的劳动力，达到职业安定的同时，实现经济繁荣的目的”。为此在第4条中规定了作为政府开展的事业，必须要“达到正确调配国民劳动力的需求以及制定使国民劳动力得以最有效地发挥的必要计划”。公共职业安定所作为劳动大臣的直属机构，职业安定局实行全国统一运营的做法即缘于此。从这里不难发现，这是以经济再建为最优先主题，根据情况的变化不可避免地对市场进行介入调整，所谓从“国家”及产业界立场出发的考虑。

上述两个不同原则相互争斗最尖锐的表现就是广域（地区间）介绍问题。之所以如此，是因为职业安定法第19条中希望职业安定所开展的职业介绍尽可能地在求职者的通勤范围内进行。被介绍的工作单位如在通勤范围内，由于相对比较容易了解工作内容、劳动条件等情况，因而对求职者来说担心较小，而且如果实际状况与预期不同的话对求职者的不利也能降到最小。不管怎样，在通勤范围内介绍的原则是基于劳动者保护观念之上的考虑。职业安定法制定后的第二年(1948年)，劳动省将全国划分为五大“录用区域”，规定了职业安定所对劳动者的职业中介通常情况下在通勤范围内进行，如果在该区域确实找不到“合适”的求职者，才可在划分的本区域内开展招聘活动的原则——在区域以外的招聘必须得到劳动省的许可①。这种“录用区域”的划分是从通常的募集民主化的观点出发对弊端不小的纺织行业远距离招聘的纠正举措，据说也是在GHQ的强烈指示下实施的②。

但是这样的方针，从国家或者国民经济的观点对劳动力实行积极的供需调整的角度来看，不能不说是很大的制约。结果，1949年劳动省废除了区域划分制度，在开拓全国范围的职业介绍道路的同时，规定了地区间职业介绍的新方法③。根据这个规定，对纺织、石炭、钢铁等“重要产业”的劳动者，以及对新毕业学生等“无论从量还是质来说都是重要的劳动力招聘有必要进行供需调整时”，所在地的都道府县可以到认为合适的其他都道府县进行自由的招聘活动。

不仅如此，在进行作为经济再建基石的劳动力招聘时，有一个“特别的措

① 劳动省：《地区间介绍（未定稿）》，《职业安定行政指导》，1948年。

② 《东洋纺织百年史》（上），1986年，第514页。关于这一点本书第五章有相关的说明。

③ 劳动省：《地区间介绍》，《职业介绍行政指导》，1949年。

施”，就是规定召开有关人员的会议也显得十分重要。这种会议形式的招聘（或求职）已经从新义务教育实施后的新制初中后的第一届毕业生中开始实施。从该纲要、其他的文字资料以及意见调查结果来判断，可以认为在20世纪50年代已经具备了从全国范围的“全国供需调查会议”到以此为前提而召开的各县的供需调整会议，以及以东京、中京、京阪神、北九州四大劳动市场区域为中心的地方层次的“毕业生劳动市场”等多层次系统。其中的毕业生劳动市场（以东京地区劳动市场为例），东京都事务局召集东京、神奈川、茨城、群马、埼玉、千叶等指定区域内的职业安定所及县职业安定课的相关负责人，定期（纲要规定每周）召开会议。充分交换信息后在会议现场当场宣读，对依然未能予以落实的招聘——在各自区域内未能找到合适的求职者或者希望招聘其他地区的人员，由参会的其他县或职业安定所将其信息带回。在毕业生劳动集会区域内的新初中毕业生的职业介绍，可以像在管辖区内一样自由地进行。

与此相对，全国供需调整会议是由劳动省主持，每年召集各县的职业安定所相关人员在规定的时间召开两次。作为其基础的是与会议日程相匹配的在全国统一实施的求职以及招聘状况（预计数字）调查。其结果分为县内、县外，以县为单位统一向劳动省报告。劳动省依据这些情报把握全国的招聘、求职状况，并对全国供需调整会议进行的联络招聘进行汇总。在会议的当天，根据劳动省提出的资料，与毕业生劳动市场一样需要的县当场宣读招聘需求，供给县则举手应答。然后各县将带回的招聘人数通过本县的供需调整会议分配给辖区内的各个职业安定所。这样的程序，不难看出是建立在前面已经描述过的1938年的系统基础上的继承和发展。

当然，新建立的广域介绍系统，是以自由的“市场”存在为前提，从政策上来设立使未能成功的招聘、求职得以实现的“场所”这一做法，与战时计划经济为基础的彻底的劳务统制在原理上是完全不同的。这一点，显示了战败后职业安定机构进行的新初中毕业生市场的全国范围的“调整”不得不受到劳动市场的供求关系的巨大影响。事实上，在劳动市场的供求关系相对比较缓慢，因而招聘途径的开拓成为职业安定机构的重大课题的20世纪50年代，与劳动力不足问题越发深刻、围绕获得学校毕业生的企业内竞争激化，因而确定招聘指导与招聘秩序成为重要主题的60年代相比，尽管都是指供需调整，但在目的、内容以及处理的方式上都具有显著的差别。

那么，20世纪50年代的供需调整究竟出于什么目的，是采用哪些办法实施的？进入劳动力真正不足的60年代后，职业安定行政的全国供需调整系统引起了怎样的变化？上述问题又具有怎样的意义？下面将带着这些问题，对该系统的发展过程进行追踪溯源。

## 第四节　新初中毕业生的职业介绍：发展的过程

新初中毕业生的职业介绍是战败后职业安定行政最重要的课题之一。首先，让我们通过职业安定所的数据统计对初中毕业生就业中介在 20 世纪 50 至 60 年代发展到何种程度的过程作一个大致了解。

表 3—7 是按照“职业安定机构经办”显示的职业安定所与学校共同配合进行的新初中毕业生的职业介绍的动向。这里的“职业安定机构经办”是指通过职业安定所经办的，再加上根据职业安定法第 25 条第 3 项规定的承担其部分业务的初中学校经办的数值之和。如前文所述，1947 年制定的职业安定法规定了除政府开展的职业介绍以外，其余都必须要得到许可才能进行。但是这一条于 1949 年在社会对学校给予充分信任的背景下得以修改，在第 33 条第 2 项中追加了学校向劳动大臣可以申请进行免费的职业介绍的规定。而且，在有关职业指导的第 25 条中附加了第 2 项与第 3 项。职业安定机构与学校相互协作开展职业指导以及就业中介（第 2 项），但是职业安定所在认为必要时可以让学校承担部分中介业务（第 3 项）。总而言之，作为学校，是根据第 33 条第 2 项的规定独自开展毕业生的就业中介呢？是根据第 25 条第 2 项将其委托给职业安定所呢？还是根据第 25 条第 3 项的规定分担职业安定所的部分业务呢？不管以上哪点都可以进行选择。根据文部省的《1945 年度产业教育调查报告书》，接近七成的初中学校是依据第 25 条第 2 项、接近三成的学校是依据第 3 项开展工作的。与此相对，依据第 33 条第 2 项的学校几乎可以忽略不计。实际上到了 1964 年就完全没有了。因此，可以认为这里的数据几乎包括了经过职业安定所及学校就业的初中毕业生的全部。

根据表 3—7 可知，通过职业安定所与学校的介绍就业的新初中毕业生 1950 年为 15.2 万人，占非农林水产业就业者全体的 54%。与战前职业介绍所国营化之前（1936 年）12%的数值对比来看，可以说新毕业生介绍是以相当高的水平在职业介绍所以外的，就业被法律所禁止的战时统制的“遗产”基础上开始起步的。不过，当时初中毕业后直接就业的人数还较少，以非升学人数为分母计算出的职安经过率（1）仅为 16%。初中毕业后既不升学也不就业，留在家里从事以农业为主的家业工作的人中间，只要有机会还是希望出来工作的大有人在。事实

表 3—7　　新初中毕业生的职业介绍状况（男女合计）

| 年份 | 求职申请数（A）（人） | 新招聘数（B）（人） | 就业数（C）（人） | 求人倍率（B/A）（倍） | 就业率（C/A）（%） | 充足率（C/B）（%） | 职安经过率（1）（%） | 职安经过率（2）（%） |
|---|---|---|---|---|---|---|---|---|
| 1950 | 337 005 | 193 600 | 152 347 | 0.6 | 45.2 | 78.1 | 15.6 | 54.6 |
| 1951 | 398 136 | 323 686 | 256 071 | 0.8 | 64.3 | 79.1 | 25.4 | 67.8 |
| 1952 | 415 158 | 386 569 | 254 679 | 0.9 | 61.3 | 65.9 | 26.5 | 61.8 |
| 1953 | 385 161 | 408 736 | 271 319 | 1.1 | 70.4 | 66.4 | 27.7 | 58.2 |
| 1954 | 353 165 | 427 472 | 265 132 | 1.2 | 75.1 | 62.0 | 32.5 | 64.6 |
| 1955 | 389 643 | 426 863 | 293 518 | 1.1 | 75.3 | 68.8 | 33.7 | 61.7 |
| 1956 | 517 419 | 509 634 | 375 458 | 1.0 | 72.6 | 73.7 | 38.5 | 64.1 |
| 1957 | 575 579 | 680 617 | 442 100 | 1.2 | 76.8 | 65.0 | 42.6 | 65.4 |
| 1958 | 547 971 | 668 015 | 405 846 | 1.2 | 74.1 | 60.8 | 43.9 | 65.4 |
| 1959 | 555 853 | 668 301 | 424 402 | 1.2 | 76.4 | 63.5 | 45.2 | 65.1 |
| 1960 | 488 124 | 949 231 | 414 852 | 1.9 | 85.0 | 43.7 | 52.0 | 70.4 |
| 1961 | 388 521 | 1 060 035 | 332 647 | 2.7 | 85.6 | 31.4 | 58.3 | 73.7 |
| 1962 | 478 531 | 1 399 070 | 414 013 | 2.9 | 86.5 | 29.6 | 52.8 | 70.3 |
| 1963 | 532 328 | 1 395 682 | 459 048 | 2.6 | 86.2 | 32.9 | 51.1 | 66.6 |
| 1964 | 478 148 | 1 713 809 | 432 815 | 3.6 | 90.5 | 25.3 | 52.8 | 67.7 |
| 1965 | 448 119 | 1 668 473 | 412 935 | 3.7 | 92.1 | 24.7 | 53.7 | 71.3 |
| 1966 | 360 886 | 1 032 816 | 328 093 | 2.9 | 90.9 | 31.8 | 49.9 | 69.0 |
| 1967 | 315 624 | 1 088 201 | 290 412 | 3.4 | 92.0 | 26.7 | 51.8 | 70.0 |
| 1968 | 281 184 | 1 233 084 | 259 305 | 4.4 | 92.2 | 21.0 | 52.7 | 72.3 |
| 1969 | 245 743 | 1 178 502 | 227 501 | 4.8 | 92.6 | 19.3 | 54.4 | 74.8 |
| 1970 | 198 678 | 1 143 505 | 196 934 | 5.8 | 99.1 | 17.2 | 55.4 | 76.6 |

资料来源：根据《战败后劳动经济史（资料篇）》《劳动市场年报》（各年度版）《学校基本调查》（各年度版）制成。

注：数据由职业安定机构处理，职安经过率（1）显示的是对非升学者数、职安经过率（2）是对非农就业者数。

上，这一年向职业安定所提出就业申请的达到 33.7 万人，其中通过职业安定所介绍就业的不足半数。其最大的原因是招聘人数显著不足。这一年的新招聘人数是 19.3 万人，求人倍率只有 0.6。而且，尽管是处于极端买方市场，招聘充足率不足八成，可以推断被招聘人员中劳动条件相当恶劣的也不在少数。当时，根据神奈川县职业安定课负责毕业生职业介绍工作的饭土井清久的回忆，绝大多数的招聘都是小企业，职业安定所的工作人员带着“只要有招聘就行”的想法，全体出动挨家挨户去企业逐一走访，努力开拓招聘市场①。

第二年是 1951 年，因朝鲜战争的特需，招聘人数一下子蹿至 32.4 万人，在此之后的整个 50 年代都得以急速地扩大。另一方面，求职申请人数与此相对应也得以较大的增加，以非升学者为分母算出的职安经过率（1）从 1950 年的 16%快速上升到 1959 年的 46%。经过职业安定所与学校中介的就业单位来看，大多集中在制造业，1959 年达到非农就业全体人数的七成。以非农就业数为分母计算出的职安经过率（2）50 年代后期在 65%左右，如果仅限于制造业的话，其比例更高，达到 75%。在真正进入高度成长时代里，从初中学校毕业参加工作的年轻人中，平均四人中有三人是通过职业安定所与学校介绍的。不管怎么说，职业安定政策在把握发生的初中毕业生劳动力从农业到制造业、农村到城市的流动中获得了成功。

职业安定政策对大量的求职者成功把握的结果，使得在高度成长发展过程中招聘人数急速增加情况下新初中毕业生的供需关系以相对缓慢的速度推移。求人倍率尽管在 1953 年超过了 1.0，但在随后的 50 年代一直控制在 1.0～1.2 倍之间。另一方面，就业率从 1950 年的 54%急速上升到 1954 年的 75%，此后便进展缓慢，与求人倍率一样平稳地推移。虽然递交了求职申请但中途取消既定就业计划的绝大多数，其主要原因是因为“通过关系实现了就业”。

但是，进入 20 世纪 60 年代，在经济最不景气发展过程中招聘人数急速增长，围绕职业安定行政的环境发生了很大的变化。1959 年新毕业生招聘人数为 66.8 万人。到了第二年（1960 年）蹿至 94.9 万人，之后一直保持直线上升，1964 年达到最高峰的 171.3 万人。另一方面，由于求职申请数至 60 年代前期一直保持在较高的水准，因而求人倍率一下子得以蹿升。与此相应的是招聘充足率直线下降，1959 年还是 64%，到了 1964 年只剩下 24%。

在这样的情形下，可以说围绕着招聘新初中毕业生的企业间的竞争呈现过去

① 根据对饭土井清久的采访（1997 年 12 月 19 日实施）。

未曾有过的炽热化就是当然的了。1961 年的《职业安定广报》登载的一则新闻报道围绕着毕业生的招聘情形这样阐述："一般进行的是被称为'家属的慰安会'的活动，通过这一活动与家属拉上关系，更有的为了更好地宣传，连学生们的熟人们也利用上了。还有的工厂出现了让工人们临时回去，如果发现有其他公司对其朋友、熟人或晚辈们做工作的话，就和他们竞争。如果就业预备金有可能被抬高，就抢先预付给其本人（以下略）。"①

像这样，如果企业越过职业安定所直接向求职者本人或他（她）们的家属联系的状况得以发展的话，那么由职业安定所及学校介入的工作调配系统必将面临衰退。与截止目前的开拓招聘市场有别，20 世纪 60 年代之所以招聘指导或者"招聘秩序的确立"变成职业安定政策的最大的课题就是缘于此。结果，60 年代发生的新情况并未使职业安定所担当主角的新初中毕业生市场的"制度"产生后退，相反却使其得以进一步强化。职业安定经过率无论是对未升学者还是非农就业者都上升了约 5 个百分点。更为关键的是就业率的动向。50 年代后期的就业率大约为 75％左右，到了 1960 年蹿至 85％，其后还继续上升，到了 1964 年更是超过了 90％。一旦向职业安定所递交了求职申请，几乎没有中途取消的。而且职业安定所对被申请的求职者开展的职业介绍的数量不管招聘人数多么增加，以 1960 年为界呈显著降低趋势。现在以职业介绍数除以就业数算出的工作调配率，从 1953 年到 1959 年在 1.8～1.9 之间非常稳定地变化，但在 1960 年却急剧降至 1.5，1961 年更是降到了 1.4。② 总而言之，职业安定所通过自身的努力，对招聘与求职的调配更加扎实地在开展。这意味着职业安定行政在新初中毕业生市场的有计划地顺利调整过程中消除了可能引起混乱的要因。下面将对其内容作详细探讨。60 年代的"强有力的供需调整"系统正是在此客观条件变化的前提下有效地发挥了功能。

## 第五节　20 世纪 50 年代的供需调整：以鹿儿岛县为例

本节将主要以鹿儿岛县为例，探讨在 20 世纪 50 年代是如何通过职业安定机构促进新初中毕业生市场供需调整的。

前面表 3—7 的数据只不过是通过职业安定机构供需调整后显示的 6 月 30 日

① 雇用介绍课的水泽勇：《学校毕业生的招聘难及其对策》，《职业安定广报》，1961 年 4 月号。

② 根据《劳动市场年报》各年度版算出。数字由职业安定所处理。1962 年以后不明。

时的职业介绍的最终结果。但从上述数据并不能观察到职业安定行政进行供需调整的过程。因此，在整个过程中，显示职业安定机构把握的招聘、求职数变化状态的三个时段数据为表 3—8 所示。从表中可知，1957 年 3 月毕业生的求人倍率最终结果是 1.2 倍，但在 10 月 30 日时招聘对求职的比例仅是 0.7，显示了较为严重的招聘不足状况。而且，上述数据中因为将预定招聘申请人数也计算在内了，在其一个月后召开的第一次全国供需调整会议上招聘人数进一步减少了，求人倍率降为更低的 0.6 倍。《职业安定广报》中刊载的新闻中这样总结道：如此供需调整的结果，“距离供需平衡仍相当悬殊，为了使学校新毕业的学生们达到就业目的，今后还需做出巨大的努力”①。像第一次供需调整会议上招聘明显不足的状况，不仅是单单这一年，在整个 50 年代都是普遍现象。比如，1954 年 3 月召开的以毕业生为对象的供需调整会议，对待招聘的态度尽管被称为是“战败后初次的”，但对 35.2 万名求职者来说，招聘也仅为 14.4 万名。在会场上，劳动省的雇用安定课长为了使各县“确保学校毕业生的就业”，提出了下列要求：“第一，必须首先确保在本次会议上上报数字的 2 倍以上，为此希望需要地的都道府县必须努力争取确保供给地府县提出的按职种类别分类的对应的各类人员数量。作为供给县来说，也希望努力地开拓在本地区内的招聘市场。第二，要灵活运用招聘、求职交换会。招聘交换会预定在东京、名古屋、大阪以及福冈设置，本省将派相关人员常驻名古屋与大阪进行府县间的调整指导。(中略)。第三，关于职业商谈，今后的问题是要进入再商谈或者介绍商谈的阶段。此时不仅要与求职者本人见面，根据情况的需要也要对他（她）们的家属见面，在充分把握学生们意图的基础上开展相应的介绍工作（后略）②

招聘开拓、招聘求职交换会（所谓毕业生劳动市场）以及职业商谈——这三项措施，其实都是 20 世纪 50 年代供需调整会议上每年提出的重点课题，也可以说是每年固定的讨论议题。那么，参加供需调整会议的都道府县在劳动省的要求下为了“确保就业”具体采取了哪些措施呢？它们对所辖的职业安定所又做出了怎样的指示呢？要充分回答上述问题非常困难。之所以这样说，是因为要阐明上述问题必须要有县一级层次的行政历史资料，但这类资料的保存时间都比较短，因此留存下来的非常稀少。

① 《应届学校毕业生的招聘求职预计状况》，《职业安定广报》，1957 年 2 月号。

② 雇用安定课课长富山次郎：《希望确保学校毕业生的就业》，《职业介绍宣传》，1953 年 2 月号。

表 3—8　　1957 年 3 月初中毕业生招聘求职数的年度变迁（单位：千人/%）

| | 招聘求职状况调查（1956 年 10 月 30 日） | 第 1 次供需调整会议结果（1956 年 11 月 30 日） | 第 2 次供需调整会议结果（1957 年 1 月 30 日） | 最终结果（1957 年 6 月 30 日） |
|---|---|---|---|---|
| 求职数（A）（其中希望在县外就业） | 487.9（134.2） | 433.2（126.3） | 462.2（132.1） | 575.6 |
| 招聘数（B）（其中希望被县外录用） | 318.6（73.6） | 256.8（66.4） | 444.7（105.6） | 680.6 |
| 求人倍率（B/A）（县外） | 0.7（0.5） | 0.6（0.5） | 1.0（0.8） | 1.2 |
| 备注 | 求职数是由职业介绍机构调查所得数据；招聘数是职业介绍机构受理的以及预计受理的人数 | 求职、招聘数显示的是由职业介绍机构受理的数据；希望县外录用招聘数是指与其他县联络确定的数据（包括会议调整部分） | 同左 | 求职、招聘数是累积数，因此包含因故取消的部分 |

资料来源：根据《职业安定广报》（1957 年 2 月、1957 年 3 月）及《劳动市场年报》（1957 年版）制作。

我们唯一收集得到的资料是刊登在劳动省的机关报《职业研究》杂志上的鹿儿岛县的一篇报告①。报告对 1956 年 3 月预计毕业的初中生，于前一年 11 月 30 日召开的供需调整会议结束后制成的通过具体数字说明的今后供需计划的梗概。其内容概要见表 3—9。下面按照报告的说明，以男生为例对其内容具体阐述如下。

① 《初中、高中毕业生的招聘求职状况——新潟、神奈川、爱知、兵库、福冈、鹿儿岛》，《职业研究》，1956 年 2 月号。

**表 3—9　　1956 年 3 月初中毕业生的供需调整计划（鹿儿岛县）**（单位：人/%）

| | | 合计 | 男 | 女 |
|---|---|---|---|---|
| 截至 10 月末的求职预计数 | | 12 674 | 4 837 | 7 837 |
| 明细 | 县内希望者 | 2 087 | 1 753 | 1 054 |
| | 县外希望者 | 9 867 | 3 084 | 6 783 |
| 截至 12 月 10 日的求职人数 | | 10 086 | 3 672 | 6 414 |
| 明细 | 县内希望者 | 2 013 | 1 245 | 768 |
| | 县外希望者 | 8 073 | 2 427 | 5 646 |
| 截至 12 月 10 日的招聘人数 | | 3 754 | 614 | 3 140 |
| 明细 | 县内招聘数 | 498 | 336 | 162 |
| | 接受县外的招聘数 | 3 256 | 278 | 2 978 |
| 今后能够预计确保的招聘数 | | 2 417 | 1 316 | 1 101 |
| 明细 | 县内 | 1747 | 1 246 | 501 |
| | 县外 | 670 | 70 | 600 |
| 招聘合计数 | | (61%)<br>6 171 | (53%)<br>1 930 | (66%)<br>4 241 |
| 明细 | 县内招聘 | (112%)<br>2 245 | (127%)<br>1 582 | (86%)<br>663 |
| | 县外招聘 | (49%)<br>3 926 | (14%)<br>348 | (63%)<br>3 578 |
| 供需调整 | 希望县外就业者转向县内就业者数 | 337 | 337 | — |
| | 有必要与县外继续联络的招聘数 | 3 824* | 1 756** | 2 068 |

资料来源：《初中、高中毕业生的招聘求职状况》，《职业研究》，1956 年 2 月，P34。

注：（ ）中显示的是对就业的招聘比率。

* 估计应是 3 810，** 应是 1 742，本表未进行改动。

首先来看看求职者人数的变化。通过求职状况调查得知，在 10 月份时求职者人数是 4 837 名。但是，从过去的经验来看，“其中因为包括不少既想升学又想就业以及就业态度不很坚决的人，因此在中介过程中出现了取消就业的现象，给招聘方造成了不小的麻烦”。因此，“本年度在最初的职业商谈过程中，只将真正想就业的人作为中介对象来对待”。因而，到了 12 月 10 日受理的求职数减少到 3 672 名，就是因为这个缘故。其中希望在县内就业的为 1 245 人，县外的 2 427 人，县外就业的人数占全体的 66%。报告中对就业希望地的情况分别列举了按照男女分类的数据。从中可知，就业希望地尤其集中在爱知、大阪两个府县，其比例占全体的 74%。

相对于此，截至 12 月 10 日受理的招聘人数是 614 名，除此之外还有“预计今后能够确保的招聘数”为 1 316 名。这里的“预计今后能够确保的招聘数”指的是：“在县内，依据的是前面实施的招聘开拓月活动的成果，……，在县外依据的是需求地府县或招聘方的信息，几乎能够确保的招聘”。两者合计为 1 930 名，其中县内招聘 1 582 名，比希望在县内就业人数多 337 名，计算成求人倍率为 127%。与此相对的是，县外的招聘人数仅为 348 名，求人倍率为 14%。总之，县内和县外的劳动力供求明显不均。如表 3—8 所示，从全国的基本数值来看，即使没有鹿儿岛县那么严重，县外的求人倍率也比县内的招聘倍率要低，可以推断这种状况在 20 世纪 50 年代也是很常见的。

基于对以上现状的认识，县里为了确保新初中毕业生的就业而提出以下的劳动力需求调整方针：

（1）开展为了把 337 名希望在县外就业者转向县内招聘的指导；

（2）重新确保 1 756 名的县外招聘。

即县里在 12 月 10 日，为了使县内、县外的求人倍率都达到 1.0 倍，以现在的求职及招聘人数为基础，进行适当调整。重要的是，通过就业希望地变更的指导，具体设定从县外转向县内的求职人数以及新获得的县外招聘数的目标值。其中关于确保悬而未决的县外招聘，提到了前述的求职者的就业希望地并这样阐述到：必须依靠大阪、爱知、东京、福冈等具有广域劳动市场的都道府县。表明了期待在这些地区开展毕业生劳动市场活动的愿望。报告接着总结道：

“由于单纯地依靠这个是不行的，所以在积极地开拓招聘渠道的同时，采取放宽求职者的求职条件以及改变希望就业目的地的措施也是很必要的。关于这一点，希望今后能进一步开展适当的职业商谈并将具体的求职情况向相关府县说明，以便能得到更有力的协助。”

以上详细叙述了鹿儿岛县劳动力供求调整计划的内容，其特征可以总结为以下三点：第一，县里在制定供求调整计划的时候，采取调整额数的办法，尽可能地使县内、县外的求人倍率都达到1.0倍。这充分说明20世纪了50年代供求调整最重要的目标是“确保新初中毕业生的就业”。同时，通过这一方法设定具体的数值目标，对所辖的职业安定所的指导具有重要的意义。第二，围绕“确保就业”的目标，通过设定招聘开拓月、参加四大劳动市场地区的毕业生劳动市场等措施，积极尝试开拓招聘渠道。特别是作为战败后职业介绍行政所擅长的对毕业生劳动市场的灵活运用，对新初中毕业生的工作调配所发挥的作用特别引人注目。虽然无法对其做出定量的评价，但在我们所进行的对职业安定机构的有关人员的采访中经常可以听到强调其重要性的言论。

第三，从本书的观点来看更具重要意义的是，县里所做出的面向初中毕业劳动力的供求调整对求职者进行的积极指导。这种“指导”从确认（或者取消）求职意向不确定者开始，还有希望就业地的变化、希望从事的职业的变更等多方面因素，为此要求职业介绍所的工作人员和求职者进行多次面谈磋商。特别是关于希望就业地，可以推测是以根据统计的结果算出的目标值为依据，进行强有力的“指导”。对于这种指导，实际上并不能否认实质上有与“职业选择的自由”这一战败后职业介绍行政基本原理相矛盾的地方。

以上鹿儿岛县的事例说明，无论是“确保就业”的理念，还是招聘渠道的开拓、毕业生劳动市场的灵活运用以及对求职磋商的重视等，都反映了该县接受在第一次全国供需调整会议上劳动省的期望并依此制定县内的供需调整计划的一个实例。1.2倍的求人倍率这个最终结果数值显示了县里及接受其指示的第一线的职业介绍所对“供求调整”所做出的努力。

但进入20世纪60年代后，职业安定政策的环境发生了很大的变化。如表3—10所示，1960年招聘、求职状况调查时的招聘人数已大大超过求职人数，求人倍率上升到1.6倍。1961年，这种倾向更加明显，招聘、求职状况调查时的求人倍率达到2.6倍。“确保就业”成为职业安定行政的主题的时代好象已经过去了。再者，县外的求人倍率为3.0倍，大大超过了平均数值，县内、县外的供求平衡与50年代相比发生了逆转。50年代鹿儿岛县苦于县外招聘的不足，而与之相反的是，供给地县却正为如何应付大量涌现的招聘需求而烦恼。

那么，在这种新的形势下，职业安定政策的课题将如何改变？如何朝着新的目标再构新初中毕业生市场的供需调整体系呢？下面一节将对这一问题进行探讨。

表 3—10　　招聘求职状况调查时的供需状况　　（单位：千人/倍）

| 年份 | 求职数（其中县外） | 招聘数（其中县外） | 求人倍率（县外） | 求人倍率最终结果 |
|---|---|---|---|---|
| 1957 | 487.9（134.2） | 318.6（73.6） | 0.7（0.5） | 1.2 |
| 1958 | 471.9（151.7） | 364.0（96.1） | 0.8（0.6） | 1.2 |
| 1959 | 487.4（—） | 382.8（—） | 0.8（—） | 1.2 |
| 1960 | 439.5（152.7） | 699.3（253.0） | 1.6（1.6） | 1.9 |
| 1961 | 325.4（125.7） | 859.1（372.0） | 2.6（3.0） | 2.7 |

资料来源：根据《职业安定广报》(1957 年 2 月、1958 年 2 月、1959 年 3 月、1960 年 1 月、1961 年 1 月）以及《劳动市场年报》(各年度版）制成。

注：“—”部分状况不明。

## 第六节　向劳动力短缺型经济的转变及强有力的供需调整

### 一、《新毕业学生（初中）供需调整要领》

如上所述，以 1960 年为分水岭，对新初中毕业生的招聘人数有了急剧增加，新初中毕业生市场的求职和招聘由以往的大致均衡一举转向招聘过剩。该年 3 月毕业生的求人倍率从前一年的 1.2 倍跃升到 1.9 倍。另一方面，招聘充足率从 64%下降到 44%，下降了 20 个百分点。而且由于次年 3 月的毕业生是出生率激减期出生的一代人，所以其数量和前年相比大约要少 20%左右，这必然会导致招聘过剩势头的进一步加速。在此当中，1960 年 5 月，对新学校毕业生的介绍工作，劳动省给都道府县的知事下发了新的通告，对以往的供需调整方式进行了大幅度地调整。通告中添加的《新毕业学生（初中）供需调整要领》，作为以全国供需调整会议的运营为中心的新初中毕业劳动力的供求调整新构造的具体制度化的文件，具有划时代的意义①。

但是，根据署名为雇用安定课·水泽登载在《职业安定广报》上的报道中所认为的那样，这一要领“并不一定能达到预期的目的”，于是在第二年又作了重要的修改。新的供需调整要领，从 1960 年 11 月左右在职业安定局内开始着手进行讨论。为了充分了解各人才需求县、供给县的意见，多次听取了临近县的意

① 其全文被收录在《本年度初中毕业生供求调整要领及其问题点》，《纺织劳务月报》，1960 年 7 月 1 日。

见，并且综合全国各地的意见的基础上汇编成了意见书①。次年，即1962年公布的要领，原则上沿袭了该年的方式并对此作了一些“技术上的”——但也是重要的（后述）修改②。其后，没有发现再以《供需调整要领》为题的文件，从现存的文件资料来看，在20世纪60年代召开的全国供需调整会议大致就是按这种制度化的规则进行操作的。

从上述过程中可知，正是1961年的供需调整要领，能够发现由劳动省所进行的对新初中毕业生劳动力市场的供需调整方式所达到的目标之一。《职业安定广报》上所登载的上述署名报道，具有详细解说该要领的特点（以下简称为“解说”）。关于这个要领里所包含的劳动省的目标究竟是什么这一点，《解说》的开头部分这样进行了说明：

“以新毕业生为对象的招聘、求职的供求关系，从全国来看需要进行调整现在已经不需要再赘述了，以往动辄就在本省召开的供求调整会议，并不是讨论供求的调整，由于只是单纯地交换信息卡片，所以叫做招聘交换会更恰当——有人这么认为。

由此看来，尽管冠以供需调整会议，但由于其内容只是宣读各需要地的招聘情况，再由供给地呼应的方式，所以上面那种观点也是颇有道理的。在这两三年之前，由于招聘、求职处于比较均衡的状态，即使是任凭其自然发展，也会获得较为满意的结果（中略）。

但今非昔比，由于经济繁荣导致招聘的增加，加上又是出生率最低时期的毕业生，所以招聘和求职人数严重失衡。

因此，对于这种现状必须要进行强有力的供求调整。从去年开始实施的以前从未有过的供需调整要领就是一次有益的尝试。”

这篇文章，对进入20世纪60年代日本经济向真正的劳动力不足经济转变的过程中，劳动省着力于对新初中毕业劳动力实施至今未有过的“强有力的供求调整”，以及为此制定的作为主要方法的《供需调整要领》作了坦率的描述。那么，这里所说的“强有力的供需调整”，具体是指什么样的内容呢？在劳动力不足的时代，劳动省希望的不仅仅停留在“单纯的交换信息卡片”，而是立足于真正的

① 雇用安定课的水泽：《新届学校毕业生的年度计划及供求调整》，《职业安定广报》，1961年7、8月号。

② 《关于1963年3月应届初中毕业生的职业介绍的劳动省通告》，《纺织劳务月报》，1962年5月1日。

“全国立场上的”供需调整究竟是什么样的调整呢？为了回答这个问题，首先有必要注意根据1961年的要领被制度化的新初中毕业劳动力的全国供需调整的结构与以往方式的不同。下面，就让我们来详细看一看围绕这种全国供需调整的行政程序所进行的阐述。

## 二、年度计划

对全国新初中毕业劳动力的供求调整，是以劳动省召集都道府县的职业安定课相关人员出席召开的一系列会议为中心来进行的。表3—11显示了这种劳动省主办的会议召开时间的变迁。如图3—1所示，这些会议的召开是在通过县职业安定课和一线职业安定所活动有机结合的基础上进行的，各县与会议的召开相配合，在年初制定毕业生介绍业务的年度计划大纲，并要求在此基础上由各管辖范围内的职业安定课根据所在地的具体情况制定更加详细的年度计划[①]。正如下文所述，面向县外的招聘、求职联络等原则上由县级职业安定课经办，担当新初中毕业生市场供需调整活动中坚的可以说是这些县级职业安定机构的工作人员。

表3—11　　劳动省主办的会议

| | 1954年3月毕业生 | 1960年3月毕业生 | 1961年供需调整要领（1962年3月毕业生） |
|---|---|---|---|
| 就业对策商讨会 | 7/21 | 6月 | 4/5.6 |
| 招聘、求职信息交换会 | — | — | 7/13 |
| 全国供需调整会议（第1次） | 12/14.15 | 11/5.6 | 9/25.26 |
| 全国供需调整会议（第2次） | 东日本2/8.9<br>西日本2/12.13 | 东日本12/9.10<br>西日本12/9.10 | 10/25.26 |
| 全国供需调整会议（第3次） | — | — | 11/28.29 |
| 全国供需调整会议（第4次） | — | — | 如有必要另行指示 |

资料来源：根据《职业安定广报》(1954年2月、1954年6月、1959年5月、1960年1月、1961年7月）制成。

首先，让我们再次确认一下1960年供需调整要领制定以前的供需调整方式的梗概。根据《职业安定广报》登载的报道，职业安定机构对1954年3月的毕

① 劳动省：《地区间的介绍》。

业生进行的就业中介经过大致如下。

1. 1953 年 4～6 月："各介绍机构基于过去的经验，制定详细、周密的年度计划"。

2. 1953 年 7 月 21 日：召开新学校毕业生就业对策磋商会（于劳动省）。"回顾、研究前一年度的工作，开始做出关于都道府县间的合作问题协议以及五项改善业务的指示，并根据这一结果进行公共职业安定所与学校联络、开展对希望就业者的职业指导（职业报告、职业磋商及职业适应性检查等）以及招聘预计调查以及开拓招聘渠道等活动"。

3. 1953 年 12 月 14～15 日：第一次全国供需调整会议（于劳动省）。"在确认就业中介的基本操作方针的同时，实施为了使今后的工作能更加顺利地进行的必要的指示、协议、信息的交换以及招聘、求职的供需调整等。……其后，在都道府县间开展频繁变化的求职预测信息的通报以及联络招聘业务，从进入本年（1954 年）1 月后（关于人才选拔的日期，根据文部省劳动次官的通知——引用者注）开始在和相关学校密切合作的基础上进行合适职业的中介工作"。

4. 1954 年 2 月：第二次全国供需调整会议（8、9 日，东日本地区在仙台，西日本地区在冈山）。"进入职业介绍活动的最盛期，对于本年 3 月的毕业生，进行最终的供求关系的调整"。

表 3—11 表明，即使是 1960 年 3 月的毕业生，也是一年召开一次就业对策磋商会和两次全国供需调整会议，除了时间表稍稍前移外——在 1 月的选拔人才开始前结束两次供需调整会议，就业介绍几乎都经过同样的程序进行。但是，1960 年制定了供需调整要领后，上述面向新初中毕业生的介绍业务的流程发生了很大的变化。该要领次年又添加了重要的修改内容，新制定的年度计划并不是以往方式的回归，而是彻底按照前年提出的新方针来制定的。下面将根据年度计划的流程对 1961 年的供需调整要领的特征进行总结。

第一，新的年度计划中，把历年 6～7 月就业对策磋商会的召开日期设定在 4 月初召开，与以往的日程相比，这个时间要明显偏早。第一次全国供需调整会议设定在比大前年要早一个多月的 9 月末召开，这样以日程早期化为前提，召开次数也增加到三次乃至四次。不难看出，这种措施正是为解决 20 世纪 60 年代初中毕业劳动力的供需失衡扩大化而做出的努力。

关于学校毕业生介绍业务的年度计划是以劳动省主办会议的召开日期为中心来制定的。但根据 1961 年要领的《解说》，以往劳动省在会期未临近前是不能决

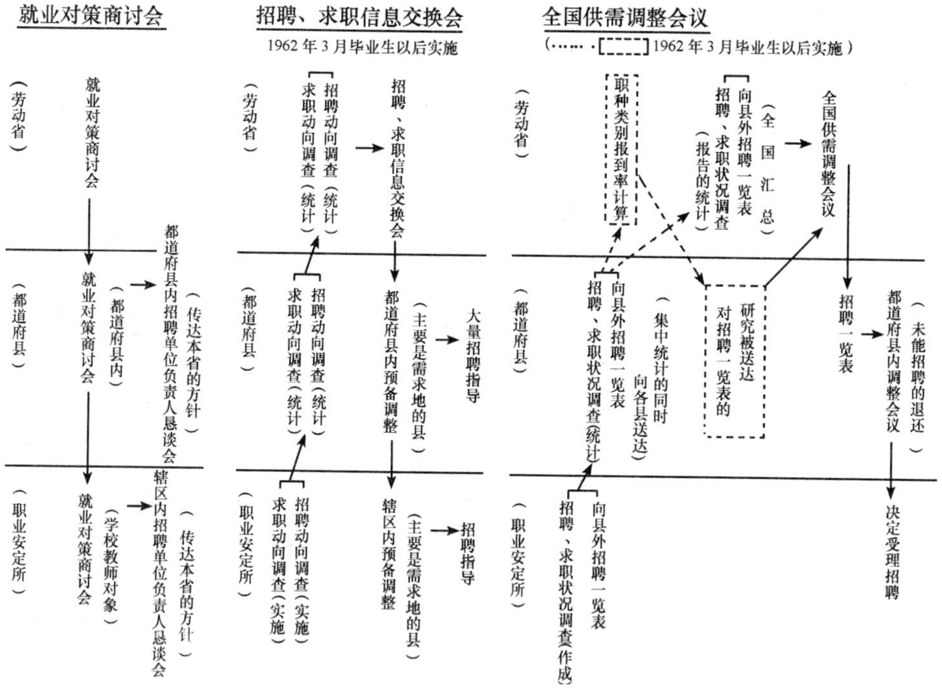


图3—1　全国供需调整的流向

资料出处：雇用安定课水泽，《新毕业学生的年度计划与供需调整》（《职业安定广报》1961年7月号16页）的表作部分修改的基础上制成

定这些会议的日期的，因此县里不得不屡次更改在年度初制定的年度计划。县里制定的年度计划虽然都是依据《指导》来制定的，但实际操作中各县都是千差万别，即使是一线的职业介绍所也有制定年度计划这种形式化的倾向。因此，在1961年的要领里，县里在制定年度计划以前就在就业对策磋商会里通告了本省的年度计划，“统一决定事务磋商会的日期、职业报告会、适应性检查、本省所举行的供需调整会议、都道府县召开的供需调整会议、职业磋商的时期等，争取在全国范围内统一步伐”。就业对策磋商会在年初召开，就是基于这个因素来考虑的。总之，劳动省旨在通过强有力地推进职业介绍业务年度计划的早期化、统一化和规范化，来谋求立足于全国范围的新初中毕业生劳动力市场供需调整的效率化。

## 三、招聘指导

1961 年的要领的第 2 点，同时也是重要的一点就是为了使上述年度计划的早期化、统一化的实现成为可能倡导了实施以前从未有过的积极的招聘指导。在以往，新初中毕业生的职业介绍，由于其对象是 15 岁左右的少男、少女们，所以参照劳动基准法检查招聘企业的劳动条件是职业安定所的重要业务之一。然而，在劳动市场的供需关系变化比较缓慢、劳动条件相对较差的小企业的招聘申请占多数这种状况下，作为现实问题是，进行这类指导非常困难①。表 3—12 显示了按规模类别分类的新初中毕业生的就业单位情况。由此可知，与集中在就业单位规模比较大的纺织业的女生（参照第五章）相比，男生的就业单位主要偏向于小企业。从最初获得数据的 1956 年来看，该年的男子毕业生的过半是在从业人员 14 人以下的小企业就业，加上在 15～49 名从业人员的企业就业的人，占全体男子毕业生总数的 80%左右。正如第 5 点所示，在 50 年代，一线的职业介绍所的努力目标是“确保就业”，因此要努力开拓更多的招聘渠道，所以顾不上进行招聘指导——更准确一点就是还未着手做——可以说就是自然的了。

**表 3—12　　按规模分类的新初中毕业生就业人数（1956—1961 年）**　　（千人，%）

| 年份 | 合计 | 100 人以上 | | 15～99 人 | | 15 人以下 | |
|---|---|---|---|---|---|---|---|
| | | 500 人以上 | 100～499 人 | 50～99 人 | 15～49 人 | 5～14 人 | 4 人以下 |
| 男女合计 | | | | | | | |
| 1956 | 367.7 (100.0) | 96.2 (26.2) | | 39.9 (10.9) | 75.8 (20.6) | 78.3 (21.3) | 77.6 (21.1) |
| 1958 | 401.9 (100.0) | 43.4 (10.8) | 71.0 (17.7) | 139.6 (34.7) | | 147.8 (36.8) | |
| 1959 | 421.7 (100.0) | 55.6 (13.2) | 78.7 (18.7) | 148.2 (35.1) | | 139.2 (33.0) | |
| 1960 | 411.3 (100.0) | 97.2 (23.6) | 109.3 (26.6) | 124.7 (30.3) | | 80.1 (19.5) | |
| 1961 | 329.7 (100.0) | 99.4 (30.1) | 98.3 (29.8) | 90.0 (27.3) | | 42.0 (12.7) | |
| 男子 | | | | | | | |
| 1956 | 181.0 (100.0) | 22.7 (12.5) | | 17.6 (9.7) | 43.3 (23.9) | 50.1 (27.7) | 47.2 (26.1) |
| 1958 | 201.2 (100.0) | 12.3 (6.1) | 22.7 (11.3) | 77.6 (38.6) | | 88.7 (44.1) | |
| 1959 | 209.2 (100.0) | 13.9 (6.6) | 27.6 (13.2) | 85.6 (40.9) | | 82.1 (39.2) | |
| 1960 | 199.7 (100.0) | 24.7 (12.4) | 46.0 (23.0) | 79.9 (40.0) | | 49.1 (24.6) | |
| 1961 | 163.7 (100.0) | 33.7 (20.6) | 49.5 (30.2) | 57.2 (34.9) | | 23.3 (14.2) | |

① 参照《座谈会专家眼中的“地区联络”虎之卷》，《职业安定广报》，1958 年 7 月号。

续表

| 合计 | | 100 人以上 | | 15—99 人 | | 15 人以下 | |
|---|---|---|---|---|---|---|---|
| | | 500 人以上 | 100～499 人 | 50～99 人 | 15～49 人 | 5～14 人 | 4 人以下 |
| 女子 | | | | | | | |
| 1956 | 186.7 (100.0) | 73.5 (39.4) | | 22.2 (11.9) | 29.5 (15.8) | 28.1 (15.1) | 30.4 (16.3) |
| 1958 | 200.7 (100.0) | 31.1 (15.5) | 48.3 (24.1) | 62.1 (30.9) | | 59.2 (29.5) | |
| 1959 | 212.5 (100.0) | 41.6 (19.6) | 51.2 (24.1) | 62.6 (29.5) | | 57.1 (26.9) | |
| 1960 | 211.5 (100.0) | 72.5 (34.3) | 63.3 (29.9) | 44.7 (21.1) | | 31.0 (14.7) | |
| 1961 | 165.9 (100.0) | 65.7 (39.6) | 48.8 (29.4) | 32.8 (19.8) | | 18.7 (11.3) | |

资料来源：根据《劳动市场年报》（各年度版）制成。

注：数据由职业介绍机构处理。（　）内的数据是构成比。

但是，以 1960 年为界，随着招聘人数的激增，这种状况完全发生了改变。从招聘、求职状况来看，招聘人数大大超过求职人数，招聘的企业也大多是上规模的企业。从职业安定行政角度，对实现多年来未能完成的目标提供了绝好的条件。劳动省立刻在当年的通告中提出改善新初中毕业生的招聘条件的目标，在进行招聘受理时，对县里做出在职业安定所的窗口“就有关工资、工作时间、休假、奖金、提薪、宿舍等工作条件，在和劳动基准监督官密切联络的基础上加以适当的指导”的指示①。并且在这个通告里所添加的供需调整要领，劳动省亲自制定了工作条件的基准，将达不到这一基准的招聘排除在全国供需调整会议之外，即使在县内找不到合适的求职者，也不向其他县进行招聘联络的方针。第二年的要领也理所当然地继承了这个方针。

不仅如此，当时劳动省已经意识到企业之间围绕获得新初中毕业生这一劳动力资源展开了激烈的竞争会给特定的劳动力供给地带来混乱②。1961 年要领中的年度计划，继 4 月份的就业对策磋商会之后新设了 7 月份的招聘、求职信息交换会就是缘于这种认识，在进行招聘受理时加上对希望录用地的指导，通过进行预备调整，试图“确立招聘秩序”。为此，要领中对县里要求管辖范围内的职业介绍所实施新的招聘、求职动向调查并汇总结果，连同其他县的录用情况以及希望去其他县就业的预计人数，在 6 月 25 日之前向劳动省汇报。劳动省对这些数值

① 《应届学校毕业生的职业介绍业务受理要领》，《职业介绍行政指导》，1960 年（劳动省图书馆所藏）。

② 雇用安定课《应届学校毕业生的职业介绍》，《职业安定广报》，1960 年 7 月号。

进行统计后，按职业种类类别、男女性别类别分类整理新初中毕业生的全国供需动向，并将其结果在招聘、求职信息交换会上通报给各县。附带说一下，对新初中毕业生按照以下六种职业——销售、服务业、纺织业、金属加工、电机器械及其他职业进行分类把握，这是在1961年的要领里提出的新方案。各县在获得这个数据的基础上进行县内大批量的招聘指导以及对在特定地区的招聘相对集中时，要求管辖范围内的职业安定所对希望从该地区录用的招聘者实施缓和指导。《解说》对这种基于招聘、求职动向调查基础上的招聘指导的目的作了如下说明：

"如果能在基于科学的全国调查资料基础上对招聘者进行指导的话，难道不是能够开展更好的介绍的考虑。例如，说起'新潟县也有4倍的招聘……怎么样呢？山形县周边最后的情况如何呢？山形县也有2倍左右的招聘……'除了有特殊情况的招聘者之外是否能够理解呢？如果再加上原来的实绩进行指导的话，对双方来说难道不是非常合适吗？"

新的年度计划经过这样的准备，终于在职业安定所的窗口受理招聘了。1961年的要领，为了有计划地进行初中毕业生的介绍工作，招聘受理之际，结合全国供需调整会议的召开时间，在设定第1期（8月31日）、第2期（9月30日）、第3期（10月31日）、第4期（11月30日）目标期限的基础上，为了尽快把握招聘动向，向各县下达了尽可能在第1期目标期限截止前能够受理的指示。根据1958年8月召开的职业安定所负责人座谈会，当时规定的新初中毕业生的招聘受理日为10月1日①，所以可知1961年的要领中对这一日程大大地提前了。

以往根据职业介绍法第25条第3项的规定，初中学校可以分担职业介绍所的一部分工作并能独自进行招聘受理。但是，1961年的要领——也继承了前年要领的方针——禁止初中学校受理来自于县外的招聘，面向县外的招聘全部必须向职业安定所申请。劳动省认为，由学校负责的就业，早期离职的现象较多，其理由之一就是"关于工作条件对求职者的指导不充分，在内容上造成了误解"②。

但是，更为重要的原因从其他地方也能看出。如果企业和学校越过职业介绍所直接联系录用新初中毕业生的话，不管劳动省多么强调"确立招聘秩序"，也不可避免出现形同虚设、有始无终的现象。实际上正如后面第四章详细阐述的那样，这种特定的企业和初中学校的结合，也就是"实绩关系"，在50年代早期已在很大范围内存在了。劳动省很早以前就认为，这种"学校引荐"的就业和"学

① 《座谈会专家眼中的应届学校毕业生的职业介绍》，《职业安定广报》，1958年11月号。

② 《本年度初中毕业生供求调整要领及其问题点》。

校关系”是紧密相连的，这和“一般的通过关系就业”是同样的问题①。可以说已经充分预测到在围绕招聘初中毕业生的企业间激烈竞争中，这种动向有急剧扩大的可能。1960 年的通告对特定的职业安定所或者初中学校指定的招聘（指名招聘）特别予以注意。像这样在通告中下达了受理招聘时，要详细了解地区指定的理由并在此基础上进行缓和指导。还有，即使是遇到迫不得已的事情，也要终止指定的指示就是缘于此②。到 60 年代中期，对于这种自由招聘活动的限制进一步扩大，包括来自于县内的招聘在内，对初中学校所有的招聘受理一律予以禁止。还有，对于新初中毕业生委托招聘就不用说了，除此之外，还禁止通勤范围之外的直接招聘和通过报纸、广告等进行的招聘。另外，对于利用关系招聘也设定了一定的标准（参照第六章）。仅限于对初中毕业生的招聘来说，大批量的招聘，除了通过职业安定机构以外，似乎别无他法。

总而言之，劳动省围绕新初中毕业生的招聘，尽可能地由职业安定机构进行总体把握，通过对劳动条件、可能含有水分的招聘数以及录用希望地的严格控制及适当指导，试图“确保少男少女们去其他地区就业时具备必要的劳动条件”的同时，实现“全国范围的供需调整”的顺利开展③。像这样，“无论录取途径如何，对全局进行把握，有助于招聘求职的供需调整的希望”。实际上，“对职业安定机构来说是多年来的追求，特别是在来源明确的新毕业生的场合，这种要求就更强烈”④。劳动市场供需关系的戏剧性的变化带来了职业安定行政实现上述“多年来的夙愿”的绝佳良机。

### 四、全国供需调整会议

1961 年的纲要的第三个特征是努力适应积极的招聘指导的实施，加上对全国供需调整会议运营的方式作重要的变更。简单地说，全国供需调整会议是由劳动省主办，各县负责毕业生介绍工作的人员会聚一堂，将本县内招聘不足的人员情况在会场公布并将此分派给有可能满足其需要的其他县。在会场，首先由劳动省公布新初中毕业生劳动力的全国范围的需求状况的资料，以便明确招聘分派的大致标准。实际的调整工作方法是，需要毕业生的县宣读本县未完成的招聘计

---

① 《创刊 10 周年纪念特集　劳动市场的研究——分论（2）劳动力供给的构造和特征》，《职业安定广报》，1959 年 2 月号，第 43 页。

② 《本年度初中毕业生供求调整要领及其问题点》。

③ 劳动省部雇用安定课《关于来年春季希望就业的应届毕业生的供求调整》，《职业指导》，1960 年 9 月号。

④ 雇用安定课《围绕应届学校毕业生的就业介绍》，《职业安定广报》，1956 年 4 月号。

划，对此，有愿意去县外工作的毕业生的供给县举手申请应对（所谓的宣读方式）。

即使如此，全国范围的招聘调整在两天内完成并不是件容易的事。如第二章所示，在通过职业安定机构中介实现就业的新初中毕业生中，在县外找到工作的人，像岩手县、福岛县等供给县在1950年代后期约三四成，进入20世纪60年代后，情况较好的超过了五成。根据宫城县职业安定课长期从事毕业生介绍工作的岩佐久典的回忆，从全国供需调整会议带回来的招聘票（副本），最高峰时盛满五大纸箱，不得不委托快递公司送回宫城县。[①]

尽管如此，仅仅用两天时间能够使全国范围的调整成为可能，实际上是由于很多的县在全国供需调整会议召开之前，就已经办妥了有关招聘的主要手续。之所以这样说，正如前所述，以东京、中京、京阪神及北九州等四大劳动市场地区为首，需要初中毕业生劳动力的主要地区的有关县，作为东道主频繁地定期地招集周边的——有时甚至是更广地区的各县职业安定课相关人员召开招聘求职联络交换会（所谓毕业生劳动市场）。本县无法满足的招聘，首先利用这样的方法能够找到相应的能够提供毕业生的联系单位。然后在现场将招聘票副本交给对方的县或者职业安定所，就此完成招聘联络的手续。因此，这些招聘就不再拿到全国供需调整会议上了[②]。

另一方面，对于不能利用这样的毕业生劳动市场，或者即使利用了但没有取得效果的招聘，原则上由受理的职业安定所向所辖的县联系，与此同时将招聘票的副本也一同送达。根据20世纪50年代的《指南》中的规定，县里一旦接到这样的联系，“要迅速地向认为合适的其他都道府县进行招聘联络”，接到联系的县，“尽量尊重求职者所希望的地区，迅速地向认为合适的”所辖职业安定所进行联系[③]。经过这样的程序找到着落的招聘，尽管也去全国供需调整会议会场，但并不在现场宣读，而是经过上面的过程后，与新确定的招聘一起将招聘票副本交给对方县。

但是，1961年的纲要对上述事前招聘联络的方式作了细微但却具有重要意义的修改。新方式受到招聘目标期限设定的影响，决定了在四个目标期限中，对每一个期限里受理的招聘与其他县进行联系，并依此作成“招聘一览表”，力争

① 根据对岩佐久典、川井幸二两人的采访（1996年8月5日实施）。

② 根据对饭土井清久的采访。

③ 《地区间的介绍》。

在截至每月的 15 日之前送达全国各县。因为全国供需调整会议是在每月的 25 日召开，在截至前 10 天里，各县的手中就有了全国的联络招聘一览表。不过，实际上招聘一览表在以前就有过，本身并不是什么新奇的东西。这里具有重要意义的是，作为招聘一览表制作的补充，添加了下面一句："调整联络对象时请在相应栏目内填上指定的对象县"①。

根据《解说》，县里要求招聘一览表尽可能地对所有的招聘进行指定区域，这个区域"并不是招聘者指定的区域而是职业安定机构在内部指定的区域"。这就等于宣布面向其他县招聘的联络对象——决定录用地的最终权限在受理招聘的职业安定所以及所管县。总之，1961 年的纲要通过决定录用地的最终权限属于行政一方这一信息的发布，期待对招聘者录用希望地进行彻底指导。

但是，即使如此，招聘者的希望录用地由于通常都有相应的历史原因，仅凭上述指导很难避免招聘集中在某一特定地区。因此，1961 年的纲要在原来的基础上前进一步，通过对各县从全国供需调整会议带回去的招聘人数设定数值目标，从而使全国各县保持相同的求人倍率。作为其基础的是依据各县上报的招聘、求职状况，由劳动省计算得出的以职业类别分类的全国平均求人倍率。其数值，在全国供需调整会议召开前用电报告知各县。各县根据这一信息仔细研究送达的招聘一览表，去参加供需调整会议（参照图 3—1）。

现在假设"纺织制造职业"的全国平均求人倍率是 3 倍，M 县希望去其他县的"纺织制造职业"就业的求职者假设有 1 000 名。那么，M 县负责招聘工作的 X 先生参加全国供需调整会议必须带回来的招聘人数就是 1 000×3＝3 000 名。X 先生首先从招聘一览表中指定本县招聘的人员中选出合适的人选，并将此告知对方所在县（这种招聘通过这样的手续确定，因此不在供需调整会议现场当场宣读）。这时，如果招聘一览表中指定本县的人数很多的话，那么 X 先生只需从中选出 3 000 名即可，剩余的再通过供需调整会议给其他县。与此相反，如果指定的人数不足 3 000 人，在会议当天有必要通过宣读招聘的方式补偿不足人数。因此，X 先生预先考虑到通过求职状况调查所把握的求职者的就业希望地的情况后，比如 A 县 150 名、B 县 80 名等，再去参加会议。

正如上述简单的例子所揭示的，即使有招聘负责人指定 M 县，如果有很多

① 《1961 年度新初中毕业生供需调整要领（方案）的概要》，《纺织劳务月报》，1961 年 4 月 1 日。这里引用的是 1961 年的供需调整要领方案的草案，其内容与前文《解说》及其他资料登载的 1961 要领完全一致，其后也未见更改痕迹。

相同职业类别的招聘一齐涌到M县的话，那么其招聘则有自动转向其他县的可能。总之，劳动省为了“求人倍率的全国平均化”① 不排除采用有力的调整措施强制性地变更招聘者的录用希望地。

**五、“强有力的供需调整”的意义及其走向**

以上根据1961年的纲要对已经定式化的新初中毕业生劳动力的全国供需调整的结构按照年度计划的顺序作了详细回顾。年度计划的早期化与全国统一化、积极的招聘指导与预备调整的实施、自由招聘活动的限制与由职业安定所进行一体化的把握，以及全国供需调整会议的运营方式的改革与求人倍率的全国平均化——以上这些内容被称为“强有力的供需调整”应该是妥当的。正如所指出的那样，60年代初，围绕着招聘毕业生发生的企业间的激烈竞争中，出现了企业越过职业安定机构而直接向求职者及其家属以及学校拉关系做工作的动向。如果劳动省在这一时期不有力地进行这样的供需调整系统的再建，那么新初中毕业生市场的“制度”就很有可能急剧衰退。从这个意义上来看，可以说20世纪60年代对职业安定政策而言，是面临着将新初中毕业生的就业任由以保障自由的招聘、求职活动为原则的市场体系，还是对自由的招聘活动进行限制并整体把握并以此为基础自我担当起调控初中毕业生劳动力的流向这样重大选择的时期。

但是，对职业安定行政来说，究竟选择什么样的道路，从职业安定行政的历史发展来看是不言自明的。职业安定行政只有把握所有的招聘并尽可能有计划地平稳地对初中毕业生劳动力进行供需调整才是职业安定行政的“多年的夙愿”。确实如此，在20世纪50年代，对招聘者几乎没有开展积极的指导。但是，这并不是职业安定所尊重招聘活动的自由，只不过是由于劳动市场的供需关系变化缓慢，对招聘者难以施加较强的影响力而已。另一方面，对求职者而言，正如鹿儿岛县的例子一样，职业安定行政围绕着劳动市场的供需调整开展了有力的“指导”，也就是有强行变更希望职业及希望就业地的情况。如前文所述，职业安定法第4条指出，作为政府开展的事业，“为了对国民劳动力的供需进行适当的调整以及使国民劳动力得到最有效的发挥，有必要制定相应的计划”。形成安定法的理念之一也就是对自由招聘、求职活动的保障。

进入20世纪60年代，劳动市场的供需关系发生了急剧变化。可以说对职业安定行政来说是开展以前未能实现的对招聘者进行“指导”的绝佳良机。在50年代，以努力实现“确保初中毕业生就业”为目标的职业安定行政，此时的工作

① 水泽勇：《来年春季初中毕业生就业希望者的供需调整》，《职业指导》，1961年7、8月号。

重点变成了强化对自由招聘活动的限制以及强化由职业安定所担任主角的工作调配“制度”。对这一转变，如果不结合上述情况是难以理解的。1961年供需调整纲要中对定式化的“强有力的供需调整”系统的导入，是适应由于招聘的急剧增加而产生的新局面的同时，也是战败后职业安定行政希望实现“多年的夙愿”的体现。

但是，职业安定行政的上述意图事实上并不是畅通无阻地得以实现。实际上，第二年（1962年）制定的新供需调整纲要，对1961年纲要核心之一的全国供需调整会议的运营方针的改革，其内容仿佛是对坚持特定录用希望地的招聘者的反对。新纲要中，虽然基本沿袭了前一年的方式，但作了一些“技术上的修改”，其中之一就是前面已阐述过的根据招聘一览表进行招聘联络方式的改正。详细记载该纲要内容的《纺织劳务月报》的一篇报道对作一些“技术上的修改”的必要性作了如下说明。

“关于原来的所谓联络招聘（他县书信招聘）的处理，被需要府县受理的招聘，根据该府县的行政操作的差异，有不能准确地与相关供给县进行联络的缺陷，这只不过是通过9月份以后的全国供需调整会议期间得以弥补。因此，从现在开始，一方面进行早期招聘的受理（7月以后），同时，将受理的招聘票的《副本》在每月10日送达相关的联络对象所在县”[①]。

1961年纲要的方式是，本县向其他县进行招聘联络时，在送达给各县的招聘一览表中记载的“不是招聘者指定的区域而是职业安定机构内部指定的区域。”而新的措施在这样的方式的基础上，对招聘者的录用希望地通过被实际所在地职业安定所管辖县的“行政操作”而变更的方式持批评意见。修改的要点是通过将招聘票的副本而不是招聘一览表直接送给相关县，从而使得招聘者的录用希望县必须首先进行联络。

但是，即使肯定进行联络，由于供给县面向其他县能够受理的招聘数是根据按职业类别分类的到来人数而确定的，因此，其招聘有不被受理的可能性。这种时候就会通过供需调整会议自动地使招聘票转向与招聘者希望录用县不同的县。1962年纲要的修改处的要点之一，就是在发生这样的情况时，要对成为面向其他县的供给县招聘受理数基准的求人倍率自身进行修改。如果这个修改的幅度是很大的，就不得不推翻职业安定所所期望的各县求人倍率的“全国平均化”这一点。那么“修改”，的实际状况又如何呢？

① 《关于1963年3月新初中毕业生职业介绍和劳动省通告》。

根据《职业安定广报》中登载的署名为雇用安定课的报道，1963 年 3 月毕业的学生，使求人倍率在“10%上下”浮动[①]。其结果就是“无论何种职业，最终招聘受理状况绝大多数都按照劳动省指定的倍率”。该报道面对这样的结果，做出了“在调整中产生了令人满意的融通性”的结论。总之，职业安定政策在对招聘者的要求做出了一定让步的同时取得招聘者的配合从而使“强有力的供需调整系统”得以成功地运作。企业之所以像这样与职业安定行政所规定的限制相协调，是由于对企业而言在行政制度下进行的录用活动比起围绕获得毕业生而带来的无限制的激烈竞争，其优点更为明显。但是为了满足这样的条件，在行政限制之外进行“自由的”招聘活动的基础上，有必要尽可能地罩上“制度”的外衣。20 世纪 60 年代中期职业安定行政对自由的招聘活动的限制更加扩大化的背景，可以推断是这样的结构在发挥着作用。

但是，对职业安定政策而言，这样的“黄金时代”没能持续很久。到了 20 世纪 60 年代后期，由于高中升学率的急速上升，初中毕业就业者人数开始锐减。让我们再次看一看表 3—7，申请就业的新初中毕业生人数，1965 年是 44.8 万人，但到了第二年的 1966 年锐减为 36.1 万人，1970 年下滑到 19.9 万人。在这期间，以非农就业者数为分母计算出的职业安定通过率（2）得到很大的提高，就业率也顺利地增加，1970 年分别是令人惊讶的 77%与 99%。被称为“金蛋”的初中毕业就业者的大多数通过职业安定所确确实实地实现了就业。但是，像这样，在新初中毕业生市场的“制度”得到深化的同时，对现在成为大众劳动力主角的新高中毕业生的就业，几乎未受职业安定行政的控制。

这样的事态，是怎样产生的？又是为什么发生的？还有这种状况究竟意味着什么？我们将在第六章进行详细的探讨[②]。

（本章第一节至第四节由菅山真次、第五节至第六节由西村幸满、菅山真次执笔）

---

① 雇用安定课：《看新劳动力的供需状况》，《职业安定广报》，1962 年 11 月号。

② 本章第二、三节是在菅山真次的《就业社会的成立》（《日本劳动研究杂志》，1998 年 7 月号）作大幅修改的基础上形成的。

# 第四章

# 初中毕业生就业的详细过程

## 第一节 绪　论

本章从社会学的角度探讨20世纪50年代前期毕业的初中毕业生寻找工作的方法。20世纪50年代日本进入高度成长的阶段。日本战败后，作为再建的中轴，以煤炭、钢铁为中心的倾斜生产方式，电力、海运、化学肥料工业的价格差补助金、生产奖励资金等财政资金的重点分配，形成了战败后经济稳定的基础。但是，由于1949年的道奇政策发生转变，强制实行的财政、金融的紧缩、行政部门的调整、缩小、民间的人员调整等导致大量的人口过剩。但到20世纪50年代中期，日本已从战争灾害中完全恢复。经常被作为经济指标的人均国民生产总值在1955年超过了第二次世界大战前的水平[①]。劳动市场的需求关系，由于存在着不同产业所带来的区别，以1953年为转折点，20世纪60年代明显表现出与高速成长的卖方市场的关系相关需求扩大的倾向。

这个时期劳动市场的一个特征是存在丰富的年轻劳动力，《劳动变动调查报告》[②] 显示，1956年新毕业生就业者中（包含毕业生录用和一般录用两方面），19岁以下的占43％，24岁以下的占2/3以上。其中对特别是作为劳动力供给源的新毕业生的研究具有极大的意义。20世纪50年代新毕业生就职者的主力是初

---

① 桥本寿明：《1955年》，选自安场安吉、猪木武德编，《日本经济史（8）高度成长》，岩波书店，1989年。

② 劳动大臣官房劳动统计调查部：《劳动移动调查报告（1956年部分）》，1957年，第6表。

中毕业生。至此在本章中已经明确，初中生在20世纪50年代，每年共计有平均70多万就职者提供给劳动市场。特别是在非农林水产业（以下称非农林业）就职者，1950年男女共计28万人，到1958年急剧增加到62万人，到20世纪60年代中期一直保持着这样高的水平。至少在20世纪50年代，男女初中毕业生在新毕业生就职者中占了绝大多数。而初中毕业劳动力在新毕业生劳动市场中占有优势，这种状况到20世纪60年代中期仍然持续着，但从1965年开始，不论男女，新初中毕业劳动力相对于新高中毕业劳动力数量减少了。本研究将探讨人们关注20世纪50年代前期初中毕业生就业的原因。

## 第二节　着眼20世纪50年代前期的初中毕业生就业

关于20世纪50年代初中毕业生在新毕业生劳动市场的重要性这一方面，之前已经阐述过了。关注20世纪50年代前期的最大理由是，关于新毕业生的职业介绍，职业安定所和学校的作用已经在法律上明确了。职业安定法是1947年11月30日制定，同年12月1日开始施行的。根据该法，新毕业生的职业介绍在职业安定所得到全面执行，职业安定所必须对学校实行的职业指导进行协助。并且，根据1949年5月20日的修正法，学校分担职业安定所的部分业务，进行免费的职业介绍。也就是说，在学生的职业介绍上学校有如下3种选择方法。

方法1：职业安定法第25条第2点，作为学校不进行职业介绍业务，职业介绍业务委托给职业安定所，介绍所一般在与所管辖的范围内的所有学校保持密切联系并提供协助。

方法2：职业安定法第25条第3点，学校校长分担一部分公共职业安定所的业务。

方法3：职业安定法第33条第2点，学校全面实施免费职业介绍的方法。

1949年职业安定法修正之后，根据劳动省发布的《职业安定行政指南》，学校校长可以从以上3种方法中选择最适合的方式。作为选择的基础提出如下方针："如果学校所处地区的产业不发达，通过公共职业安定所的努力，也得不到地区间的联络的话，毕业生的就职不顺利的学校，选择方法1；通过初中及部分高中去那些能够取得直接招聘申请的地方学校，选择方法2；其他招聘申请可更多地选择在财政上、组织上独立的，具有职业介绍经营功能的学校，选择方法3[①]。”

25条第3点里学校分担的业务范围，在职业安定法第25条第3点第2项，有以下六点阐述：（1）受理招聘申请，联络职业安定所；（2）受理求职申请；（3）将合适的求职者介绍给招聘者；（4）进行职业指导；（5）进行就职后的辅导；（6）进行公共辅导所入所介绍。学校并不要代行以上全部的业务，可以根据其能力及职业安定所的业务运营现状进行选择[②]。但是，从当时进行职业指导、介绍的介绍所职员及学校负责人的采访中推测，这些只不过是有关原则。实际上，即使选择了25条第2点的学校，进行上述六点的就业指导，求职受理是固然的，积极地进行招聘的开拓及受理招聘申请也是现状。实际上25条第2点与第3点没有多大区别，初中毕业者的就职过程就如同以下所述一样明确，职业安定所与学校互相保持紧密的联系，可以说是二者形成一体来开展的。

还有一点，将学校里的职业指导、介绍制度化是在1953年实现的。文部省《学校教育法实行规则等部分修正省令》决定从1953年10月31日开始，正式设置初中、高中职业指导主事。此省令明确了对就职指导时“负责人的位置过去不太明确，职业指导介绍的障碍不少，这次要使负责人制度明确化”进行修正，职业指导主事被定义为“是学校中进行职业指导组织的中心人员，不仅仅要对计划职业指导介绍及继续运营负责，还必须对职业指导进行对外任务的接待和处理”[③]。基于此修正，职业指导、介绍在学校教育体系中被给予了明确的定位，形成了制度。

在通过学校的职业指导、介绍得到合法化认可的背景下，能够看出社会对学校极其信赖[④]。1949年职业安定法修正之后，日本职业指导协会发行的关于职业指导的概说中指出，学校因为通过长期教学理解学生的个性、背景，爱护学生并诚意热情介绍职业给学生。学校的职业指导实质上已经成为教育的一环，特色是

---

① 劳动省职业安定局编：《职业安定行政指南（1949年版）》第3篇《学生职业介绍》，劳动省职业安定局，1949年，264页。

② 同上，289页。

③ 文部省：《修改学校教育法施行规则等一部分的省令》，1953年11月27日公布文部省令第25号，1953年11月30日，文总审130号，文部事务次官通告（适用1953年10月31日）。

④ 苅谷刚彦：《学校・职业・选拔的社会学》，东京大学出版社，1991年。

"它是个继续的过程，根据学生的个性，培养选择出路的能力"[①]，而且"学生的就职介绍向来的原则都是由所辖的公共职业安定所来完成，学校将亲手培养的熟悉的学生，作为毕业后出路指导的一个环节，实行职业介绍，这原本是自然的。1949年，职业安定法进行一部分修正，学校可以给毕业的学生进行免费的职业指导[②]。"

关于学校职业介绍业务的重要性，根据劳动行政方面的资料可以得到确认。比如说，1956年劳动省职业安定局编写的《职业安定法解说》中对修正的主旨作了如下说明：

"为了解决这些学生或者说是学校毕业生的就职问题，作为职业安定政策一线机构的公共职业安定所，负有教育学生的责任，与关注毕业生前途的学校在紧密的协力下相互取长补短，充分发挥其作用，对毕业生的职业介绍采取适当的措施是很有必要的。"[③]

另外，25条第2点的主旨解说部分，对学校和职业安定所也有如下说明：

"学生的就职问题，在学校教育课程中或者作为其结果都有重要意义，在校生找兼职是不用说的，对于刚从学校毕业的求职者来说最容易商谈的是学校。因此，为了使学生的职业介绍顺利进行，作为职业介绍专门机关的公共职业安定所和学校进行协作，通过学校给他们提供职业选择的必要信息，给予适当的帮助是最有效的。"[④]

也就是说要认清"关注毕业生前途"的学校的作用，因为学校对劳动市场的情况不熟悉，不能正确地把握其动向，所以关于这些就要和职业安定所保持紧密协作的关系，给未成熟的学生进行指导帮助，这作为教育的一个环节是很有必要的。

职业安定政策是作为"年轻毕业生就职介绍"的特别机构。毕业者作为年轻人，他们的身心还不成熟，从法律的角度充分考虑到劳动基准法对年轻劳动者的保护规定，认识到进行这种介绍是很有必要的。新毕业生因为缺乏就职经验，关于职业生活的正确认识很少，对职业选择缺乏判断力，因此，特别的帮助指导是不可缺少的。就职意味着作为职业人的出发点，要考虑到将来的发展计划。[⑤] 因

---

① 日本职业指导协会：《职业指导概论》，实业之日本社，1950年，24页。

② 日本职业指导协会：《职业指导概论》，实业之日本社，第55～56页

③ 劳动省职业安定局编：《职业安定法解说》，雇用问题研究会，1956年，168页。

④ 同上，171页。

⑤ 《职业安定行政指南（1949年版）》第3篇《学生职业介绍》劳动省职业安定局，1949年。

此，职业安定所不单单是把求职者和招聘者在事务方面联系起来，而是在和学生的毕业学校紧密联系的基础上对毕业生给予适当的职业指导。

这里必须注意的是，职业安定行政所说的“必须帮助的毕业生”指的是初中毕业生，他们的就职热情非同一般。与此相对应的是，高中毕业生的就职，职业安定行政给予了学校主导权。也就是说，关于初中毕业生的就职，职业安定行政的特征是积极地和学校紧密地联系合作，通过与高中毕业生就职相比较，就可以明了职业安定所的作用。①

如上所述，1947 年职业安定法的制定和 1949 年的修正，通过 1953 年设置的职业指导主事的决定等法律上的措施，职业指导、介绍制度的基础在 20 世纪 50 年代前期就已经完备。例如，东京港区立爱岩初中学校长在《职业研究》杂志上有如下记述。

“过去在职业指导中，屡次听到“学校的职业指导的最大缺点是对孩子来说没有实现的可能性，推荐的都是不适合的职业”这样的责备。因为有的教师，他们只以当时的考试和本人的希望作为主要依据，不考虑是否有这方面招聘，急迫地告诉学生他（她）们适合这个或者那个职业。但如果没有这个职业招聘的话，学生就会不得已选择第二、第三位的职业，他们生活中的各种兴趣和希望往往得不到满足，为进入社会留下了隐患。近年对于学校的职业指导几乎没有了这样的责备，这是令人非常高兴的。但这个恐怕是因为介绍所和学校的合作关系显著改善，能将正确的信息迅速地提供给学校和学生的缘故。介绍所和学校关系的改善，是由于 1949 年的职业安定修正法明确确定了学校职业指导的地位。”②

而且，同样在《职业研究》上，东京劳动职业介绍部的就职介绍情况报告说明，“自安定法修正 5 年以来，从初中来看的话，安定所和学校间的联络体制，由于有关人员的努力，紧密度增加了，业务经营也进入了轨道，今年新毕业者的就职正在顺利进展。”③ 以职业安定所和学校制度为基础的职业介绍业务，当时显示出了高效率。

像这样，学校和职业安定所紧密联合的就职介绍系统的基础，在 20 世纪 50

① 职业安定所在初中毕业生和高中毕业生就职方面的不同作用，在第 6 章已经详细介绍，在此不再记述。

② 野口彰：《职业信息的方向——学校方面的愿望》，《职业研究》，雇用问题研究会，1954 年 4 月号，18 页。

③ 东京劳动职业介绍部：《应届初中、高中毕业生就职介绍状况》，《职业研究》，雇用问题研究会，1954 年 6 月号，28 页。

年代前期已经形成。因此，本章选取 1953 年 3 月毕业的初中毕业者就职过程的例子。选取这个年度毕业生的理由是东京大学社会科学研究所对神奈川的初中毕业生出路进行了详尽调查，掌握了这些调查资料。这个调查不仅是出路统计资料，由神奈川 200 多所初中的职业指导者就本学校的职业指导、介绍状况、存在问题进行自由问答，可以了解学校现场活动的一部分。① 记载调查表的学校就职指导的教员，是当时在神奈川职业安定所负责新毕业生就业的职员，他们描述了当时对企业方面负责录用初中毕业者的不少人进行了采访的情况。② 此外，登载当时具体事例的《职业指导》《职业研究》等杂志提供了重要资料，这些资料被广泛使用，很明确地解释了 20 世纪 50 年代前期初中毕业者的就职体系。

## 第三节　学校和职业安定所的联合

表 4—1 是 1953 年 3 月毕业的初中毕业生的职业指导、介绍的年度计划的要点。年度计划表源自劳动省职业安定局编写的《学生职业介绍指南》上的详细记载。③ 这本手册摘要收录了 1949 年版《职业安定行政指南》④ 中关于新毕业生和年轻人的职业介绍业务相关的项目，在序中写到“即使是文部省也参照了本手册中的《学生职业介绍》项目。协助的同时还十分关心业务的推行，对本手册的发行表示积极的赞同并希望进行有效的活用和适当业务的开展。”这本 1952 年版的《学生职业介绍指南》作为职业指导、介绍的一个指南，对于 1953 年 3 月毕业的学生来说是非常重要的资料。以下将参照《职业介绍指南》来进行阐述。

---

① 从自由回答中引用，引用后明确记下初中学校校名。

② 藤沢市立明治初中负责就职指导内田俊雄老师（1996 年 11 月 19 日的采访），川崎市立临港初中负责就职指导片山繁夫老师（1997 年 3 月 19 日的采访），川崎市立职业安定所负责应届毕业生齐藤明（1997 年 1 月 7 日、11 月 4 日的采访），神奈川县职业介绍科饭土井清久（1997 年 12 月 19 日的采访），日本钢管川崎制铁所负责初中生录用高田羲人（1997 年 2 月 8 日的采访），川崎市冲床工业负责人事（冲床工业学校教员）的滨冈正（1997 年 2 月 5 日的采访）（头衔都是 1953 年当时的情况）。这些采访的引用，在“教员的采访”“职业安定所职员的采访”等引用后明确记录。

③ 劳动省职业安定局编：《学生等的职业介绍指南》，雇用问题研究会，1952 年，21～24 页。

④ 劳动省职业安定局编：《职业安定行政指南（1949 年版）》，劳动省职业安定局，1949 年。

表 4—1　　**年度计划表**

| | 学校 | 劳动行政（职业安定所，劳动省） |
|---|---|---|
| 4 月 | 新学期出路调查<br>成立就业指导委员会 | |
| 5 月 | 实施职业兴趣调查<br>实施智能检查、克雷佩林检查<br>毕业生的“体验发言会” | 来年 3 月毕业职业指导协议会 |
| 6 月 | “预定毕业生掌握调查”<br>“劳动省编职业适应性调查”<br><br>派遣职业指导担当者 | ⟶掌握求职人数<br>⟵职业安定所派遣职员，借出器具 本省主办就职对策协议会<br>⟶职业指导讲习会，适应性检查实施训练会 |
| 7～8 月 | 参观工作现场，夏季实习 | |
| 9～10 月 | “课外讲话” | ⟵向学校派遣职业安定所工作人员 |
| 11 月 | 公示“招聘表”<br>填写“职业商谈票”<br>调查预计求职者人数<br>职业商谈 | ⟵分配“招聘表”<br>⟵分配“职业商谈票”<br>⟶掌握求职者（希望工种，工作地点）<br>⟵派遣职业安定所职员“调查预计招聘人数” |
| 12 月 | | 本省“全国供需调整会议” |
| 1～2 月 | 最终预定就职者个人资料<br>在事务所的录用考试 | ⟶掌握最终求职人数<br>本省“全国供需调整会议”<br>开设东京、大阪、爱知、福冈毕业生招聘、求职交换所 |
| 2～3 月 | 开发招聘 | 掌握未就职者、招聘不足情况 |
| 4～5 月 | | 针对未就职者就职对策协议会<br>针对就职者辅导对策协议会 |
| | 就职后的辅导 | 做出就职后辅导计划及实施（访问辅导　文件辅导） |
| 6 月 | 整理就职介绍经过 | 联系其他管辖区、其他都道府县辅导情报<br>⟶记录最终介绍结果<br>汇总就职辅导结果<br>向都道府县报送记录辅导结果 |

资料来源：依据劳动省职业安定局编，《学生等的职业介绍指南——职业安定行政指南精要》，1952 年，21～24 页制成。

首先必须确认的是职业安定行政方面是得到学校和企业的协助才在年初做成了年度计划表的。当然可以预想，根据学校、地域等不同，毕业生就业会有不同。全国所有的初中毕业生的就职大多都是以这个计划表作为指南而进行的。与高中升学者一样（一个落榜者都没有，以一毕业就马上工作为目标），第 3 学年开始就要作好准备，在考虑学校教学日程的同时，也要把职业指导、职业介绍活动纳入学校教育中。根据前年度的反省，当年度的雇用的预测，在听取各个职业安定所职业指导协议会（学校方面）及雇主恳谈会（企业方面）等的意见的基础上，年初最终确立计划表。于是每年计划表制成后，劳动行政、学校、企业三方面会严格地根据计划表而采取行动。

然后根据计划表确定职业安定所、学校对初中毕业生就职的具体工作。如表 4—1 所示，在第 3 学年的开始，许多初中学校会做关于职业兴趣的调查，或者在上课时讲授“职业家庭科”的课程、在其他时间讲授“工作的意义”“各种职业信息”等内容，努力把职业指导作为教育的一个环节。[①] 职业指导主事或者以这个担当者为中心，形成那一年度校内职业指导委员会等组织的同时，调查新学期的出路并照常规实施。热心的学校实施了如“智能检查、克雷佩林检查、职业兴趣、适应性检查等科学调查”（藤泽市立明治初中）或者“毕业生体验听政会”（横滨市立本乡初中），“完善招聘关系和各种职业及职业种类的职业讨论室”（爱甲郡小鲇初中）。

代表学校的就职指导主事也就是就职担当者和职业安定所行政方面通常的最初联系，是通过每学年初 5 月左右召开的“职业指导协议会”。这个会议，是公共职业安定所“为了顺利进行职业指导业务，召集学校教职员、雇主、学者等进行适合职业选择的指导方法，关于就职时的帮助以及就职后的辅导方法等进行研究协议和信息的交换”[②] 的场所。在会上公布前一年度的就职业绩，发放当年度的雇用状况的资料。然后，学校从 5～6 月实施“毕业预定者情况调查”。初次掌握具体预计毕业人数、希望升学人数和次年 3 月希望就业人数，这些具体数据由学校报告给职业安定所。

学校和职业安定所的紧密联系是在学校正式进行职业指导的时期进行的。很多学校在 6～7 月实施“职业适应性检查”。考虑到是在学校里进行的职业指导，

① 神奈川县川崎市立御幸初中：《职业、家庭课学习指导研究——年度计划》，《职业研究》，雇用问题研究会，1953 年 4 月号，20～21 页。

② 《学生等的职业介绍指南》，雇用问题研究会，1952 年，114 页。

这个检查在学校课堂内实施，1950 年公布以来，在全国各初中、高中作为就职指导用的适应检查被利用起来。检查包括 11 项笔试检查以及通过手边作业检查板和指尖灵巧检查板两种器具共计 15 个检查，算出关于智力、语言表达能力、数理能力、运动速度、灵巧度等的分数，20 个职业群中适合哪个、不适合哪个都可以判断出来。① 职业安定所既出借器具，又派遣职员，积极协助学校实施。

当时，职业安定部门通过“职业适应性检查”等科学方法判断学生的适应性，② 而且强调寻找职业时的“适合职业介绍”，许多学校按照这一方针进行各种检查。结果《职业研究》等杂志多次介绍了神奈川县灵活进行就职指导的事例。但是这种方针在现场并不是经常起作用的，“在本校，应将适应性检查、智能、工作素质等充分灵活利用起来，把握个性进行职业商讨。也有人指出，如本人适合的职业由于招聘人数少而不能就职是很遗憾的”（横滨市立宫田初中），他们指责好不容易通过检查，却由于招聘人数限制而不能被录用。

到第 1 学期结束，各职业安定所为学校的职业指导担当者举办的职业指导相关的报告会，召开实施、活用职业适应性检查的训练会。而且暑假期间预备就业学生的职场实习、参观的年度计划表也完成了，不同的学校有诸如夏季实习和参观工厂等积累实际职业经验机会的不同做法。③

到了第 2 学期，职业安定所和学校的协助关系更加紧密起来。从 9～10 月，以职业安定所所长为首的工作人员围绕管辖区的所有初中学校对预备就业者全员召开被称作“课外讲话”或者“职业讲话”的集体说明会。④ 学校方面的愿望是家庭成员也来参加。在讲话中，不仅说明整体的雇用动向、劳动情况、前年度毕业者的就业实绩和就业后情况，而且主要说明“启发培养正确的职业观”，“对不健全的职业和容易陷入的诱惑，‘贩卖人口’非民主的劳动关系方面提高警惕。”⑤

“课外讲话”进行的时期，将第 1 学期实施的以预定毕业者掌握调查为基础的“职业商谈票”，由管辖的职业安定所向各学校配发。表 4—2 是当时使用的职业商谈票。表内 1～4 的基本事项由本人或监护人填写。在基本事项里，有填入以监护人为首的家庭成员职业栏。学校方面在商谈票正面要把其他学业成绩、缺

---

① 劳动省编：《职业适应性检查实施手册》，雇用问题研究会，1952 年。

② 《职业安定行政指南（1949 年版）》第 3 篇《学生职业介绍》，劳动省职业安定局，1949 年。

③ 东京板桥第 3 初中：《初中夏季实习》，《职业研究》，雇用问题研究会，1954 年 10 月号，30 页。

④ 劳动省职业安定局：《职业讲话集——为应届毕业生》，雇用问题研究会，1955 年。

⑤ 《学生等的职业介绍指南》，雇用问题研究会，1952 年，21 页。

席天数、体格、本人的希望、“职业适应性检查”的结果、适合本人的发展方向等项目填写进去。以便收集详细的信息，了解每个学生的就职愿望，然后向管辖职业安定所提出。所有初中学校通过“职业商谈票”里的个人资料，来预计求职人数，然后交给职业安定所。特别是有关就职地，职业安定所要关注是在当地职业安定所管辖范围内就业、还是在县内就业还是到外地就业的数据。这是职业安定所对于县外求职者的比例和县外招聘人数的调整时必须考虑的重要指标。学校——职业安定所——都道府县——全国范围的求职者数据上报到劳动行政机构。如表 4—3 所示，1952 年 11 月 20 日，汇总了全国范围内在第 2 年 3 月预计初中毕业的就职者的数字。从全国所有的初中开始收集对全国劳动市场需求调整不可或缺的信息，其完整程度令人惊讶。

**表 4—2　　职业商谈票**

| 职业分类 | 职业商谈票 | 安定所名称 | 学校名 | 最近车站 | 受理者印章 |
| --- | --- | --- | --- | --- | --- |
| | | 职业安定所 | 25 条第 3 点<br>25 条第 2 点<br>学年 专业 班级 | | |

| | | | |
| --- | --- | --- | --- |
| 1. 姓名 | | 2. 出生年月 | 年　月　日出生<br>现毕业时满　　岁 |

| | | | | | | | |
| --- | --- | --- | --- | --- | --- | --- | --- |
| 3. 及现籍住贯址 | 现住址 | | 电话号码 | 住宅 | | 最近的车站 | 车站 |
| | 变更同上 | | | 传呼 | | | |
| | 籍贯 | | | | | | |

| 4. 家庭状况（在家长后划上“○”，如果监护人为非家庭成员请详细说明） | 姓名 | 与本人关系 | 出生年月 | 职业 | 备注 |
| --- | --- | --- | --- | --- | --- |
| | | | | | |
| | | | | | |
| | | | | | |
| | | | | | |
| | | | | | |
| | | | | | |

| 5. 学历 | 学校名 | 入学时间 | 转退学时间 | 毕业时间 |
| --- | --- | --- | --- | --- |
| | | | | |
| | | | | |
| | | | | |
| | | | | |

10. 学习状况

| 课程 | 第一学年 | 第二学年 | 第三学年 |
| --- | --- | --- | --- |
| 语文 | | | |
| 社会 | | | |
| 数学 | | | |
| 理科 | | | |
| 保健体育 | | | |
| 外语 | | | |
| 音乐 | | | |
| 家庭 | | | |
| 职业 | | | |
| | | | |
| | | | |
| | | | |
| 总评 | | | |

续表

| 职业分类 | 职业商谈票 | 安定所名称 | 学校名 | 最近车站 | 受理者印章 |
|---|---|---|---|---|---|
| | | 职业安定所 | 25 条第 3 点<br>25 条第 2 点<br>学年 专业 班级 | | |

| 6. 出勤情况 | 第 1 学期缺席天数 | 12. 性格及行为特征 | | 11. 体力检查（年　月　日实施） | | | |
|---|---|---|---|---|---|---|---|
| | 第 2 学期缺席天数 | | | 类别 | 成绩 | 类别 | 成绩 |
| | 第 3 学期缺席天数 | | | 行走 | | 握力 | |
| | 缺席的主要原因 | | | 弹跳 | | 肺活量 | |
| | | | | 投掷 | | 铅垂力 | |
| | | 擅长科目 | 不擅长科目 | 背筋力 | | | |

| 7. 技能、兴趣、运动、课外活动等 | 珠算　级　　自行车　骑·否 | 14. 身体概况（伤残程度） | |
|---|---|---|---|

| 13. 身体状况（　年　月检查） | |
|---|---|
| 身高 | cm |
| 体重 | kg |
| 胸围 | cm |
| 视力 | 右（　　）<br>左（　　） |
| 色盲 | |
| 眼疾 | |
| 耳疾 | |
| 听力 | 右 |
| | 左 |
| 茨氏反应 | ＋　±　－ |
| 其他疾病 | |
| 既往症 | |

| 8. 本人希望 | | | | | | 9. 家属的意向 |
|---|---|---|---|---|---|---|
| 就业 | 职业 | 就业地 | 工资 | 其余 | | |
| | 1.<br>2.<br>3. | 1.<br>2.<br>3. | 纯收入<br>月薪<br>日元 | 通勤/有无住宿场所/夜校学习 | | |
| | 住宿地 | 姓名 | 与本人关系 | 地址 | | |
| | | | | | | |
| 升学 | 学校名 | 专业 | 所在地 | 其余 | | |
| | 1.<br>2.<br>3. | 1.<br>2.<br>3. | 都道府县内其他府县 | 公立<br>私立<br>走读<br>住宿 | | |

续表

| 职业分类 | 职业商谈票 | 安定所名称 | 学校名 | 最近车站 | 受理者印章 |
|---|---|---|---|---|---|
| | | 职业安定所 | 25条第3点<br>25条第2点<br>学年 专业 班级 | | |

| 16. 职业适性检查 | 种类 | 实施年月日 | 性能 | G | V | N | S | P | Q | A | T | F | M | 15. 考试 | | | |
|---|---|---|---|---|---|---|---|---|---|---|---|---|---|---|---|---|---|
| | | | | 智力 | 语言 | 运算 | 空间 | 形体 | 记录 | 眼和手 | 运动 | 手指灵巧 | 手灵巧 | 科目 | 名称 | 得分·等第 | 实施时间 |
| | | | 得点 | | | | | | | | | | | 智力 | | | |
| | | | 适合职业群 | 1 | 2 | 3 | 4 | 5 | 6 | 7 | 8 | 9 | 10 | 向性 | | | |
| | | | | 11 | 12 | 13 | 14 | 15 | 16 | 17 | 18 | 19 | 20 | 职业兴趣 | | | |

| 17. 学校的意见 | | 18. 适合本人的进路 | 就业 | | | 升学 | |
|---|---|---|---|---|---|---|---|
| | | | 产业类别 | | | 学校名 | |
| | | | 工种类别 | | | 专业 | |
| | | | 就业地 | | | 所在地 | |
| | | | 辅导所名 | | | 辅导项目 | |

| 19. 商谈状况 | 月 日 | | 现场受理<br>年 月 日 |
|---|---|---|---|
| | 月 日 | | |
| | 月 日 | | |
| | 月 日 | | |
| | 月 日 | | |

| 20. 中介计划及必要援助 | | |
|---|---|---|
| | | |
| | | |
| | | |
| | | |

续表

| 职业分类 | 职业商谈票 | 安定所名称 | 学校名 | 最近车站 | 受理者印章 |
|---|---|---|---|---|---|
| | | 职业安定所 | 25条第3点<br>25条第2点<br>学年 专业 班级 | | |

| | 月 日 | 招聘单位 | 职业分类 | 录·否 | 录·否月日 | 未录用原因 | 其他 |
|---|---|---|---|---|---|---|---|
| 22. 中介状况 | | | | 录·否 | | | |
| | | | | 录·否 | | | |
| | | | | 录·否 | | | |
| | | | | 录·否 | | | |

| | 月 日 | 联络安定所 | 受理者印 | 预计情况通报 | 受理者印 | 处理情况通报 | 受理者印 |
|---|---|---|---|---|---|---|---|
| 21. 联络状况 | 月 日 发受 | | | 月 日 发受 | | 月 日 发受 | |
| | 月 日 发受 | | | 月 日 发受 | | 月 日 发受 | |

| | 就业时间 | 单位负责人 | 所在地 | 职业类别 | 工资状况 |
|---|---|---|---|---|---|
| 23. 就业状况 | | | | | 纯收入·含税月薪 日元 |
| | | | | | 纯收入·含税月薪 日元 |

| | | 问题事项 | 解决措施 |
|---|---|---|---|
| 24. 就业后的辅导状况 | 月 日 | | |
| | 月 日 | | |
| | 月 日 | | |
| | 月 日 | | |
| 25. 备注 | | | |

**表 4—3　1953 年 3 月应届毕业生求职申请状况（1952 年 11 月 20 日）**

| | 总计 | 男子 | 女子 |
|---|---|---|---|
| (a) 预计毕业者 | 1 726 935 | 880 371 | 846 564 |
| (b) a 中希望就职者 | 812 212 | 399 561 | 412 651 |
| (c) b 中希望被别人雇用者 | 435 863 | 225 627 | 210 236 |
| (d) c 中准备通过职业安定所介绍就职者 | 276 395 | 137 977 | 138 418 |
| (e) c 中准备通过学校介绍就职者 | 73 791 | 38 018 | 35 733 |
| (f) e 中准备通过 25 条第 3 点学校介绍就职者 | 73 590 | 37 914 | 35 676 |
| (g) d 中准备通过都道府县就职者 | 74 491 | 34 406 | 40 085 |

资料来源：《职业安定广报》1954 年 4 月号。

劳动行政也谋求企业招聘信息的集中化和录用日程的彻底化。从 5～6 月开始，各个职业安定所也设计进行以所属管辖区的雇主为对象的座谈会，在说明全面雇用动向的同时进行录用委托。将写有知事名字的招聘申请书邮递给雇主个人，职业安定所的职员倡议雇主开展招聘工作。另外进行早期的选考、录用、以及关于防止出现雇用问题方面的指导。对于提出招聘申请的人进行工资、劳动时间、职务内容、提升工资、住宅设施等的合乎劳动基准法的录用条件的确认，有必要的话努力与雇主协商改善。初秋的职业安定所最重要的业务之一是与求职预计数调查同时进行的招聘预计数的调查。搜集辖区内职业安定所提出的招聘申请，在县级（相当于我国的省级——译者注）层次汇集职业种类、事务所所在地、各录用地的招聘预计数等相关信息，然后报告给劳动省。

关于县级单位招聘信息的集约与调整，现场的职业安定所人员以当时神奈川县为例进行如下记述："比方 a 企业从川崎录用人数（全部录用人数）大概定为 100 人的话，川崎大概就是一半。从横滨过来多少人，然后从东京过来多少人，再到户塚、藤泽。从这附近集中的话，大致也就是这样。所以我们就使用毕业生 LM（Labor Market 的略语，劳动力市场）这样的词语，集中负责人，……以横滨多少人，东京多少人，户塚多少人这种形式进行分派"（引号内是对职业安定所职员的采访）。另外对于县级单位的招聘和求职相关的调查结果在 12 月 11、12 日本省举行的"全国需求调整会议"中进行了讨论。和一般就职者的"联系招聘"不同的是，新毕业者的情况是各都道府县的职业安定所职员和负责人聚集在一起通过会议进行的。在本县内招聘数比求职数大大下降的"供给省"和与此相反的"需求省"之间进行调整，也就是说以全国范围初中毕业生就职希望者和其招聘数量的调节为目标，努力调整使地区供求平衡。

对于录用日程，文部省、劳动省两省的事务次官采取共同通知这样的形式，将其设定为从1952年6月开始的“录用选考开始日”1个月后。这相当于后来的“就职协定”。1953年3月毕业的初中毕业生的录用选考除积雪地带以外都是从1月10日开始。和初中毕业者基本遵守这个日程一样，大企业的录用考试在1月10日同时进行。有人指出早期的录用考试很有可能给学生的学习带来不好的影响，在教育的本质上引起一定的问题。另外，过去也发生过即使早期已决定录用，而之后由于经济状况的变化取消录用这样的事情。职业安定所也担心像纺织业等这样的招聘数量较大单位以作业时间缩短等为理由，在新毕业者临近毕业时取消录用这种情况的发生。另外也有实习期间的讲习、训练，在学校教育课程结束前开始使用毕业者的例子。对于这些方面的录用日程劳动部门希望企业方面一定要遵守。对于新毕业者的录用，劳动部门给予了特别关照，为了使学生从学校向职场的转变能顺利进行，劳动部门也对企业方面进行了积极的指导。

劳动部门是对需求的动态进行正确掌握的机构，当然也带有集中收集信息的意图。委托职业安定所业务的第25条第2点中关于学校部分是当然的事情，这里明确记载着“作为分担职业安定所一部分业务、免费进行职业介绍事业的学校，不能与其他学校进行招聘、求职方面的联系，是因为公共职业安定所和学校间的招聘、求职的联系，仅限于分担一部分公共职业安定所业务的学校和分担给其业务的职业安定所之间。对于新毕业生，在学校进行招聘、调整求职是很困难的。”① 因而对承担一部分公共职业安定所业务的学校不进行招聘、求职开发。② “企业直接向学校提出招聘申请时，必须向这个管辖区的职业安定所报告。不仅是招聘，对于求职者，特别是“在学校介绍很困难的人，要及时与公共职业安定所联系。”③ 在决定就职，而招聘充足的情况下，“抓住与公共职业安定所联系的最早机会，必须通报自己的意愿，”④ 时时刻刻掌握招聘、求职双方协调安排的实际情况。

① 《学生等的职业介绍指南》，雇用问题研究会，1952年，27页。

② 同上。

③ 同上，28页。

④ 同上，41页。

## 第四节　学校内选考和企业选拔

那么希望就职的学生所应聘的具体的用人单位是怎样决定录用的呢？首先，探讨一下分配到各学校的招聘。9～10月期间，职业安定所辖区内的所有学校的就职负责教师被召集到介绍所，分发招聘表。教师拿着一叠招聘表回去，从中选出适合自己学校学生的。神奈川县的情况是，一方面京滨工业区附近的初中学校，被分配的招聘数很多，从中要进行相当细致的挑选工作。选拔的标准在考虑通勤时间、劳动条件、工薪等要素的同时，也考虑毕业生的工作单位怎样等方面。另一方面，农村地区的初中学校分配到的招聘表很少，例如，"小田原中心的大工厂也从通勤费的负担以及加班等方面来考虑录用。因为不录取远距离的人，所以作为本校毕业生受到很大的阻碍。"如上所述，因为地理条件的原因，不能应聘的人也很多。

到了填写"职业商谈票"阶段，学校方面在听取学生、家长意愿的同时，参考各种检查结果，努力寻找适合学生的职业。然后，对照招聘表，在11月，关于各学生应聘的具体事务所，以第一志愿、第二志愿的形式和学生家长商谈。到11月末，职业安定所的职员来到学校，通过被称作职业商谈的面试决定大致事项。面试通常通过学生本人、家长、就职负责教师或者班主任三方面和职业安定所职员的交谈进行。考虑到学生、家长的意愿，"我想在纺织工厂工作，但老师和职业安定所的人根据适应性调查的结果等，认为我适合事务的方向，所以希望做事务工作。"[①] 像这样从介绍适合职业的角度进行指导。职业安定所职员根据已经提交的"职业商谈票"来判断每个学生适合的职业，根据连特定的企业名称都包含在内的商谈，将面试结果记入"职业商谈票"的背面。

根据当时负责职业指导的教师、职业安定所职员所说，在和职业安定所职员面谈的时候，有问题的话由职业安定所职员边进行调整和指导。"真是个过分的老师啊，那个也不行这个也不行，真想说'老师，不要让我接受这些'。所以职业安定所也很为难，职业安定所也有自己的立场，请在适当的时候来职业安定所吧。"（教员的采访）。职业安定所也充分考虑了这一点。"例如，学生本人想进日本钢管（日本一公司的简称——译者注），因为他还是孩子，对于这方面信息了

① 埼玉县伊奈初中学生：《应届毕业生就职对策座谈会》，《职业安定广报》，劳动省职业安定局，1953年1月号，38页。

解很少，所以是做机械工、电气工还是建筑工，他们没有这方面的知识。因此首先要了解公司名称。想进日本钢管。因为我们有个人申请表（职业商谈票），这个工作不适合你。这几个单位怎样，是这样一种劝告式的商谈”。和职业安定所职员面谈后，职业商谈票的“备注栏写着这样的东西，这个人东芝行，日本钢管行，大型企业也完全可以胜任。因此老师看了这个当然会按比例分配，与本人谈话同时，又一个个和老师商谈，老师说你接受吧，或者你最好放弃吧，就这样到 12 月末之前选拔录用的履历书和个人调查书就出来了”（对职业安定所职员的采访）。

从 10 月到 12 月 25 日期间，职业安定所和学校之间关于最终的各个学校的招聘分配要商量好几次，“一周一次将各学校的就职负责老师召集起来，做所谓的需求调整、分配。例如，日本钢管预定录用 100 名，县内分配最多 2 成，其余就是县外 80 人。那 20 个人怎么分配，大体上公司会出个基准要求，然后根据（各学校的）就职希望者的人数分配”（对职业安定所职员的采访）。关于某些特定的招聘，求职者蜂拥而至的招聘、求职的全体性动向的信息从职业安定所传递给学校。重要的是，职业安定部门控制着有关供求的详细信息，对学校进行指导和调整。

根据 11 月的面谈和此期间的信息，学校最终确定各学校的学生和进行特定招聘的协调。关于这期间的过程，引用东京北区王子初中的具体事例。“（在职业安定所）将定期举行的职业介绍负责人会议上所显示的招聘带回学校，立即将这个移交给就职希望相关的事务所的指导者，然后由指导员召开会议，根据各招聘单位分担责任。各事务所的指导者选拔认为合适的学生，在确定本人的意愿后，通过分担责任人将这个人介绍给用人单位”。①

关于对事务所的应聘、考试，原则上是“一人一单位主义”，一个学生参加多个事务所的考试是不可能的。应聘的时候，由学校将职业安定所包括与履历书、“职业商谈票”内容相同的个人资料交给事务所。如果要参加其他企业的考试，应请求返还履历书和个人资料，然后再次向别的企业提交。当然，如果不通过职业安定所而是通过关系就职时，就不要提交这样的选拔考试文书，因此在某种程度上兼职也是可能的。

大型企业的招聘，当然会有很多人应聘，学校内的选拔、调整是不可或缺

① 山下丰：《初中进行职业指导的实际》，《职业安定广报》，劳动省职业安定局，1952 年 2 月号，15 页。

的。作为选拔的基准，成绩、适应性检查、体格、性格、缺席天数、家庭环境等都要考虑，为了应聘大企业的养成工，5 个等级的成绩必须达到 5 和 4，即职业适应性检查的智能、语言、数理能力项目 90 分以上，克雷佩林检查考试的结果 A，体格良好、性格温和、家庭环境良好，就是这样严格的基准。但是，也有本人、家长希望强烈，固执于应聘地点的情况，也有参加录用考试落榜却不认可的学生，这里必须考虑的是学校内选拔考试实际就是第一次筛选，根据事务所的录用考试决定是否录用。大企业录用考试的竞争率大概是 3 倍。落榜的学生要比通过的学生多得多，第一志愿考试失败参加第二志愿应聘考试的“优秀”学生也很多。

那么在“一人一单位主义”原则下，如何给这些学生第 2、第 3 次机会，关于这点实际上有职业安定所的指导调整。从当时的神奈川县职业安定所职员的回忆来看，这点是很明显的。当时，将管辖范围内的企业根据规模以及至今为止的一般职业介绍的业绩将他们分为 A 级企业、B 级企业、C 级企业，“录用考试期间事先和企业商谈。例如，大型企业是 1 月 10 日开始，大概 15 日左右结束。录用决定时间再长也不能超过一星期。这样的话，大体上从 1 月 20 日到 25 日是第一次招聘，让 A 级、部分 B 级企业开始选拔考试，决定是否录用。第二阶段，其他企业对学生进行招聘。”（引号内是职业安定所人员的采访）。招聘考试的日期根据企业的规模而错开，在选拔大企业优秀人才的同时，对于从那次选拔中遗漏的人才，也做好了提供多次就职机会的计划。

而且，进行招聘考试的时候，作为职业安定所管辖范围的所有初中学校协商后的“内规”，必须要了解被聘用后进入企业的情况。据说，特别是在大企业，要求提供包含担保人的“聘书”，“尽可能地告知固定下来的详情，虽然只是原则，但是一旦合格都会设法希望保全”（职业安定所人员的采访），职业安定所和学校方面也要进行这样的指导。而且据说，当学生拒绝被聘用的企业的时候，就不再向他介绍第 2、第 3 职业，这样的协定在职业安定所和学校之间被执行。

如表 4—4 所示，求职取消的件数在进行全面申请中所占比例，男子为 25%。女子则为 21%，其中，由于通过关系就职而取消的件数男子占 43%，女子占 35%。表 4—4 也表示了从全面求职申请件数中减去求职取消件数后的有效求职件数和介绍件数的实际数目的比例。相对于有效求职件数的介绍率，男子是 1.7 倍，女子是 1.8 倍；对于全面求职件数的介绍率，男子是 1.3 倍，女子则是 1.4 倍。这些数值虽然包含着在最期望进入的企业的考试中失败的学生，但是大致来说，仍旧维持着每一个学生约 1.5 个公司的水平，并推测招聘介绍是采取选拔的形式进行的。可以说，应届毕业生的就职，所谓的个人自由的职业选择原则是以被置于非常极端位置的形式来进行的。

**表 4—4　　1953 年 3 月初中毕业生通过职业安定所就职者的状况**

| | 男子 | 女子 |
|---|---|---|
| 求职申请次数总数 | 137 103 | 145 462 |
| 求职取消次数 | 34 025 | 31 177 |
| 取消关系就职 | 14 626 | 10 811 |
| 取消学校就职 | 3 252 | 3 020 |
| 因升学而取消 | 7 281 | 5 876 |
| 有效求职次数 | 103 078 | 114 285 |
| 介绍次数 | 172 656 | 205 032 |
| 有效求职次数对应介绍率 | 1.68 | 1.79 |
| 求职申请次数总数对应介绍率 | 1.26 | 1.41 |

资料来源：《劳动市场年报》1953 年度。

经过校内选拔之后再到各个企业进行的选拔是怎样进行的呢？大型企业在 12 月末以通过职业介绍机构提交的履历表、个人资料表（学业成绩证明和家世调查）、户籍复印件、毕业预定证明书、健康诊断书等为基础，根据资料进行筛选，竞争率在 3 倍左右，在第二年的 1 月 10 日允许参加各企业的招聘考试。企业中，一次资料选拔是通过委托职业介绍机构进行的。也有这样的例子，“为了省去不必要的手续，有的企业委托职业介绍机构排除学校成绩名次以及本公司的体检标准之外的人”。①

当时出版的杂志《职业研究》和《职业指导》中，登载了关于企业聘用方针和选拔的专题报道和问卷调查的结果。因此，看来在参考那个记述的同时，还要探讨一下各企业的选拔标准。竞争率最高、选拔也最严格的大型企业的男子养成工的聘用，对身体检查、学科考试、作文、面试等项目都要花上好几天的时间进行仔细地选拔。无论哪个企业都会考虑最重要的因素，对身高、体重、视力、色盲、听力等方面制定严格的标准，不满足条件的人在资料挑选阶段和该次选拔中就被淘汰，还会让职业安定所事先进行审查。学科考试是国语、数学、理科、社

① 帝国人绢三原工厂：《结束应届毕业生录用考试及对公共职业安定所的希望》《职业研究》，雇用问题研究会，1953 年 5 月号，24 页。

会等科目。面试中在评判风度、遣词、礼仪、性格等方面的同时，也会考虑家庭环境及交友等方面的因素。于是，对于最终的准雇员，显然对其进行了彻底的家庭调查，因此企业方面会在当时以非常公开的形式在杂志上登载结果。

女子录用选拔考试，以进行广域录用的纺织业的富士纺织为例，在具有全国8所办事处的本部劳务办事处，通过职业介绍机构把应聘者聚集一堂，在职业介绍机构人员在场的前提下进行纺织独特的操作适应性检查，并在此之后进行身体检查和健康判断，“最后进行家庭调查，检查思想、环境、家庭内的和睦程度等具体方面，然后结束临时选拔，只有合格的人才能被带到工厂，在工厂中进行正式选拔。”① 据说工厂中的正式选拔是进行学科考试、克雷佩林检查、器械检查，然后通过专业医生对诊断结果进行综合判断，决定聘用与否。对于女子，在百货商店、保险、金融等行业，作为面试时的观察点，关注外貌即“相貌、仪表、整体的感觉”② 等方面的企业居多。

和家庭调查有关，作为当时职业介绍机构和学校反复出现的问题点，就是所谓“母子家庭”的学生就职困难。1952年《职业安定广报》刊物上登载了《论职业指导问题点的座谈会》一文，优秀的学生由于“母子家庭”出身而不被聘用的情况很多，当时劳动省录用介绍课长以此为例坦白说道：“老师和职业安定所方面要合理地说明这种不被接受的情况是非常为难的。我们从去年开始，不仅对招聘条件，连对实际的选拔方法都作了详细的调查，这样的做法，如果发现了这种问题的话，那就不是什么好事情也不是什么有理的事情了。因此，这种想法指导我们一定要努力改变这种情况，但是实际上并不能按照所想的那样进行，因此我们也感到很苦恼”。③ 劳动省通过发通告等手段，再三要求招聘方纠正对聘用失去双亲和单亲家庭的学生差别对待的倾向，并在1954年11月出台了以保护及援助这些学生为目的的对策纲要。④

另一个让职业介绍机构和学校烦恼的与企业招聘、选拔相关的问题是关系录用。在神奈川，因为某大型食品制造厂只能靠关系录用，所以在职业介绍机构和

① 富士纺织株式会社：《本公司关于录用初中、高中毕业生的方针》，《职业研究》，雇用问题研究会，1953年12月号，33页。

② 职业研究调查部：《新录用预计数及录用方针》，《职业研究》，雇用问题研究会，1954年11月号，38页。

③ 富士劳动省雇用介绍科长：《职业指导的问题点座谈会》，《职业安定广报》，劳动省职业安定局，1952年8月号，16页。

④ 劳动省职业安定局编：《职业安定行政十年史》，雇用问题研究会，1959年。

职业指导教师中是很有名的。即使这样极端的例子很少，但是根据 1954 年《职业指导》刊物上登载的 30 家左右大型公司“在各公司的初、高中毕业生的聘用方针调查”，虽然原则以公开招聘为中心，但同时也会通过关系进行录用，这样回答的公司达到了相当的数量。据说，对于由于通过熟人的录用不能公平地选拔优秀的人才这一问题，职业安定部门方面一贯主张要尽可能地在通过职业介绍机构介绍的基础上进行招聘。对此，经营者方面也反驳道：“关系录用虽然被学生和老师指责为不透明，但是在招聘方来看，能够省去一部分出身调查，这是一个有利因素。换句话说，出身调查必须要花费很多的时间和劳动力，这是比身体检查和学科考试更有技术困难的原因”。① 但是，其中也可以看到某大型制药公司如此的记述，“考试是竞争选拔的原则，所以说‘即使是社长的熟人，也不能给予方便’②。”

## 第五节　通过学校进行的招聘开发和“指定校制度”

第三学期是事务所招聘考试正式进行的时期，很多学校都独自积极进行了招聘渠道的开发。神奈川县的初中学校除了一部分例外，都是涉及第 25 条第 2 点的学校，职业介绍都是以全面委托给职业介绍机构的形式（职业介绍机构人员的采访）进行的。法律上也禁止通过学校进行招聘开发和招聘受理。但是，在东京大学社会科学研究所进行的神奈川县初中学校的全部调查中，担任就职教员的自由回答如实记述了通过学校进行招聘开发的实际情况。

校长、热心担任学校职业指导的教员等这样写道：“在毕业年度后期以后，对于企业特别是在职业介绍机构的介绍中遗漏的中小企业，会以 PTA（家长教师联合会——译者注）等其他的协助为基础，全职人员特别是职业指导主任、3 年级班主任等会把担任的课程全都委托给其他老师，把精力全都倾注到招聘开发和就职介绍上”（川崎市立西中原初中）。关于在学校的招聘，有两种情况，一种是学校按照法律规定通过职业介绍机构拿到招聘表进行；另一种是学校直接独自向企业进行就职介绍。前者是形式上通过职业安定所招聘，作为“经由职业介绍机构”的就职被最终记录下来；后者是作为“职业安定所范围之外”来办理。无

① 大日本印刷株式会社：《关于应届毕业生的录用》，《职业研究》，雇用问题研究会，1954 年 5 月号，40 页。

② 染谷住子：《制药工厂访问记》，《职业研究》，雇用问题研究会，1954 年 6 月号，43 页。

论哪种情况，据当时对职业安定所职员的采访，职业安定所行政方面也是很了解学校开发招聘的事实的。

但是，关于这样通过学校的招聘开发，就如老师一方“总觉得每年到第三学期，老师必须留在教室进行招聘开发，对这样的状态觉得很矛盾”那样，本来就和职业介绍业务不相关的学校出现了考虑到学生的将来而必须去介绍的情况。通过职业安定所这样正式的组织就业有困难，所以为希望就职的学生找到合适的职业是学校的责任，学校积极地进行招聘开发，到毕业的时候必须让所有的学生都找到工作，我们从很多学校的记述中都能感受到这样的责任感和热情。

实际上，神奈川当时每年都会在县内的学校中表彰毕业生就业率高且优秀的学校。在对担任就业教员的采访中可以了解到，“那个时候，在学校之间，没有早就业者，总之剩下的事情，就是以最早实现全部就业为目标，这已变成了学校之间的竞争”（教员的采访）。当时的地方报纸登载了就业优秀的学校，并这么评价道：“即使不是关乎学校名誉那样的大事，但也是相当重要的一项指标”（教员采访）。

学校的招聘开发与神奈川县内的区域供给不平衡有着密切的联系，这是很明显的。和邻近京浜工业地带地区的学校相比，农村地区的学校通过职业安定所介绍就职的人数绝对是少数。企业会因交通费和加班的关系优先考虑邻近地区的初中学校，对偏远地区的初中生敬而远之。因此，农村地区的学校通过关系就职的情况比较多。位于神奈川内陆地区那样的村立初中被报道有这样极端的例子：“虽然学生都希望到公司、工厂就职，但是，由于距离远最后总有人没被聘用，而通过职业安定所就职的人还一个也没有。因此，没有一个人依靠职业安定所的招聘，而通过监护人、PTA及学校职员的介绍来进行就业”（中郡成濑村立成濑初中）。由于地理的原因，希望不仅是管辖区域的职业安定所，邻近的职业安定所也能管辖并且到其他都道府县就业的学生很多，因此，就有了“与川崎市相比到东京更方便，对于东京世田谷区、北多摩郡等的中小工厂……主要采取副校长和就职介绍的职员进行个别访问的解决方法”（川崎市立柿生初中）这样的学校。

神奈川县的初中学校，虽然基本上遵守职业安定制度，坚持就业介绍是基础，但是像那些农村地区的学校，由于通过职业安定所的招聘并不充分。学校，特别受到校长和就业指导教员的热情很大影响的学校就不得不独自进行招聘开发。由学校进行的求职开发和就业介绍被认为是通过学校之间竞争而被助长的，与此同时，也被指出有作为供给平衡之间防卫政策的色彩。

在学校进行的求职开发中，学校和企业的直接接触很明显，不过，一面通过职业安定行政的组织，一面通过学校和特定的企业之间连续的接触，也是当时就能确认的。特别指定企业方面录用的学校即“指定校制度”的存在，在当时是学校、职业安定所、企业三方面都公开承认的事情。在神奈川县初中学校全部调查的例子中，被列为指定校的学校这么说道：“每年的就业率是100%，而且因为正直诚实，甚至有指定要从横滨来的萩中（爱甲郡萩野村立萩野初中）的学生。”与此同时，不属于指定校的学校提出了这样的愿望：“希望大工厂不要指定学校，而应广开门户”（高座郡御所见村立御所见初中）。即使是对于职业安定所人员的采访，“这种情况即使在现在的大学也是如此，但是所谓指定校制度是由公司明确制定的。对于这一点，我们也还是希望能进行自由招聘。同时也希望学校能发挥出很好的影响力，脱离指定校。但是，企业的体制现在是很旧的。归根结底，应该说是认为那些学校出身的孩子比较优秀”。职业安定所在12月末把来自企业的招聘分配到学校的时候，大型企业会考虑指定校，但同时会指示学校方面在管辖范围内的学校按照指定数量的预定聘用人数进行应聘者的选定。换言之，预定从某校招聘1人的时候，就会从学校得到大约3倍的（大概3个人左右的）推荐。

职业安定行政方面，对特别是大量录用通过技能人员培养制度的初中毕业生的优秀大型企业，无论如何都要进行纠正优先聘用特定学校学生这样的行为，并推动大范围的公开招聘。但是，学校的指定是通过职业安定体系之后的“指定”，坦白说“即使不利用职业安定所通过关系招聘也是可以的。因此，所谓尽可能地通过途径，在某些意义上说确实是非常勉强”（职业安定所人员的采访）。

关于“指定校制度”的作用，企业方面非常明确而公开地予以肯定。引用一下聘用初中毕业生作为技能培训人员的大型企业对这一问题的看法：

“某些学校选送优秀毕业生，那么那所学校就会得到公司的注意。一般对新职员进行各种评定并与之相关的就是那个人出身学校的名字。一说到‘某某校的人很好’‘某某校的人很爽快’这样的情况，可以说就像是学校间的竞赛。遇到优秀的人的公司会作这样的特别要求‘请推荐像某某那样的人来’，作为学校就会很在乎‘今年不比去年差’或者‘不怎么好’这类的话”。①

以东京大学社会科学研究所的调查数据为线索，来讨论一下这种特定企业和学校的关系。因为1953年3月毕业的初中生的就业单位的企业名称很明确，如

① 新三菱重工业株式会社京都制作所：《采用杂感》，《职业研究》，雇用问题研究会，1954年6月号，40页。

表 4—5。此表显示了对参与当时初中毕业生招聘的人事人员的采访，以及通过社史等资料进行补充的总计数据和三个公司招聘的实际成绩。这三个公司中，初中毕业生基本上是作为养成工人而被聘用的。因此，简单地谈一谈当时男子初中毕业生向往的职业之一的养成工。

**表 4—5　　日本钢管、五十铃汽车、印刷工业对 1953 年 3 月初中毕业生录用情况**

| 学校名 | 性别 | 关系 | 保护者职业 | 外出通勤 | 就职途径 |
|---|---|---|---|---|---|
| 日本钢管川崎工厂 | | | | | |
| 川崎市立 A 初中 | 男 | 三子 | 码头工人 | 通勤 | 关系 |
| 川崎市立 B 初中 | 男 | 长子 | 女保健员 | 通勤 | 学校 |
| | 男 | 长子 | 工人 | 通勤 | 学校 |
| 川崎市立 C 初中 | 男 | 长子 | 日本钢管保安 | 通勤 | 学校职介所（关系） |
| 川崎市立 D 初中 | 男 | 长子 | 昭和电气工人 | 他（宿舍） | 学校 |
| | 男 | 次子 | 日本钢管 | 他（宿舍） | 职介所 |
| | 男 | 四子 | 日本钢管 | 他（宿舍） | 职介所 |
| | 男 | 长子 | 无 | 他（宿舍） | 职介所 |
| | 男 | 四子 | 日本钢管工人 | 他（宿舍） | 职介所 |
| | 男 | 长子 | 日本钢管工人 | 他（宿舍） | 关系 |
| | 男 | 次子 | 日本钢管 | 他（宿舍） | 关系 |
| | 男 | 长子 | 日本钢管 | 他（宿舍） | 关系 |
| | 男 | 长子 | 日本钢管 | 他（宿舍） | 关系 |
| | 男 | 长子 | 工人 | 他（宿舍） | 关系 |
| | 男 | 次子 | 工人 | 他（宿舍） | 关系 |
| 川崎市立 E 初中 | 男 | 次子 | 工人 | 通勤 | 职介所 |
| | 男 | 三子 | 工人 | 通勤 | 职介所 |
| | 男 | 四子 | 工人 | 通勤 | 职介所 |
| | 男 | 次子 | 工人 | 通勤 | 职介所 |
| | 男 | 次子 | 工人 | 通勤 | 职介所 |
| | 男 | 长子 | 工人 | 通勤 | 职介所 |
| | 男 | 三子 | 工人 | 通勤 | 职介所 |

续表

| 学校名 | 性别 | 关系 | 保护者职业 | 外出通勤 | 就职途径 |
|---|---|---|---|---|---|
| | 男 | 次子 | 工人 | 通勤 | 职介所 |
| 川崎市立F初中 | 男 | 长子 | 事务员 | 通勤 | 职介所 |
| 川崎市立G初中 | 男 | 长子 | 日本钢管 | 通勤 | 关系 |
| | 男 | | 码头工人 | 通勤 | 熟人 |
| 川崎市立H初中 | 男 | 次子 | 日本钢管 | 通勤 | 职介所 |
| 川崎市立I初中 | 男 | 长子 | 日本钢管 | 通勤 | 关系 |
| 川崎市立J初中 | 男 | 五子 | 工人 | 通勤 | |
| 川崎市立K初中 | 男 | 长子 | 日本钢管 | | 学校 |
| | 男 | 五子 | 帝国工业 | 他（宿舍） | 学校 |
| | 男 | 长子 | 厨师 | 通勤 | 关系 |
| 川崎市立L初中 | 男 | 次子 | 煤炭业 | 通勤 | |
| | 男 | 次子 | 无 | 通勤 | |
| 横滨市立A初中 | 男 | 三子 | 无 | 他（宿舍） | 兄弟关系 |
| 横滨市立B初中 | 男 | 次子 | 工人 | 他（宿舍） | 父亲关系 |
| | 男 | 长子 | 无业 | | 熟人 |
| 横滨市立C初中 | 男 | 三子 | 渔业 | 通勤 | 熟人 |
| 横滨市立D初中 | 男 | 长子 | 无业 | 他（宿舍） | 关系 |
| 横滨市立E初中 | 女 | 长女 | 公司职员 | | 学校 |
| 横滨市立F初中 | 男 | 四子 | 公司职员 | 他（宿舍） | 学校 |
| 横须贺市立A初中 | 男 | 长子 | 关东电气 | 他（宿舍） | 职介所 |
| 横须贺市立B初中 | 男 | 长子 | 日本钢管 | 通勤 | 熟人 |
| 藤泽市立A初中 | 男 | 长子 | 保安 | 他（宿舍） | 学校 |
| | 男 | 长子 | 邮局职员 | 他（宿舍） | 学校 |
| | 男 | 长子 | 无 | 他（宿舍） | 职介所 |
| 相模原町立A初中 | 男 | 四子 | 农业 | 他（宿舍） | 兄弟关系 |
| 相模原町立B初中 | 男 | 次子 | 冶炼锻造工人 | 他（宿舍） | 职介所 |
| 中郡町立A初中 | 男 | 次子 | 公司职员 | 他（宿舍） | PTA就职介绍所 |
| 中郡町立B初中 | 男 | 长子 | 无业 | 他（宿舍） | 关系 |

续表

| 学校名 | 性别 | 关系 | 保护者职业 | 外出、通勤 | 就职途径 |
| --- | --- | --- | --- | --- | --- |
| | 男 | 长子 | 工人 | 通勤 | |
| 中郡町立C初中 | 男 | 次子 | 无业 | 他（宿舍） | 关系 |
| 中郡町立D初中 | 男 | 长子 | 官吏 | 通勤 | 学校职介所 |
| 小田原立A初中 | 男 | 长子 | 乳业工人 | 他（宿舍） | 职介所 |
| | 男 | 长子 | 木工 | 他（宿舍） | 职介所 |
| | 男 | 次子 | 电气修理 | 他（宿舍） | 职介所 |
| | 男 | 次子 | 警察 | 他（宿舍） | 职介所 |
| | 男 | 长子 | 渔业加工 | 他（宿舍） | 职介所 |
| | 男 | 长子 | 工人 | 他（宿舍） | 职介所 |
| 足柄下郡A初中 | 男 | 三子 | 渔业 | 他（宿舍） | 职介所 |
| 足柄下郡B初中 | 男 | 长子 | 和服衣料店 | 他（宿舍） | 职介所 |
| 五十铃汽车川崎工厂 | | | | | |
| 川崎市立A初中 | 男 | 长子 | 职员 | 通勤 | 父亲关系 |
| | 男 | 次子 | 零售商人 | 通勤 | 叔父关系 |
| | 男 | 次子 | 职员 | 通勤 | 叔父关系 |
| 川崎市立C初中 | 男 | 长子 | 日本钢管工人 | 通勤 | 学校 |
| | 男 | 长子 | 深崛制造厂 | 通勤 | 学校 |
| | 男 | 三子 | 五十铃汽车 | | |
| 川崎市立D初中 | 男 | 长子 | 昭和运输工人 | 通勤 | 关系 |
| 川崎市立E初中 | 男 | 三子 | 工人 | 通勤 | 职介所 |
| 川崎市立G初中 | 男 | | 日本钢管工人 | 通勤 | 学校 |
| 川崎市立H初中 | 男 | 三子 | 农业 | 通勤 | 关系 |
| 川崎市立I初中 | 男 | 次子 | 农业 | 通勤 | 学校 |
| 川崎市立M初中 | 男 | 三子 | 公务员 | 通勤 | 学校 |
| | 男 | 三子 | 公务员 | 通勤 | 关系 |
| 川崎市立N初中 | 男 | 次子 | 公司职员 | 通勤 | 职介所 |
| 川崎市立O初中 | 男 | 三子 | 农业 | 通勤 | 学校 |
| | 男 | 长子 | 农业 | 通勤 | 学校 |
| 横滨市立G初中 | 男 | 次子 | 农业 | 通勤 | 关系 |

续表

| 学校名 | 性别 | 关系 | 保护者职业 | 外出通勤 | 就职途径 |
|---|---|---|---|---|---|
| 横滨市立H初中 | 女 | 长女 | 公司职员 | 通勤 | 职介所 |
| 横滨市立I初中 | 女 | 次女 | 五十铃汽车职员 | 通勤 | 熟人 |
| 冲床工业 | | | | | |
| 川崎市立A初中 | 男 | 长子 | 无业 | 通勤 | 学校职介 |
| | 男 | 三子 | 工人 | 通勤 | 学校职介（兄弟关系） |
| | 男 | 长子 | 木工 | 通勤 | 学校职介（熟人关系） |
| | 男 | 四子 | 无业 | 通勤 | 学校职介（兄弟关系） |
| | 男 | 长子 | 无业 | 通勤 | 学校职介（兄弟关系） |
| | 男 | 四子 | 工人 | 通勤 | 学校职介（兄弟关系） |
| 川崎市立C初中 | 男 | 三子 | 日本钢管 | 通勤 | 学校职介 |
| | 男 | 三子 | 东亚打字机工人 | 通勤 | 学校职介 |
| 川崎市立E初中 | 男 | 长子 | 工人 | 通勤 | 职介所 |
| 川崎市立G初中 | 男 | | 日本哥伦比亚搅拌机 | 通勤 | 职介所 |
| | 男 | 长子 | 木工 | 通勤 | 职介所 |
| 川崎市立M初中 | 男 | 次子 | 农业 | 通勤 | 关系 |

所谓养成工，是指1947年根据职业安定法制定的劳动基本法的第70条规定，以培养必须进行长期培训并从事特定技能工种的人员为目的被雇用的初中毕业生。在1953年期间，规定了121种技能工种，除了一部分工种之外，培训时间都要求3年。① 企业导入养成工制度，首先在该管辖劳动基准监督署中，“进行培训掌握技能的人员数目、教育学习的方法、合约期限、劳动时间、薪金、指导员资格等相关条件必须得到许可”，② 实施过程中有义务分别训练每项技能。表4—6表示了劳动基准局规定的机械工训练内容和日本钢管养成工制度的训练事项。如训练内容明显表示的那样，技能工人培训制度是不仅仅要在劳动现场进行见习，在学习理科的同时，还要学习社会、国语、外语等学科的教育制度。实际上，培养中坚技术人员的全日制工业高等学校教育课程和日本钢管的训练相

① 劳动省劳动基准局技能科监修：《指定技能及培训期间表，可能就业业务及防护方法基准表及教习事项基准》，日本技能协会，1953年。

② 矢越幸穗：《日本的技能者培训》，选自桐原保见编《技能者培训》，钻石社，1954年，156页。

比，高中因为春夏休假的关系一年有35周，日本钢管有48周，比它们多出13周，与基础学科物理、化学、数学、工业相关的课程相比，也比高中的标准多出250小时。① 培训教师是日本钢管中高中、大学毕业且具有实践经验的公司职员。公司每年都会进行技能鉴定，对于修完3年课程并鉴定合格的人员，会颁发某项技能相关的技能培训完毕证书。“这个培训完毕证书是由都道府县劳动基准局局长签发，作为官方证书在全国都被认可的”。② 企业一面支付作为职员进行录用的薪金，一面实施包括基础学科在内的由企业担负的高度训练，这样的养成工制度对于当时的男子初中毕业生来说被认为是最满意的就业制度，也是可以理解的。

**表4—6　　技能人员培训教习内容**

| 教习科目 | | 教习年度（课时数） | | |
|---|---|---|---|---|
| | | 第1年度 | 第2年度 | 第3年度 |
| 劳动省技能培训规定（机械工） | | | | |
| 1 | 社会科 | 70 | 70 | 70 |
| 2 | 体育 | 35 | 35 | 35 |
| 3 | 相关学科 | 280 | 210 | 175 |
| | （1）数学 | ◎ | ◎ | |
| | （2）物理及化学 | ◎ | ◎ | |
| | （3）实用外语 | ◎ | ◎ | |
| | （4）机械工学 | ◎ | | |
| | （5）电气工学 | | | ◎ |
| | （6）机械工作法 | ◎ | ◎ | |
| | （7）金属材料 | | ◎ | ◎ |
| | （8）材料力学 | | | ◎ |
| | （9）机构学 | | ◎ | |
| | （10）制图 | ◎ | ◎ | |
| 4 | 实际技能 | 1 085 | 1 155 | 1 190 |

① 折井日向：《日本钢管的养成工教育》，选自桐原保见编《技能者培训》，钻石社，1954年，251页。

② 矢越，《日本的技能者培训》，160页。

续表

| 教习科目 | 教习年度（课时数） | | |
| --- | --- | --- | --- |
| | 第 1 年度 | 第 2 年度 | 第 3 年度 |
| (1) 基本实习 | | | |
| A. 工具使用法 | | | |
| B. 计量及划线 | | | |
| C. 工序基本操作 | | | |
| D. 各种工作机械基本操作法 | | | |
| E. 刀类研磨作法 | | | |
| F. 安全工作法 | | | |
| (2) 应用实习 | | | |
| A. 机械零件制作 | | | |
| B. 精度检查 | | | |
| C. 机械调整 | | | |
| D. 夹具使用法 | | | |
| E. 成品检查 | | | |
| 日本钢管技能养成工教习内容 | | | |
| 社会科 | 120 | 96 | 96 |
| 体育（情操） | 96 | 96 | 48 |
| 国语（作文） | 96 | 24 | 0 |
| 数学 | 168 | 96 | 48 |
| 化学 | 96 | 0 | 0 |
| 物理 | 48 | 48 | 0 |
| 实用外语 | 72 | 48 | 48 |
| 制图 | 120 | 72 | 0 |
| 机械工学 | 96 | 0 | 0 |
| 工业材料 | 96 | 0 | 0 |
| 电气工学 | 0 | 72 | 0 |
| 工业化学 | 0 | 72 | 0 |
| 制铁法概要 | 48 | 0 | 0 |
| 制铜法概要 | 48 | 0 | 0 |

续表

| 教习科目 | 教习年度（课时数） | | |
|---|---|---|---|
| | 第 1 年度 | 第 2 年度 | 第 3 年度 |
| 压延法概要 | 0 | 48 | 0 |
| 专业学科 | 288 | 168 | 96 |
| 实际技能 | 624 | 1 176 | 1 680 |

资料来源：劳动省劳动基准局技能科监修，《指定技能及培训期间的表，可以就业业务及防护方法的基准表教习事项的基准》，日本技能协会，1953 年。折井日向，《日本钢管的养成工教育》，《技能者培训》，钻石社，1954 年。

然后再回到表 4—5，看看日本钢管的实际聘用结果。川崎制铁所这一年在神奈川县内有 60 人左右的录用。其中明确作为养成工而被聘用并登记的有 40 人左右。据日本钢管的数据[①]显示，1953 年进入公司的 82 名养成工中，接近半数是县内的。在就职途径方面明显的是关系招聘居多，日本钢管职员子弟就有 13 个。川崎市立 E 中是日本钢管职员住宅区的初中，因为监护人的职业登记为“工人”的大部分被认为是日本钢管工人的孩子，其子女的数量有近 20 名。而且，就职途径被记为“关系”的事例就举出六七个，估计被聘用的 40 名养成工中 2/3 以上的是关系招聘。实际上，即使是当时日本钢管初中毕业生招聘负责人也这么说道：“日本钢管的关系招聘占了绝大多数”，考虑到稳定的情况，公司方面会考虑“优先聘用员工子弟也是一种解决方法”。[②] 但是，如此表所示的那样，即使监护人是日本钢管员工，招聘的途径大部分也是通过职业安定所。“招聘养成工的过程还要向监督局（劳动基准局）申请，可以说是全面通过职业安定所来进行。因此，即使员工的子弟要通过关系招聘，那也要在形式上采取由职业安定所收集所有档案然后递交到公司”（职业安定所职员的采访）这样的方法。由于企业和劳动基准局的关系，企业方面似乎也不能忽视职业安定所这个环节。

第二位的企业是五十铃汽车，应届毕业生当时作为“五十铃汽车工业专门学校”的学生签订了养成工合同。五十铃汽车工业专门学校根据劳动基本法规定的技能工人培训规定，作为各类专科学校中的一种于 1950 年成立。1953 年

① 折井，《日本钢管的养成工教育》，238 页。

② 同上，242 页。

第3期学生中，川崎、鹤见、末吉、大森各制造所总计招聘了100名。[①] 表4—5表示了1953年川崎制造所招聘的实际结果。这一年度进入川崎制造所的养成工是40多位，从川崎、横滨地区招聘而来的有17位。[②] 从毕业生名单上推测，余下的招聘者全是从以大田、品川为中心的东京地区来的，所以很明显是本地优先。

就职途径是通过关系或者父亲是五十铃汽车职员的有8名，不到半数的录用者是关系录用。与2/3以上为关系招聘的日本钢管相比较，这个比例是很小的。而且和日本钢管相比，非关系招聘的，一所学校有1～2名，没有从特定的学校大量招聘的情况。但是，不仅是从川崎、横滨市内所有学校进行普遍招聘，也会从名单上没有的学校进行招聘。

第三位的企业是冲床工业，当时员工规模不到400人的中型规模企业于1953年聘用了12名养成工。[③] 从学校的类别来看，几乎全是川崎市内的初中，A初中6名，C初中和G初中各2名，E初中和M初中各有1名。

A初中的毕业生几乎全是通过关系招聘，完全通过学校、职业安定所的，和其他学校一样是1名。当时的人事人员采访这样说，虽然以前会吸收青森、秋田等东北各县的初中毕业生，但是，养成工的宿舍因为火灾等原因而无法使用，所以不得不在能够通勤的地区优先聘用本地毕业生。

冲床工业在当时的神奈川县是“屈指可数的优秀技术工人培训所，1954年11月作为县内的优秀技术工人培训所，得到了神奈川县劳动基准局的奖励”[④]。因此，竞争率每年都在大幅度提高。属于公司的川崎市周边初中当时虽然有11所，但是会有这样一种方针：以那些已经在表中的学校为中心从有熟人的地方进行招聘。采取和学校直接联系的管理，特别是要和负责职业指导的教员熟悉，“应该让老师知道公司文化，那样就能为我们提供适合公司的人，那样我们就不会辞退了（人事负责人的采访）”。这里必须要再次补充的是，学校推荐而来的是预定招聘人数的几倍，公司要花费3天的时间进行严格的选拔。学校推荐不一定和录用有直接关系。

---

① 五十铃汽车工业专门学校10周年纪念志编辑部：《十年的历程》，五十铃汽车工业专门学校，1961年，21页。

② 根据各制造所不同决定录用人员，1961年毕业者名单记载川崎40名，鹤见20名，末吉13名，大森6名。入学者100名中，毕业者94名。同上，162页。

③ 冲床工业专门学校编：《四十年的历程》，冲床工业专门学校，1980年。

④ 同上，19页。

从以上 3 个例子推断，聘用养成工的优秀企业对大部分的求职者来说是有吸引力的工作单位，企业方面有决定的权力。但是，这些企业和学校联系时也必须注意，要在劳动基准局的技术工人培训制度和职业安定行政就职介绍的结构范围进行。招聘表通过职业安定所发布到指定学校，即使是应聘也要通过职业安定所从学校把档案递交到企业。聘用，也就是养成工合同的签定和技术工人的培训内容，必须在遵守监督局制定的准则的前提下进行。

接下来，从学校方面看就业的实际成绩，表 4—7 列出了川崎市内工业地区初中毕业生的主要就业单位。看一下川崎市立 E 中。这个学校 1953 年 3 月毕业生有 400 名以上，男女就业者近 300 名，通过对当时负责就业的教员的采访，就能详细了解就职的过程。如表 4—7 显示的那样，有“岩城玻璃”（男女共计 28 名就业者）、“帝国工业”（20 名）、“荏原工业”（14 名）等大量招聘男女毕业生的企业。这些就业单位通过教员而被开发并定期进行招聘，这一点在采访中就已经弄清了。通过教员开发的这些就业单位全都是中小规模、小本经营的企业，大多数是大田区的工厂。据说这是负责就业的教员的家在大田区，对那周边的公司“依次进行开发”（教员的采访）的结果。学校的所在地是川崎，第 25 条第 2 点中的学校，行政上在川崎职业安定所的管辖之下。在这样的形势下，越过职业安定所管辖，学校和企业进行直接联系的现象不少。实际上，据说从大田区管辖的大森职业安定所到神奈川县的职业安定所，都对川崎初中的教师进行企业走访这一点表示了不满。而且，即使是就业的学生方面，出现了到小规模特别是到小本经营的企业就职的情况，以及与学校周边公司相比更希望到东京的公司的情况。川崎的企业因为规模小、劳动条件不好而为近邻所知，所以近邻的人认为“到小工厂就会给家里人丢面子”（教员的采访），因而大多喜欢东京的就业单位。

因为特定的学校和特定企业的联系很明确，那么就比较一下和 E 初中一样在川崎工业地区近邻初中的主要就业单位。E 初中的就职单位中居于上位的“岩城玻璃”“帝国工业”“荏原工业”等，在近邻的学校中就职者一个也没有。另一方面，A 初中的大规模就业单位“联合商事”（男子 12 人）、“三荣工业”（男子 6 人）、“共荣制果”（女子 4 人），在近邻其他初中也没有就职者。同样，B 初中的大规模就业单位“高山制作所”（男子 7 人）、“寿铁钢所”（男子 6 人）、“横滨佃煮”（女子 7 人），D 初中的“仙崎铁工所”（男子 5 人）、“大日向制作所”（男子 4 人）等，这些都是各学校独自拥有的就业单位。

表 4—7 表现出来最重要的一点就是各初中的主要就业单位是没有重叠的。当然，本地像川崎那样的大企业，无论从哪个学校都招聘。但是，对中小规模、

小本经营企业的大量招聘和特定学校保持着良好关系一样，各校的情况并不相同。至少就E初中来看，这些大型招聘的企业和学校之间有着特殊的联系是很明显的。这样，从川崎市的初中毕业生就业单位来推测，初中毕业生就业在以职业安定所为基本媒介的同时，学校就对中小规模、小本经营的企业进行招聘开发，企业和学校密切关系的结构，从20世纪50年代开始就已经出现了。

**表4—7　　川崎市立初中1953年3月毕业生主要就业单位**

| 川崎市立A初中 | | | | | | | | | |
|---|---|---|---|---|---|---|---|---|---|
| 男子（就职者数109名） | | | | | 女子（就职者数73名） | | | | |
| 人数 | 就职单位 | 工作内容 | 所在地 | 规模 | 人数 | 就职单位 | 工作内容 | 所在地 | 规模 |
| 12 | 联合商事 | 铁窗框制作 | 大田区 | 80 | 12 | 东芝堀川町工厂 | 电气零件制造 | 川崎市 | 1 000 |
| 6 | 冲床工业 | 铁板压制加工 | 川崎市 | 500 | 8 | 明治制果 | 食品制造 | 川崎市 | 1 000 |
| 6 | 三荣工业 | 汽车零件 | 大田区 | 23 | 4 | 共荣制果 | 食品制造 | 川崎市 | 90 |
| 5 | 东芝钢管 | 管道制作 | 川崎市 | 500 | 4 | 新高制果 | 食品制造 | 大田区 | 200 |
| 4 | 肥田制作所 | 家具制作 | 川崎市 | 100 | 4 | 富士通信机 | 电话交换机制造 | 川崎市 | 1 000 |
| 4 | 大师铁工 | 制罐业 | 川崎市 | 80 | 3 | 日本哥伦比亚 | 传真机、录音机制造 | 川崎市 | 1 000 |
| 川崎市立B初中 | | | | | | | | | |
| 男子（就职者数64名） | | | | | 女子（就职者数68名） | | | | |
| 人数 | 就职单位 | 工作内容 | 所在地 | 规模 | 人数 | 就职单位 | 工作内容 | 所在地 | 规模 |
| 7 | 富士电机 | 电气器具制造 | 川崎市 | 1 000 | 10 | 味之素 | 食品制造 | 川崎市 | 1 000 |
| 7 | 高山制作所 | 制罐业 | 川崎市 | 1 000 | 7 | 横滨佃煮 | 食品制造 | 大田区 | 50 |
| 6 | 寿铁钢所 | 制罐业 | 川崎市 | 100 | 7 | 日本哥伦比亚 | 传真机、录音机制造 | 川崎市 | 1 000 |

续表

| 川崎市立A初中 | | | | | | | | | |
|---|---|---|---|---|---|---|---|---|---|
| 男子（就职者数109名） | | | | | 女子（就职者数73名） | | | | |
| 人数 | 就职单位 | 工作内容 | 所在地 | 规模 | 人数 | 就职单位 | 工作内容 | 所在地 | 规模 |
| 5 | 东京散热器 | 汽车用冷却器制造 | 川崎市 | 200 | 6 | 东芝堀川町工厂 | 电气器具制造 | 川崎市 | 1 000 |
| 5 | 川崎汽车零件 | 川崎汽车零件制造 | 川崎市 | 30 | 3 | 东芝柳町工厂 | 电气器具制造 | 川崎市 | 1 000 |
| 5 | 日本燃化器 | 特殊车辆制造 | 川崎市 | 200 | 3 | 京滨急行电铁 | 运输业 | 港区 | 1 000 |
| 3 | 不二制作所 | 钢铁家具制造 | 川崎市 | 500 | 3 | 日本电气 | 电气器具制造 | 川崎市 | 1 000 |
| 3 | 东芝钢管 | 管道制作 | 川崎市 | 500 | 3 | 富士通信机 | 通信设备制造 | 川崎市 | 1 000 |
| 川崎市立C初中 | | | | | | | | | |
| 男子（就职者数64名） | | | | | 女子（就职者数60名） | | | | |
| 人数 | 就职单位 | 工作内容 | 所在地 | 规模 | 人数 | 就职单位 | 工作内容 | 所在地 | 规模 |
| 5 | 富士电机 | 电气器具制造 | 川崎市 | 1 000 | 12 | 新高制果 | 食品制造 | 大田区 | 200 |
| 4 | 新和机械 | 各种机械制造 | 川崎市 | 50 | 7 | 东芝堀川町工厂 | 电气零件制造 | 川崎市 | 1 000 |
| 3 | 东洋散热器 | 散热器制造 | 川崎市 | 20 | 5 | 日本哥伦比亚 | 传真机、录音机制造 | 川崎市 | 1 000 |
| 3 | 五十铃汽车 | 汽车制造 | 川崎市 | 1 000 | 4 | 明治制果 | 食品制造 | 川崎市 | 1 000 |
| 3 | 东芝钢管 | 制钢业 | 川崎市 | 500 | 3 | 临港公交公司 | 公共交通 | 川崎市 | 1 000 |
| 3 | 东芝堀川町工厂 | 灯泡制造 | 川崎市 | 1 000 | | | | | |
| 3 | 东洋造机 | 电机安装 | 川崎市 | 500 | | | | | |

续表

| 男子（就职者数 97 名） | | | | | 女子（就职者数 77 名） | | | | |
|---|---|---|---|---|---|---|---|---|---|
| 人数 | 就职单位 | 工作内容 | 所在地 | 规模 | 人数 | 就职单位 | 工作内容 | 所在地 | 规模 |
| 3 | 池贝铁工所 | 机械制造 | 川崎市 | 500 | | | | | |
| 川崎市立 D 初中 | | | | | | | | | |
| 14 | 富士电机 | 电气器具制造 | 川崎市 | 1 000 | 19 | 新高制果 | 食品制造 | 大田区 | 200 |
| 11 | 日本钢管 | 制钢业 | 川崎市 | 1 000 | 6 | 昭和电线 | 电线制造 | 川崎市 | 1 000 |
| 9 | 日本铸造 | 铸铁工业 | 川崎市 | 500 | 5 | 富士电机 | 电气器具制造 | 川崎市 | 1 000 |
| 5 | 仙崎铁工所 | 制罐工业 | 川崎市 | 50 | 4 | 富士通信 | 通信器具制造 | 川崎市 | 1 000 |
| 4 | 大日向制作所 | 制罐工业 | 川崎市 | 50 | 4 | 东芝柳町工厂 | 电气器具制造 | 川崎市 | 1 000 |
| 3 | 新和机械 | 机械制造 | 川崎市 | 50 | 3 | 东芝堀川町工厂 | 灯泡电气器具制造 | 川崎市 | 1 000 |
| 3 | 帝国汽车 | 汽车制造 | 横滨市 | 500 | 3 | 第一专门店 | 物品销售 | 川崎市 | 30 |
| 3 | 日本橡胶 | 橡胶工业 | 大田区 | 50 | 3 | 宫田制作所 | 自行车制造 | 大田区 | 450 |
| | | | | | 3 | 临港公交公司 | 交通业 | 川崎市 | 1 000 |
| | | | | | 3 | 日本电气 | 电气器具制造 | 川崎市 | 1 000 |
| 川崎市立 E 初中 | | | | | | | | | |
| 男子（就职者数 144 名） | | | | | 女子（就职者数 141 名） | | | | |
| 人数 | 就职单位 | 工作内容 | 所在地 | 规模 | 人数 | 就职单位 | 工作内容 | 所在地 | 规模 |
| 13 | 岩城玻璃 | 玻璃制品制造 | 大田区 | 300 | 27 | 临港公交公司 | 公共交通 | 川崎市 | 1 000 |
| 10 | 帝国工业 | 机械制造 | 大田区 | 200 | 16 | 理研铝业 | 铝制品工业 | 川崎市 | 150 |
| 8 | 日本钢管 | 制钢业 | 川崎市 | 1 000 | 15 | 岩城玻璃 | 玻璃制品制造 | 大田区 | 300 |

续表

| 川崎市立E初中 | | | | | | | | | |
|---|---|---|---|---|---|---|---|---|---|
| 男子（就职者数144名） | | | | | 女子（就职者数141名） | | | | |
| 人数 | 就职单位 | 工作内容 | 所在地 | 规模 | 人数 | 就职单位 | 工作内容 | 所在地 | 规模 |
| 7 | 东洋电业 | 管道制作 | 大田区 | 100 | 10 | 帝国工业 | 机械制造 | 大田区 | 200 |
| 7 | 荏原工业 | 冷藏库制造 | 大田区 | 80 | 9 | 鹰电气 | 灯泡制造 | 大田区 | 60 |
| 7 | 三荣产业 | 显微镜片制造 | 大田区 | 70 | 7 | 荏原工业 | 冷藏库制造 | 大田区 | 80 |
| 6 | 内田螺栓 | 螺栓制造 | 川崎市 | 30 | 5 | 日本特殊计器 | 计量器制造 | 川崎市 | 60 |
| 5 | 日之元制作所 | 电气工业 | 川崎市 | 30 | 2 | 昭和电线 | 电线制造 | 川崎市 | 1 000 |
| 5 | 鹰电气 | 电灯泡制作 | 大田区 | 60 | | | | | |

## 第六节　就业后的辅导

所谓辅导，是对于毕业后进入工作岗位开始作为公司职员的应届毕业生的“后续服务”。职业安定所和学校一面密切携手合作，一面承担就业后的辅导。1953年3月毕业的就职者职业辅导的详细实况，可以参照在《职业研究》杂志上登载的长野县和青森县的例子。辅导方法大概分为访问辅导和文书辅导两种形式。在长野县，由于经费的关系，职业安定所进行的辅导是通过文书进行的。6月份安定所给所有的就业人员寄出包括与工作岗位、宿舍的生活等相关的23项问题条目的调查表，然后再进行回收。青森县在进行文书辅导的同时还通过职业安定所进行访问辅导。通过职业安定所辅导的目的是收集就业单位的劳动条件的实际情况和就职者的适应状况等相关信息，以掌握实际情况并把这些信息作为今后职业介绍的材料。

学校通常采用文书辅导和访问辅导这两种方法。以文书形式与毕业生的联系，在寄出问题表的同时，还把在校生的作文、村里的报纸、学校报纸、PTA会报及负责老师写的信一同寄出。在长野县即使是学校进行的文书辅导，也要与县职业安定所进行统一，以相同的内容进行。学校的访问辅导是“出身学校的老师利用 6 月的农忙期等时间，对已就职学生们的工作岗位进行访问。由于大概只有 34 天的日程，所以，访问地仅限定于那些大量就职的工厂，及在信中提出不满被认为有问题的企业”。[①] 据说，学校方面进行的辅导不仅是以实际情况的掌握和信息收集为目的的指导，还是在掌握每个学生性格的基础上的个人指导，特别是进行扎根指导，而且在进行毕业生访问的同时还兼带着第二年的招聘委托。

在青森县，1953 年以县职业安定所的职业介绍课长为首的 3 名职员到大阪、滋贺、爱知、神奈川、东京地区进行了 10 天的访问辅导。其目的有 4 点：(1) 掌握就职者的实际情况；(2) 解决就职后的问题（特别是录用条件的遵守）；(3) 寄给家长就职者照片；(4) 委托下一年度的招聘。[②] 因为辅导通常是被置于需求县辅导的一环这样的位置，所以，职业安定所职员会一同到各企业访问。这样跨县的职业安定所间的联系，是以需求县和供给县之间的招聘、求职联络开始，直到就职后辅导结束。访问辅导时，青森县职业介绍课长叙述了对毕业生实现就职的热情和使命感。

“与在各地勤劳工作着的这些年轻人畅谈并进行鼓励，离别之际互相依惜，离开大门回头看还挥舞着手绢和手，直到看不见为止，真的是难以离去。这才是我们所担负的责任，而且还感到了爱，作为职业安定所行政宗旨的公共奉献精神也全都从这里开始，不能只停留在‘只要让他们就业就行’那样的观念上，还要有这样的干劲和热情：必须指导他们直到具备优秀的公司职员的资格”。[③]

学校的辅导结果由负责管辖的职业安定所报告，而且，职业安定所方面收集的信息要进行汇总，在“职业指导协议会”等场合下向学校进行传达。这样，学校和职业安定行政不仅对职业指导、职业介绍，对直至就业后的指导监督都怀着非凡的热情并努力着。就这样，如表 4—2 的年度计划表内容所示，从上一年 4 月左右开始的初中毕业生的就业程序周期终于划上了句号。

参照以上的年度计划表，就能阐明 1953 年 3 月初中毕业就业的学生就职的具体过程。特别是通过关注职业安定所和学校，即所谓的介于学生和雇主之间的中介组织的作用，从学校到工作单位的过渡途径的全貌逐渐变得清晰起来。

---

① 平松弘：《县外就职者辅导的实际——长野县》，《职业研究》，雇用问题研究会，1953 年 9 月号，34 页。

② 服部四郎：《县外就职者辅导的实际——青森县》，《职业研究》，雇用问题研究会，1953 年 9 月号，30 页。

③ 同上，33 页。

## 第七节 结 语

最后，论及20世纪80年代和90年代的高中毕业生就业和本篇详细分析的20世纪50年代的初中毕业生就职的共同点和不同点。比较现在高中毕业生的职业途径，对于20世纪50年代前期的初中毕业生就业，学校和职业安定所这些中介组织与学校毕业生的职业指导、介绍有很深的关系，在这些方面有着很多共通的地方。特别是学校的作用，以各种检查、面试为开端的职业指导已经被有机地列入学校教育之中，就业指导、介绍也已经成为教育的一个环节，这和现在的高中生就业极其相似。

学校积极的招聘开发和没有直接通过职业安定所特别是到中小型企业的招聘介绍，可以说与现在高中的现场就业介绍是很相似的。可以肯定地说，职业安定所的介绍从某种意义上讲，对自立的初中发挥着作用。指定校、实际结果的关系，和现在高中的就业途径有极其相似的关系，这是很清楚的。一面通过职业安定所的渠道，一面通过指定某所特定学校分发招聘票，在选拔的时候从特定的学校进行录用，企业方面这样的行动就如20世纪80年代、90年代所看到的企业行动一样。大型的优秀企业很注重学校的品牌，他们的招聘以对往届毕业生的评价和出身学校相联系的形式进行。据推测，这样的事实从20世纪50年代前期开始，在义务教育结束后的初中阶段，特定学校和企业的联系就已经存在了。

但是，20世纪50年代的初中毕业生就职与高中毕业生就职明显有几点不同之处。最重要的不同点是职业安定政策的作用。根据1947年职业安定法和1949年修订的法律依据，的确如初中毕业生的就业介绍显示的那样，职业安定所全面地进行了参与。最有组织的表现形式，是劳动省每年为应届毕业生召开的“全国供需调整会议”。集中从全国初中和企业收集而来的求职和招聘相关的信息，在全国标准的、招聘数比求职者少得多的“供给县”和本县内招聘不足的“需求县”之间展开供需调整。与此相似的供给调整不管是在县级标准的职业行政机关，还是在各个管辖的职业安定所都可以进行。负责管辖的职业安定所按照各学校希望就业的人数分配大规模的招聘，对于应聘者很多的招聘就控制应聘，对于人少的招聘则招募求职者。20世纪50年代职业安定政策对于求职和招聘的协调过程给予了保障。职业安定所这样的中介工作在现在的高中生就职中，从内容到形式都已不复存在了。招聘表必须通过管辖的职业安定所的原因是，职业安定所是唯一将招聘表从企业向学校流通的部门。大多数高中根据职业安定法第33条的第 2 点，和职业安定所独立开来，进行独自的职业介绍业务因此，企业和学校可以说是以越过职业安定所的形式相互联系的。

20 世纪 50 年代的初中毕业生就业和现在的高中毕业生就业还有一点重要的不同是，增加学校内的选拔，并在企业中进行实质性的选拔考试。在所述的大型优秀企业中，会在大约 3 倍的应试者中，通过体检、笔试、面试等严格选拔。学校内的选拔是第一次选拔，在企业的第二次选拔中 3 个人中就有 2 个人会被淘汰。现在高中进行的校内选拔意义重大，形式上的招聘考试在企业中进行，学校推荐学生没有什么大问题企业就会录用。所谓拒绝录用的情况只是在学校和企业之间的信赖关系破裂的情况下发生。① 20 世纪 80 年代在东京大学教育社会学研究室进行的高中生出路调查中，参加 2 次以上录用考试的学生据说不到 20%。② 这与到大企业应试者的 2/3 必须再次参加考试的当时相比，可以说与企业的选拔体制是大不相同的。

本文中明确的看法无论是在考虑现在高中毕业生就业途径的基础之上，还是从历史的联系性、非连续性的观点出发都可以说是富有启发性的。现在广泛普及的模式，实际上和战败后不久的初中毕业生就业有着很多的相似性。接受这样的事实我们可能会很惊讶。但是，就像在本文中所指出的那样，20 世纪 50 年代的体制，首次在职业安定法及学校体系制度和劳动市场供需关系的结构中，得以全面了解，在此之后到 20 世纪 60 年代的历史进程中，初中毕业生和高中毕业生的就业过程发生了怎样的变迁，才形成了现在的高中毕业生就业系统呢？对此，第六章将作进一步探讨③。

（石田浩）

---

① 岩永雅也：《年轻人劳动市场的组织化和学校》，《教育社会学研究》38 集，1983 年，134～145 页。岩永雅也：《关于应届毕业生劳动市场构造的实证研究》，《大阪大学社会科学部纪要》10 卷，1984 年，247～276 页。小林雅之：《高中毕业生劳动市场的构造》。天野邦夫他：《关于高中出路分化机能的研究》，丰田财团助成研究报告书，1988 年。

② 苅谷，《学校・职业・选拔的社会学》，89 页。

③ 本章是以石田浩，《教育和劳动市场——新毕业生的就职和职业安定所、学校》，东京大学社会科学研究所编《20 世纪体系（3）经济成长Ⅱ：接受与对抗》为基础进行补充、展开的。

# 第五章

# 女子初中毕业生劳动市场的制度化

## 第一节 前　　言

本章重点讨论女子初中毕业生的劳动市场。在战败后劳动力市场中，可以说日本的女子毕业生在质和量两方面都发挥着重要的作用。如纺织产业部门，大部分企业优先录用的不是男子毕业生而是女子毕业生，女子毕业生是日本经济成长劳动力的重要组成部分。即便如此，就如第一章所述，几乎没有关于毕业生就职类型和职业安定所、学校所起的作用以及从男女比较观点进行分析的研究。大河内、氏原、高梨等人组成的小组对神奈川县毕业生的研究，恐怕是例外。[①] 该研究小组分别对男子和女子的就职路径进行了讨论。但是，并没有触及通过男女比较而明确指出女子就职特征的分析。实际上，从学校、职业安定所"制度化"的视点来看，女子初中毕业生的就职已经超过了男子，这一点在本章中是很明确的。因此，和男子相比较，女子毕业生进入劳动力市场的类型、特征是很明显的。通过学校、职业安定所"制度"的组织化的不断发展，女子就职类型已和男子相同，甚至超过男子。

---

① 大河内一男、氏原正治郎、江口英一、关谷耕一、高梨昌：《劳动市场的研究：初中毕业生的就职问题》，东京大学出版会，1955 年；氏原正治郎、高梨昌：《日本劳动市场分析》（上、下），东京大学出版会，1971 年。

本章后半部分，讨论了录用大量女子初中毕业生的纺织业的例子。以纺织业为开端的对女子初中毕业生的录用，是以供给调整会议为基础，以职业安定政策的全国劳动市场制度化为契机的。纺织业中女子初中毕业生的录用方式，使战败后劳动市场中的广域移动和全国范围内的彻底规划管理成为可能，并在这一制度确立过程中发挥着极其重要的作用。

## 第二节　女子初中毕业生劳动市场的宏观分析

首先，通过宏观统计来对女子初中毕业生的毕业去向和就职情况进行大致概括。必须关注的第一点是，20 世纪 50 年代、60 年代应届初中毕业生在劳动市场中的重要性。如表 5—1 所示，20 世纪 50 年代、60 年代，初中生毕业后，每年“就职或者升学”的 48％是女子毕业生，在就职数量上男女之间没有很大的差别。也就是说，从 20 世纪 50 年代开始，在劳动市场中，女子初中毕业生在数量上和男子具有大致同等程度的重要性。

表 5—1 显示了初中毕业生升学的趋势。20 世纪 50 年代前期进入高中的男女升学率[①]都不足 50％，而且 1950 年男子比女子高 10％左右。但是，差距从 20 世纪 50 年代后期开始急剧缩小，1962 年男女都是约 60％。与升学率的上升趋势相对应的就是就职率的下降，50 年代男女毕业生都是只有大约 40％就职。从数值来看，每年会有 40 万左右的男子毕业生进入劳动市场，女子平均每年也会有 36 万人。在 50 年代的应届毕业生就职者中，男女初中毕业生都占了绝大多数，他们作为新加入劳动市场的劳动力，占据着极其重要的位置。初中毕业生劳动力在应届毕业生劳动市场占有优越性，这种情况一直持续到 20 世纪 60 年代中期，从 1965 年开始，应届初中毕业生劳动力在数量上就低于应届高中毕业生了。

有关女子初中毕业生去向的第二个关键是伴随着产业化的发展而带来的女子初中毕业生的“雇用”劳动化的倾向问题。如表 5—1 所示，在女子就职和升学者的总数中，进入非农林、水产、渔业的就职者比重，1950 年虽然只有四成，但到 1960 年已经接近九成，而且大部分是作为“雇用者”而被纳入劳动市场的。1950 年的女子初中毕业生中，从学校毕业之后既没有升学也没有就职的，“非就职非升学者”的比重据推算为 22％，这个数值相当于男子的两倍。这个“非就

① 这里所谓的“升学率”是除去就职进学者进行计算的。

表 5—1　　男女类别应届初中毕业生的出路　　（单位：千人）

| | (—1) 毕业者总数 | (—2) 就职者数 | (—3) (2)/(1) | (—4) 非农就职者数 | (—5) (4)/(2) | (—6) 升学者数 | (—7) (6)/(1) | (—8) 非就职非升学 | (—9) (8)/(1) | (—10) 男女总就职者数 |
|---|---|---|---|---|---|---|---|---|---|---|
| 男子 | | | | | | | | | | |
| 1950 | 810.6 | 374.5 | 0.46 | 142.5 | 0.38 | 344.9 | 0.43 | 91.2 | 0.11 | 0.52 |
| 1952 | 856.2 | 410.3 | 0.48 | 212.4 | 0.52 | 397 | 0.46 | 48.9 | 0.06 | 0.51 |
| 1954 | 777.8 | 325.8 | 0.42 | 213.6 | 0.66 | 382.6 | 0.49 | 69.4 | 0.09 | 0.53 |
| 1956 | 950.7 | 418.5 | 0.44 | 302.2 | 0.72 | 475.5 | 0.5 | 56.8 | 0.06 | 0.52 |
| 1958 | 962 | 410.4 | 0.43 | 324.1 | 0.79 | 498.2 | 0.52 | 53.4 | 0.06 | 0.53 |
| 1960 | 879.4 | 356.6 | 0.41 | 302.3 | 0.85 | 499 | 0.57 | 41.8 | 0.05 | 0.52 |
| 1962 | 995.4 | 341.8 | 0.34 | 304 | 0.89 | 613.4 | 0.62 | 40.2 | 0.04 | 0.52 |
| 1964 | 1 237.40 | 360.4 | 0.29 | 323 | 0.9 | 827.2 | 0.67 | 49.8 | 0.04 | 0.52 |
| 1966 | 1 088.10 | 267.8 | 0.25 | 240.9 | 0.9 | 760.3 | 0.7 | 60.1 | 0.06 | 0.51 |
| 1968 | 942.1 | 199.2 | 0.21 | 180.7 | 0.91 | 691.1 | 0.73 | 50.6 | 0.05 | 0.52 |
| 1970 | 851.8 | 140.3 | 0.16 | 129.9 | 0.93 | 667.2 | 0.78 | 44.4 | 0.05 | 0.52 |
| 女子 | | | | | | | | | | |
| 1950 | 777.6 | 342.7 | 0.44 | 136.7 | 0.4 | 267.2 | 0.34 | 167.7 | 0.22 | 0.48 |
| 1952 | 826 | 388.1 | 0.5 | 199.5 | 0.51 | 325.7 | 0.39 | 112.2 | 0.14 | 0.49 |

续表

| | (—1) 毕业者总数 | (—2) 就职者数 | (—3) (2)/(1) | (—4) 非农就职者数 | (—5) (4)/(2) | (—6) 升学者数 | (—7) (6)/(1) | (—8) 非就职非升学 | (—9) (8)/(1) | (—10) 男女总就职者数 |
|---|---|---|---|---|---|---|---|---|---|---|
| 女子 | | | | | | | | | | |
| 1954 | 753.9 | 287.4 | 0.4 | 197 | 0.69 | 333.2 | 0.44 | 133.1 | 0.18 | 0.47 |
| 1956 | 921 | 378.7 | 0.4 | 285.4 | 0.75 | 421.2 | 0.46 | 121 | 0.13 | 0.48 |
| 1958 | 934 | 364.5 | 0.4 | 295.6 | 0.81 | 461.7 | 0.49 | 107.7 | 0.12 | 0.47 |
| 1960 | 873.1 | 327.1 | 0.4 | 286.9 | 0.88 | 472.9 | 0.54 | 73.1 | 0.08 | 0.48 |
| 1962 | 952.3 | 310.6 | 0.3 | 285.2 | 0.92 | 578.1 | 0.61 | 63.6 | 0.07 | 0.48 |
| 1964 | 1 189.40 | 337.3 | 0.28 | 315.9 | 0.94 | 780.6 | 0.66 | 71.6 | 0.06 | 0.48 |
| 1966 | 1 045.40 | 254.7 | 0.24 | 242.3 | 0.95 | 715.3 | 0.68 | 75.4 | 0.07 | 0.49 |
| 1968 | 904.7 | 186.3 | 0.21 | 173.2 | 0.93 | 661 | 0.73 | 56 | 0.06 | 0.48 |
| 1970 | 815.2 | 131 | 0.16 | 127.2 | 0.97 | 644.6 | 0.79 | 39.6 | 0.05 | 0.48 |

资料来源：《学校基本调查》各年度版。

注："就职者"包含就职者和就职升学者。"升学者"除去就职升学者。

职非升学”的实际情况被认为大体上是从事家务或者家业者。特别是在农村，与“就职”形式不同，女子作为从事家业者，在为个体经营的农材作贡献的同时还要承担一定的家务。但是，20 世纪 50 年代，“非就职非升学”的比重急剧减少，1964 年骤减了 6%，几乎和男子达到同一水平。

可以这么认为，由于农村经营规模的细分化和农业机械的普及，所需的劳动力减少了；另一方面，随着城市雇用机会的大幅增加，毕业生能够对毕业后是直接升学还是就职进行选择。20 世纪 50 年代早期，毕业后一边帮忙打理自家的农务，一边干家务，即使是暂时的就职也是从事农事、家务之后的事情。这暗示着在 20 世纪 50 年代，所谓“毕业后立刻就职”的情况即使是在女子之中也是存在的。[①] 这个情况无非是由从农村来的潜在的女性劳动力以新毕业生的形式进入劳动市场的过程带来的。接下来，从就职途径方面对男女进行比较。

图 5—1 显示了男女就职者中经职业安定行政介绍就业的就职者比重，以及男女非农林就职者中经由职业安定行政就职的比率。这里所说的职业安定行政包含职业安定所和在 1949 年职业安定法第 25 条第 3 点规定的承担了一部分职业介绍义务工作的学校。[②] 首先全面看一下就职者的比例，1950 年 3 月毕业就职的女子中 24%、男子中 20%都是经由职业安定行政而就职的。考虑到经由职业安定所招聘的是非农林业，推算一下非农林业就职者的比重，1950 年男女就已经分别高达 48%和 61%。在那之后，职业安定部门的经由率，特别是在女子毕业生中持续稳步上升。在 1970 年的全部就职者中，女子高达 82%，男子则高达 64%。仅从数量上来看，职业安定所和学校所起的作用也是很明显的。20 世纪 50 年代前期，每年都各有 12 万人和 3 万人的男女初中毕业生经由职业介绍机构就职。

在初中毕业生增加的 20 世纪 50 年代后期和 60 年代前期，每年都有 20 万人左右的大量应届毕业生由职业安定所和学校介绍而进入劳动市场。

在此值得注意的是，女子利用职业介绍机构就职的就职者人数和职业介绍机构的经由率在这 20 年中几乎一直高于男子。1958 年通过职业介绍机构的就职者人数在所有就职者中所占比重，女子也是始终高于男子。特别是从 20 世纪 60 年

① 并木正吉：《农村变化》，岩波书店，1960 年；加濑和俊：《集团就职的时代》，青木书店，1997 年。

② 不包括依据职业安定法第 33 条第 2 点的学校。可是，适合第 33 条第 2 点的学校，如第 2 章所述，初中这种情况极少。

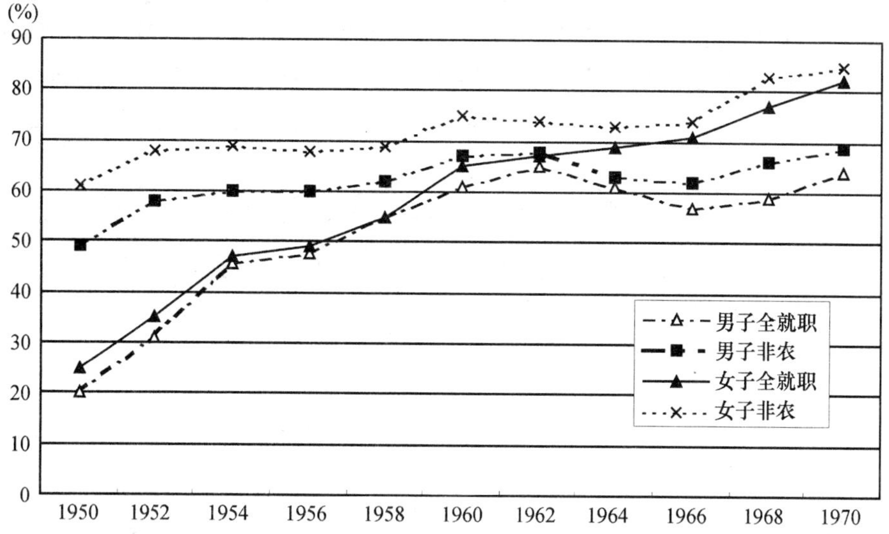


图 5—1　经过职业介绍机构就职者的比例

资料来源：依据《学校基本调查》《劳动市场年报》各年度版制成。1950 年的数据依据《学校基本调查》和《职业安定广报》1952 年 2 月号制成。

代后期开始，能够看出男女差距有明显扩大的倾向，可以说女子对职业安定所的依赖程度要远远高于男子。大量的统计数据表明，通过职业安定所和学校的劳动市场制度化不仅限于男子毕业生，实际上在女子毕业生中普及得更广泛。20 世纪五六十年代，对于女子初中毕业生的就职情况就不能不考虑职业安定所及学校这些“制度”的因素了。那么，为什么和男子相比，女子仍呈现出高制度化的倾向呢？解开这个谜的关键就在于就业单位。

表 5—2 从男女的角度对通过职业安定行政的就职者在各个产业的从业比例分别进行了比较。观察女子的产业分布就能知道，1952 年（学校除外）通过职业安定所①就职的就职者一半以上（54%）被纤维产业录用（即纺纱、制纱、纺织业）。在这之后，到 20 世纪 60 年代前期，通过职业安定所、学校就职的就职者中平均 39%的人在纤维产业就职。② 但是，在男子的分布情况中，

① 不包括通过只在 1952 年实行的职业安定法第 25 条第 3 点对应的学校就职者。

② 除去通过职业安定法第 25 条第 3 点适合的学校就职者，只计算通过职业安定所就职者的话，是平均 44%这样更高的比率。

并没有能够与纤维业大量就职相匹敌的产业。在产业分类中，零售业、机械制品的制造业录用经由职业安定所和学校的男子初中毕业生是最多的，但是这个比例还不及通过职业安定行政就职的全体就职者的20%。相对于男子来说，介于职业安定所和学校之间的女子就职，会集中于特定产业，这种倾向是很明显的。

**表5—2　男子、女子初中毕业生主要就职产业分类（职业介绍机构记载）就职单位**　（%）

| | 1952 | 1954 | 1956 | 1958 | 1960 | 1962 |
|---|---|---|---|---|---|---|
| 男子 | | | | | | |
| 1. 农林水产业 | 0.01 | 0.01 | 0.01 | 0.00 | 0.00 | 0.00 |
| 2. 建设业 | 0.02 | 0.03 | 0.03 | 0.04 | 0.04 | 0.03 |
| 3. 制造业 | 0.66 | 0.69 | 0.64 | 0.67 | 0.78 | 0.82 |
| 纤维工业 | 0.06 | 0.05 | 0.04 | 0.03 | 0.03 | 0.03 |
| 化学工业 | 0.01 | 0.01 | 0.01 | 0.01 | 0.02 | 0.02 |
| 金属制品 | 0.06 | 0.08 | 0.09 | 0.12 | 0.12 | 0.14 |
| 机械 | 0.13 | 0.15 | 0.11 | 0.12 | 0.15 | 0.16 |
| 电子机械 | 0.03 | 0.05 | 0.04 | 0.05 | 0.11 | 0.13 |
| 4. 批发、零售业 | 0.22 | 0.18 | 0.22 | 0.19 | 0.11 | 0.07 |
| 5. 运输，通信业 | 0.01 | 0.01 | 0.01 | 0.02 | 0.01 | 0.02 |
| 合计 | 89 875 | 126 328 | 181 012 | 201 240 | 199 733 | 203 100 |
| 女子 | | | | | | |
| 1. 农林水产业 | 0.00 | 0.00 | 0.00 | 0.00 | 0.00 | 0.00 |
| 2. 建设业 | 0.00 | 0.00 | 0.00 | 0.00 | 0.00 | 0.00 |
| 3. 制造业 | 0.81 | 0.78 | 0.73 | 0.72 | 0.83 | 0.83 |
| 纤维工业 | 0.54 | 0.44 | 0.39 | 0.34 | 0.39 | 0.39 |
| 化学工业 | 0.02 | 0.04 | 0.02 | 0.02 | 0.03 | 0.03 |

续表

| | 1952 | 1954 | 1956 | 1958 | 1960 | 1962 |
|---|---|---|---|---|---|---|
| 金属制品 | 0.01 | 0.02 | 0.02 | 0.02 | 0.02 | 0.02 |
| 机械 | 0.01 | 0.02 | 0.01 | 0.01 | 0.02 | 0.02 |
| 电气机械 | 0.02 | 0.04 | 0.04 | 0.04 | 0.13 | 0.13 |
| 4. 批发、零售业 | 0.08 | 0.10 | 0.13 | 0.14 | 0.08 | 0.07 |
| 5. 运输，通信业 | 0.02 | 0.02 | 0.02 | 0.02 | 0.02 | 0.03 |
| 合计 | 107 042 | 135 036 | 186 728 | 200 657 | 211 547 | 207 020 |

资料来源：《劳动市场年报》(各年度版)

注：1. 合计包括所有上面记录以外的（其他制造业、煤炭业、金融、保险、不动产等）所有产业。

2. 依据 1952 年第 25 条第 3 点通过学校的就职除外。

大量吸纳女子初中毕业生的纤维产业相关的招聘，就像纺织业那样，因为大多数时候有到外县就职的可能，所以以职业安定所为中心的有组织的招聘及求职介绍就变得很重要。从全国各地初中毕业的女初中生中挑选，然后在 3 月份把她们平安送到各自的工作岗位上，学校和职业安定所都深入参与了这个过程。于是，首次离开父母走进城市的大量初中毕业生，特别是女性就职者的存在就变得很重要了。

## 第三节　纤维产业和女子劳动力市场

再从广域迁移的观点进行分析，讨论包含纺织业在内的纤维产业和女子劳动力市场的关系。对其特征进行概括，可以归纳为以下三点。第一个特征是，在纤维产业女就职者中，初中毕业生所占比例一直以来都是非常高的。表 5—3 显示了新就业者（包含新毕业生和一般两方面）产业差别的学历构成，看一下与女性相关的数据，1952 年纤维产业的初中毕业生雇用率为 94.5%，1967 年为 82%，到 1970 年则下降至 76.5%，但是与其他产业相比仍然是很高的。在纤维产业中被大量雇用的女子初中毕业生主要是应届毕业生，但是从 20 世纪 60 年代开始，其他产业（特别是弱电）由于人手严重不足，也扩大了对被称为“往届毕业生”的前几年毕业的女子初中毕业生的雇用。20 世纪 60 年代后期，作为竞争对手的弱电相关企业把雇用对象从女子初中毕业生转移到女子高中毕业生，即使是这样，纤维产业仍然继续坚持雇用初中毕业生。[①] 由于一直以初中毕业生为中心进行大规模的雇用，所以可以说纤维产业是对女子初中毕业生劳动市场产生巨大影响力的产业。

但是，在这里不得不进行补充的是，在纤维产业大量雇用的背后，女子在雇用期间内会一度出现大量离职的情况。观察男女工龄就能看出这是很明显的。十大纺织公司的工厂劳动人员的平均工龄，1955 年男子是 8.7 年，女子是 5.2 年；1960 年男子为 13.0 年，女子则为 4.3 年。[②] 这是因为，把女子就职理解为既是经济的必要性，也是作为“出嫁前的修行”的一部分，这样的情况很多。离开父母，在进行宿舍集体生活的同时还学习“女子的修养”，目的是为了掌握将来具有与新娘相称的举止，特别是能与夫家的父母建立起相互信任的关系。[③]

第二个特征如表 5—4 所示，在纤维产业中，经由职业安定所的就职者的比例，与其他产业相比要高出很多。就职者包含应届毕业生和一般就职者两类，但是无论对哪一类来说，职业安定所所起的作用都是很重要的。20 世纪 50 年代中期，有 60％以上进入纤维产业就职的人都是经由职业安定所被雇用的，即使是在 1970 年，这个比率也超过了 40％。纤维产业的第三个特征是，进入这个产业就职的应届毕业生中女性的住址迁移率居高。如表 5—5 所示，在比大多数产业男性应届毕业生住址迁移率更高的纤维产业存在着这么一个事实：从整体来看，女性应届毕业生住址迁移率也是非常高的，她们是随着就职而搬迁的。这就是纤维产业劳动市场是广域劳动市场的证据。

可以这么概括，和男子相比，女子初中毕业生通过学校、职业安定所这些中介组织的就职类型表现得更明显，可以说伴随着区域移动就职的概率很高。这与纤维产业相关的大规模招聘对于女子劳动市场的重要性是相关的。20 世纪 50 年代，在职业介绍中作为大规模优质招聘的，纺织业也是享有特权的。接下来将对纺织业女子初中毕业生的雇用形态进行讨论。

① 日本纺织协会：《日本纺织月报》，1970 年，280 号，第 70 页。

② 同上，94 页。

③ 饭岛幡司：《日本纺织史》，创元社，1949 年，第 456 页。

表 5—3

**新就职者（新毕业生及一般人）产业分类及学历构成**

| | 1952 | | | | 1967 | | | | 1970 | | | |
|---|---|---|---|---|---|---|---|---|---|---|---|---|
| | 合计 | 初中毕业 | 高中毕业 | 短大以上 | 合计 | 初中毕业 | 高中毕业 | 短大以上 | 合计 | 初中毕业 | 高中毕业 | 短大以上 |
| 男性 | | | | | | | | | | | | |
| 产业合计 | 571 938 | 72.2% | 21.7% | 6.2% | 2 158 700 | 52.9% | 38.2% | 8.9% | 2 575 | 47.5% | 40.9% | 11.6% |
| 煤炭业 | 571 938 | 88.7% | 10.0% | 1.3% | 38 500 | 86.5% | 12.2% | 1.3% | 25 500 | 83.5% | 14.9% | 1.6% |
| 制造业 | 108 469 | 74.0% | 20.0% | 6.0% | 1 188 500 | 60.6% | 32.9% | 6.5% | 1 262 | 54.9% | 36.7% | 8.4% |
| （纤维工业） | 311 339 | 69.9% | 24.2% | 5.9% | 65 600 | 65.7% | 28.4% | 5.9% | 64 500 | 63.1% | 31.9% | 5.0% |
| （电机） | 26 744 | 56.5% | 33.8% | 9.6% | 106 100 | 51.5% | 38.7% | 9.8% | 139 700 | 37.5% | 48.0% | 14.5% |
| 批发零售业 | 17 538 | 37.3% | 43.7% | 19.0% | 492 700 | 33.2% | 51.7% | 15.1% | 540 200 | 33.2% | 50.2% | 16.6% |
| 金融保险业 | 19 732 | 22.7% | 49.8% | 27.5% | 45 700 | 19.5% | 49.7% | 30.9% | 52 500 | 20.6% | 42.7% | 36.8% |
| 不动产业 | — | — | — | — | 10 200 | 23.5% | 48.0% | 28.4% | 21 900 | 15.5% | 53.4% | 31.1% |
| 运输通信业 | 101 666 | 69.3% | 27.0% | 3.7% | 318 500 | 57.6% | 39.2% | 3.3% | 373 800 | 54.5% | 41.2% | 4.3% |
| 电气煤气自来水业 | — | — | — | — | 53 000 | 3.2% | 95.5% | 1.3% | 34 300 | 4.4% | 93.0% | 2.6% |
| 服务业 | — | — | — | — | 54 100 | 53.8% | 25.3% | 20.9% | 263 300 | 41.9% | 35.8% | 22.3% |

续表

| | 1952 | | | | 1967 | | | | 1970 | | | |
|---|---|---|---|---|---|---|---|---|---|---|---|---|
| | 合计 | 初中毕业 | 高中毕业 | 短大以上 | 合计 | 初中毕业 | 高中毕业 | 短大以上 | 合计 | 初中毕业 | 高中毕业 | 短大以上 |
| 女性 | | | | | | | | | | | | |
| 产业合计 | 333 925 | 78.1% | 21.3% | 0.6% | 1 896 200 | 52.7% | 44.1% | 3.2% | 2 341 000 | 44.4% | 49.3% | 6.3% |
| 煤炭业 | 13 855 | 87.6% | 12.2% | 0.2% | 6 900 | 65.2% | 33.3% | 1.4% | 4 200 | 61.9% | 33.3% | 4.8% |
| 制造业 | 253 105 | 86.8% | 12.8% | 0.4% | 1 029 300 | 68.6% | 29.8% | 1.6% | 904 440 | 70.7% | 25.4% | 3.8% |
| （纤维工业） | 116 525 | 94.5% | 5.4% | 0.1% | 205 800 | 82.0% | 16.8% | 1.2% | 171 300 | 76.5% | 21.8% | 1.7% |
| （电机） | 10 630 | 71.4% | 28.2% | 0.4% | 166 800 | 68.8% | 30.3% | 0.9% | 175 600 | 50.6% | 45.6% | 3.8% |
| 批发零售业 | 28 272 | 34.9% | 63.5% | 1.6% | 527 200 | 32.6% | 63.6% | 3.8% | 607 500 | 28.1% | 64.7% | 7.2% |
| 金融保险业 | 7 733 | 37.5% | 56.7% | 5.8% | 138 700 | 24.9% | 69.5% | 5.6% | 214 600 | 24.3% | 66.7% | 9.0% |
| 不动产业 | — | — | — | — | 7 500 | 32.0% | 61.3% | 6.7% | 9 700 | 16.5% | 68.0% | 15.5% |
| 运输通信业 | 25 743 | 62.3% | 37.4% | 0.4% | 85 900 | 39.8% | 56.9% | 3.3% | 82 200 | 26.2% | 66.2% | 7.7% |
| 电气煤气自来水业 | — | — | — | — | 2 900 | 17.2% | 79.3% | 3.4% | 19 100 | 1.6% | 95.8% | 2.6% |
| 服务业 | — | — | — | — | 97 700 | 46.7% | 39.5% | 13.8% | 307 800 | 47.8% | 38.9% | 13.3% |

表 5—4　　新就职者（新毕业生及一般人）产业分类及就职途径

| | 1952 | | | 1956 | | | | 1959 | | | | 1962 | | | |
|---|---|---|---|---|---|---|---|---|---|---|---|---|---|---|---|
| | 合计 | 介绍所 | 关系 | 合计 | 介绍所 | 学校介绍 | 关系 | 合计 | 介绍所 | 学校介绍 | 关系 | 合计 | 安定所 | 学校介绍 | 关系 |
| 男性 | | | | | | | | | | | | | | | |
| 产业合计 | 571 908 | 20.2% | 54.0% | 624 563 | 25.3% | 12.1% | 43.7% | 952 719 | 24.9% | 15.0% | 36.9% | 1 265 713 | 21.6% | 21.0% | 26.5% |
| 煤炭业 | 108 469 | 26.5% | 56.7% | 59 286 | 16.0% | 2.8% | 64.6% | 40 077 | 11.9% | 3.3% | 59.7% | 39 369 | 11.1% | 2.1% | 71.7% |
| 制造业 | 311 339 | 23.9% | 52.2% | 406 788 | 13.1% | 12.5% | 40.9% | 658 963 | 30.6% | 14.0% | 34.0% | 812 556 | 27.3% | 21.5% | 25.0% |
| （纤维工业） | 26 744 | 19.4% | 54.1% | 27 611 | 36.4% | 11.8% | 40.9% | 33 579 | 35.5% | 12.7% | 35.2% | 40 599 | 39.0% | 11.2% | 36.2% |
| （电机） | 17 583 | 27.1% | 44.1% | 41 618 | 19.8% | 21.7% | 37.5% | 85 595 | 35.9% | 19.8% | 25.4% | 85 632 | 32.5% | 31.2% | 15.6% |
| 批发零售业 | 30 264 | 9.8% | 51.0% | 39 299 | 11.0% | 29.6% | 37.7% | 89 477 | 18.0% | 23.7% | 40.9% | 168 296 | 10.7% | 30.0% | 20.9% |
| 金融保险业 | 30 264 | 9.4% | 45.4% | 19 314 | 3.8% | 31.0% | 31.2% | 30 696 | 4.4% | 52.2% | 27.2% | 36 437 | 4.8% | 51.7% | 20.4% |
| 不动产业 | — | — | — | — | — | — | — | 4 087 | 5.2% | 7.4% | 26.5% | 2 354 | 3.9% | 31.4% | 34.4% |
| 运输业 | 101 666 | 7.6% | 58.7% | 98 544 | 17.15% | 5.5% | 47.4% | 122 580 | 10.4% | 8.4% | 44.5% | 194 493 | 13.8% | 8.7% | 30.8% |
| 电气煤气自来水业 | — | — | — | — | — | — | — | 6 839 | 5.4% | 23.7% | 48.0% | 12 208 | 7.7% | 33.9% | 12.4% |
| 女性 | | | | | | | | | | | | | | | |
| 产业合计 | 333 925 | 33.8% | 38.2% | 47 442 | 37.4% | 11.2% | 29.9% | 761 292 | 35.1% | 13.7% | 27.4% | 1 023 265 | 27.8% | 20.7% | 24.3% |
| 煤炭业 | 13 855 | 7.1% | 66.1% | 7 607 | 5.1% | 3.3% | 72.3% | 5 754 | 2.6% | 3.1% | 71.7% | 7 263 | 4.4% | 5.9% | 78.3% |
| 制造业 | 253 105 | 39.9% | 35.5% | 352 214 | 45.0% | 8.8% | 29.5% | 567 503 | 41.8% | 9.8% | 27.0% | 666 863 | 34.2% | 13.8% | 25.1% |
| （纤维工业） | 116 525 | 55.8% | 26.8% | 145 253 | 62.7% | 5.7% | 22.0% | 158 980 | 58.5% | 6.2% | 24.6% | 167 267 | 58.1% | 7.3% | 20.8% |
| （电机） | 10 630 | 34.0% | 38.2% | 26 574 | 36.5% | 13.4% | 34.7% | 69 452 | 48.1% | 14.1% | 20.6% | 74 432 | 38.9% | 19.1% | 19.0% |

续表

| | 1952 | | | 1956 | | | | 1959 | | | | 1962 | | | |
|---|---|---|---|---|---|---|---|---|---|---|---|---|---|---|---|
| | 合计 | 介绍所 | 关系 | 合计 | 介绍所 | 学校介绍 | 关系 | 合计 | 介绍所 | 学校介绍 | 关系 | 合计 | 安定所 | 学校介绍 | 关系 |
| 批发零售业 | 28 272 | 21.9% | 45.3% | 48 310 | 20.2% | 25.2% | 29.7% | 95 941 | 17.2% | 22.6% | 25.2% | 194 777 | 19.8% | 36.6% | 15.8% |
| 金融保险业 | 12 733 | 7.6% | 41.3% | 15 412 | 3.4% | 35.7% | 387.7% | 42 176 | 5.8% | 36.1% | 35.8% | 80 352 | 3.4% | 37.5% | 30.6% |
| 不动产业 | | | | | | | | 1 377 | 11.1% | 13.3% | 38.3% | 3 148 | 11.1% | 15.9% | 22.1% |
| 运输业 | 25 743 | 15.3% | 41.1% | 29 117 | 27.0% | 13.2% | 38.8% | 46 824 | 23.2% | 22.9% | 21.4% | 66 068 | 21.7% | 24.3% | 29.3% |
| 电气煤气自来水业 | | | | | | | | 1 717 | 9.0% | 16.1% | 66.3% | 4 794 | 3.0% | 31.6% | 14.7% |

| | 1966 | | | | 1968 | | | | 1970 | | | |
|---|---|---|---|---|---|---|---|---|---|---|---|---|
| | 合计 | 介绍所 | 学校介绍 | 关系 | 合计 | 介绍所 | 学校介绍 | 关系 | 合计 | 介绍所 | 学校介绍 | 关系 |
| 男性 | | | | | | | | | | | | |
| 产业合计 | 1 874 700 | 16.6% | 15.% | 44.2% | 2 101 400 | 14.0% | 17.8% | 45.4% | 2 575 900 | 20.2% | 8.4% | 44.1% |
| 煤炭业 | 30 900 | 14.9% | 1.9% | 71.8% | 32 200 | 10.9% | 1.6% | 81.1% | 25 500 | 19.6% | 1.6% | 68.2% |
| 制造业 | 996 300 | 22.7% | 14.2% | 41.5% | 1 149 600 | 19.9% | 16.8% | 41.6% | 1 263 200 | 28.0% | 8.0% | 41.2% |
| （纤维工业） | 68 300 | 30.5% | 11.6% | 48.5% | 62 900 | 27.2% | 12.2% | 47.5% | 64 500 | 32.4% | 4.5% | 47.9% |
| （电机） | 78 800 | 27.3% | 19.8% | 25.0% | 108 800 | 22.4% | 29.4% | 26.8% | 140 300 | 32.1% | 17.4% | 27.7% |
| 批发零售业 | 435 800 | 10.3% | 20.4% | 43.7% | 493 200 | 7.2% | 25.7% | 45.6% | 540 200 | 14.4% | 10.6% | 43.4% |

续表

| | 1966 | | | | 1968 | | | | 1970 | | | |
|---|---|---|---|---|---|---|---|---|---|---|---|---|
| | 合计 | 介绍所 | 学校介绍 | 关系 | 合计 | 介绍所 | 学校介绍 | 关系 | 合计 | 介绍所 | 学校介绍 | 关系 |
| 金融保险业 | 42 000 | 2.4% | 46.0% | 39.3% | 42 600 | 2.3% | 35.7% | 48.8% | 52 300 | 11.9% | 25.8% | 53.2% |
| 不动产业 | 7 900 | 8.7% | 10.1% | 43.0% | 10 600 | 3.8% | 5.7% | 48.1% | 22 100 | 4.5% | 10.0% | 23.5% |
| 运输业 | 294 400 | 3.8% | 9.3% | 50.0% | 310 400 | 5.8% | 8.2% | 53.4% | 373 900 | 10.3% | 3.0% | 51.6% |
| 电气煤气自来水业 | 6 200 | 11.3% | 38.7% | 35.5% | 5 500 | 9.1% | 40.0% | 34.5% | 7 200 | 20.8% | 16.7% | 38.9% |
| 服务业 | 61 000 | 13.6% | 15.1% | 52.8% | 57 300 | 12.4% | 17.8% | 56.0% | 291 400 | 12.1% | 10.3% | 46.6% |
| 女性 | | | | | | | | | | | | |
| 产业合计 | 1 713 900 | 19.5% | 17.1% | 41.9% | 1 954 400 | 16.5% | 19.4% | 43.8% | 2 340 900 | 23.7% | 7.3% | 45.5% |
| 煤炭业 | 6 600 | 9.1% | 9.1% | 77.3% | 9 600 | 15.6% | 5.2% | 74.0% | 4 200 | 14.3% | 2.4% | 81.0% |
| 制造业 | 928 700 | 26.4% | 10.4% | 41.3% | 1 023 800 | 23.1% | 12.7% | 42.9% | 1 057 000 | 28.2% | 5.0% | 43.9% |
| （纤维工业） | 197 800 | 46.6% | 8.2% | 37.4% | 189 200 | 43.2% | 9.9% | 37.9% | 171 100 | 43.5% | 3.8% | 41.6% |
| （电机） | 113 400 | 24.3% | 13.3% | 27.1% | 150 000 | 21.1% | 17.9% | 32.6% | 175 700 | 31.9% | 7.3% | 34.7% |
| 批发零售业 | 486 600 | 12.0% | 23.9% | 38.5% | 570 500 | 9.9% | 27.7% | 38.4% | 608 400 | 20.9% | 8.6% | 38.4% |
| 金融保险业 | 114 100 | 2.2% | 38.0% | 50.0% | 149 800 | 2.3% | 30.4% | 59.0% | 214 700 | 18.3% | 12.7% | 59.6% |
| 不动产业 | 7 300 | 13.7% | 11.0% | 32.9% | 7 900 | 3.8% | 17.7% | 38.0% | 9 700 | 12.4% | 7.2% | 35.1% |
| 运输业 | 80 100 | 16.1% | 19.9% | 50.2% | 86 100 | 13.7% | 23.0% | 53.9% | 85 700 | 20.0% | 4.9% | 60.0% |
| 电气煤气自来水业 | 2 800 | 10.7% | 32.1% | 53.6% | 3 600 | 13.9% | 22.2% | 55.6% | 3 700 | 32.4% | 16.2% | 45.9% |
| 服务业 | 87 800 | 14.0% | 22.0% | 47.3% | 102 900 | 10.3% | 21.9% | 49.6% | 357 300 | 19.5% | 9.4% | 50.3% |

表 5—5　　　　新毕业生中变动住所人数及变动率

| | 男性 | | | 女性 | | |
|---|---|---|---|---|---|---|
| | 新毕业者 | 变动者 | 新毕业者变动率 | 新毕业者 | 变动者 | 新毕业者变动率 |
| 全产业 | | | | | | |
| 1961 | 426 260 | 147 734 | 34.6% | 366 033 | 96 642 | 26.4% |
| 1962 | 420 740 | 167 206 | 39.7% | 414 169 | 117 893 | 28.5% |
| 1963 | 374 016 | 147 117 | 39.3% | 401 428 | 131 100 | 32.6% |
| 1965 | 579 800 | 252 000 | 45.8% | 577 900 | 205 500 | 35.6% |
| 1967 | 574 700 | 230 100 | 40.0% | 615 400 | 171 400 | 27.9% |
| 1968 | 540 700 | 259 200 | 47.9% | 622 500 | 186 800 | 30.0% |
| 制造业 | | | | | | |
| 1961 | 265 891 | 105 458 | 39.7% | 225 473 | 84 766 | 37.6% |
| 1962 | 285 636 | 120 737 | 42.3% | 239 388 | 94 481 | 39.5% |
| 1963 | 241 689 | 101 258 | 41.9% | 240 349 | 103 986 | 43.3% |
| 1967 | 304 000 | 143 600 | 47.2% | 290 100 | 118 100 | 40.7% |
| 1968 | 297 100 | 157 000 | 52.8% | 275 900 | 121 800 | 44.1% |
| 纤维工业 | | | | | | |
| 1961 | 10 453 | 4 866 | 46.6% | 79 572 | 58 479 | 73.5% |
| 1962 | 11 457 | 6 031 | 52.6% | 86 037 | 64 517 | 75.0% |
| 1963 | 13 591 | 6 596 | 48.5% | 92 246 | 72 845 | 79.0% |
| 1967 | 14 300 | 8 800 | 61.5% | 83 300 | 63 400 | 76.1% |
| 1968 | 13 100 | 9 300 | 71.0% | 80 000 | 62 900 | 78.6% |
| 电机 | | | | | | |
| 1961 | 36 933 | 15 613 | 42.3% | 28 010 | 5 962 | 21.3% |
| 1962 | 42 140 | 14 650 | 34.8% | 32 798 | 5 369 | 16.4% |
| 1963 | 27 557 | 11 649 | 42.3% | 20 908 | 3 918 | 18.7% |
| 1967 | 40 400 | 18 200 | 45.0% | 45 700 | 15 300 | 33.5% |
| 1968 | 44 700 | 22 800 | 51.0% | 45 100 | 16 500 | 36.6% |

续表

| | 男性 | | | 女性 | | |
|---|---|---|---|---|---|---|
| | 新毕业者 | 变动者 | 新毕业者变动率 | 新毕业者 | 变动者 | 新毕业者变动率 |
| 机械 | | | | | | |
| 1961 | 52 777 | 16 463 | 31.2% | 17 257 | 756 | 4.4% |
| 1962 | 46 957 | 17 748 | 37.8% | 10 197 | 805 | 7.9% |
| 1963 | 38 543 | 13 293 | 34.5% | 11 226 | 777 | 6.9% |
| 1967 | 34 000 | 12 800 | 37.6% | 13 600 | 1 700 | 12.5% |
| 1968 | 35 100 | 15 000 | 42.7% | 12 300 | 2 100 | 17.1% |

资料来源：《劳动变动调查报告》1961—1963 年，《雇用动向调查》1967、1968 年。

## 第四节　劳动者招聘及相关规定：纺织业

### 一、序言

如前文所概括的，在战败后应届毕业生的广域迁移中领先的是以纺织业为首的纤维工业部门的女子初中毕业生。那么纺织业的广域招聘是如何进行的？它们在战败后毕业生劳动市场如何能够在各区域间顺利移动以及怎样进行全国性的规划管理？在此，从本节到第六节我们将阐明这一制度的确立过程。

纺织业招聘的广域性特征，从 1945 年以前开始就已经很明显了。在 20 世纪 20 年代以前，纺织企业是在工厂能够通勤的周边地区寻找劳动力。在那之后随着纺织业的急速发展，产生了劳动力不足的问题，于是企业就开始在边远农村寻找劳动力。在这一时期，女工的广域招聘就成为了主要的聘用制度。所谓聘用制度，顾名思义就是派遣招聘人员从各地招聘劳动力，这一方法是纤维相关产业女工的招聘特点。[①] 以采用这样的制度为背景，在以年轻女子为主要劳动力的纺织业中，劳动者的工龄都比较短。

1924 年实施《劳动者招聘取缔法》以后，成为招聘工作人员只有申请被认可后才能进行招聘，通过招聘人员进行的招聘就是以此为原则的。但是，实际上

① 三治重信：《日本雇用的发展过程》，劳务行政研究所，1964 年，41 页："1935 年，所有产业招聘 1.5 万人，应聘的 28 万人中，几乎都是应聘造丝、纺织、织品等纤维产业"。

要监控招聘人员的行动是很难的，因为也存在着人口贩卖性质的劳动力招聘，所以这种制度也因为经常被视为问题而采取了相应对策。比如，20 世纪 20 年代在歧阜、长野、新潟、富山、山梨等劳动力供给地设立了“女工供给组织”。这是以消除由招聘和工资支付等问题产生的弊病，以保护在工厂工作的女工们利益为目的而设立的。[①]

可以说，“民主的”职业安定行政迫切需要对这样的女工招聘习惯进行彻底的改革。在战败后这种状况下，纺织业要采取怎样的对策呢？为了维持招聘的广域性，也就是为了能够进行纺织业的“顺利迁移”，会研究出怎样的新方法呢？“顺利地迁移”以及“无间断的迁移”都是本书研究的重要视角。在以“无间断迁移”为基础的“全国同一步调的出路指导规划管理”的实现过程中，大量雇用年青女性劳动力的纺织业发挥着怎样的作用呢？接下来将探讨以下问题：(1) 明确劳动者招聘改革的具体内容；(2) 讨论针对这样的新情况纺织业采取的对策；(3) 以纺织业为例，明确企业一方通过应届毕业生的雇用规划性以及行政管理进行规划管理的发展过程。

**二、战败后职业安定行政的介入**

日本战败后，提出民主化的职业安定行政针对企业的劳动者招聘而制定的规定分为两种。第一种是关于招聘方法的规定，第二种是关于雇用区域的规定。在 1947 年实施的职业安定法中就列举了文书招聘、直接招聘和委托招聘这三种企业自行招聘的方法。其中文书招聘原则上是自由的，在从能够通勤上班的范围以外进行招聘的时候，它规定招聘方把招聘内容通报给职业安定所负责人，而且这类招聘必须附加相应的对于招聘地区和招聘时间的限制。直接招聘是指招聘方用除文书以外的方法自行招聘，是自己直接招聘劳动者的方法。从能够通勤上班范围以外进行的招聘必须取得劳动省的许可。最后的委托招聘，是招聘方利用自己的雇用者以外的人对劳动者进行的招聘，也必须取得劳动省的许可。顺便说一下，由于是由企业自己的雇用者以及雇用者以外的人员进行劳动招聘，所以可以说 1945 年以前的招聘制度是横跨直接招聘和委托招聘两方面的制度。

招聘方法的相关制度，不仅有相关的法律，而且也通过行政法规被实行。比如，在上述 3 种招聘方法中，“尽管有许可也能够进行委托招聘，但在政策上却选择了不允许的方针”。[②] 因为“如同人口贩卖等中间剥削”那样的“非民主弊

---

① 广崎新八郎：《日本女子劳务管理史》，敬文堂，1967 年，221～222 页。

② 日本纺织协会劳务部：《日本纺织月报》，日本纺织协会，1952 年 1 号，10 页。

端和危害是很容易以委托招聘的形式出现”。[①] 也就是说，这是从保护劳动者的观点出发而采取的措施。这项方针一直持续到 1964 年 4 月劳动省对《劳动者招聘办理要领》修订为止。即使是对于直接招聘，行政执行也是很严格的。特别是在职业安定法成立之初，只有在职业安定行政对劳动者介绍有困难，而且负责招聘的工作人员又是具备规定资格的人员的时候，才允许直接招聘。[②] 这种招聘形式始终被认为是以职业安定所为中心的招聘和雇用的形式（关于直接招聘的地位变化将在后面详细论述）。

而且，当以应届毕业生为对象的时候，企业自己进行的招聘介绍会受到更严格的限制。招聘方对于应届毕业生的招聘行为，“虽然从法律上（职业安定法）没有任何限制，但是，作为劳动省职业安定局的行政措施，职业安定法施行以后禁止企业直接招聘，所有的职业介绍都要通过职业安定所进行”。[③] 这项措施的背景如同“因为学生大部分是青少年，而且工作经验不多，所以对其就职就给予特别的援助是很必要的”[④] 所说的那样，是基于对青少年的保护。于是，在行政部门的强制规定下，企业自己进行的应届毕业生的招聘必须在很大程度上依靠公共职业安定部门。行政介入的第二点是广域雇用的规定。GHQ 把边远地区招聘视为纤维产业劳动条件低下的原因。也就是，从保护劳动者的观点出发，边远地区招聘是在有关劳动者招聘的旧制度、旧惯例中，将其作为特别应该改革的对象置于行政方面考虑的位置。比如，1947 年 4 月从 GHQ 对厚生省发布的指示《职业安定行政的招聘政策》中指出，纤维产业劳动条件低下的原因是边远地区招聘以及只雇用年轻女性的结果。同年 7 月厚生省的通告《劳动者的招聘方案》以“合理调整长期复杂的劳动者招聘区域，公正地进行劳动者招聘，确保稳定的优质劳动力”为目的，把边远地区招聘改为近邻地区招聘。[⑤] 方针是：

（1）作为劳动者招聘的原则，招聘要从能够在该工作地点通勤上班的区域开始进行。

（2）无论劳动条件公正与否，当从工作点区域进行劳动者的招聘有困难时，从邻近区域招聘是被认可的。

---

① 日本纺织协会劳务部：《日本纺织月报》，日本纺织协会，1952 年 1 号，10 页。

② 劳动省职业安定局长通告“关于职业安定行政以外的组织，招聘劳动者的解释与运作”，劳动省职业安定局：《职业安定广报》，劳动省职业安定局，1950 年 3 月号，29～31 页。

③ 劳动省职业安定局：《职业研究》，雇用问题研究会，1954 年 7 月号，29 页。

④ 劳动省职业安定局：《职业安定行政指南》，1949 年，第 3 章，263 页。

⑤ 田和安夫：《战败后纺织史》，日本纺织协会，1962 年，400 页。

（3）只有在通过以上几点招聘有困难的情况下，才能同意在边远区域进行招聘。①

同年5月经济科学局劳动课的麦克波依（音译——译者注）提出了禁止边远地区招聘和废除寄宿制度的意见。② 这种做法在职业安定法中被维持是以在工作点区域招聘和邻近地区招聘为原则的。

该方案第三十九条规定：进行劳动者招聘的人员要从工作点区域招聘劳动者，当从那个区域招聘劳动者有困难的时候，必须尽量从邻近区域的地区招聘劳动者。

如前文所述，在此原则之下，企业从工作点区域之外招聘是被严格限制的。

因此，努力把本地的招聘和应聘结合起来是职业安定所首先被严格要求的。基于1948年《职业安定行政指南》，介绍的基本方针如下：

（1）在和其他的公共职业安定所进行招聘联络之前，必须要努力确保在其管辖范围和劳动市场内③有足够的劳动者。

（2）在和其他公共职业安定所联络之前，必须要确认在本地管辖范围内平时能够通勤上班的地区里是否有适合的求职者。这个情况是以求职者的自由意志作为基础，不限制求职者的住所迁移和其他的迁移自由。"④

总之，这是以本地介绍为优先的方针。但是，对于同一时期需要大量劳动力的情况，就能很容易想象出，仅仅依靠这样的本地介绍进行招聘是不足的。因此，对于那样的情况，会按照同一都道府县、近邻都道府县这样的顺序扩大招聘联系的区域。

但是这样无限制地扩大，很明显触犯了工作点区域招聘和近邻区域招聘的原则。解决这种矛盾的一个方法就是进行地区区域范围的设定。1948年职业安定局制定的制度，把日本全国编制为5个区域，并在各区域内进行劳动力供求调整。区域也被称为"劳动者雇用地区"，在《职业安定行政指南》中记述如下："为了消除聘用边远地区劳动者的弊病，劳动者的招聘要在工作点地区进行，若

---

① 厚生省职业安定局长通告"劳动者的招聘对策"，如上所述《日本纺织月报》1948年2月号，31～32页。

② 东洋纺织株式会社社史编集室：《东洋纺织百年史》（上），东洋纺织株式会社，1986年，515页。

③ 劳动省职业安定局：《职业安定行政指南》，1948年，第5章第3页陈述地域间职业介绍方法中，"同一都道府县同一劳动市场地域内招聘联系"的情况与"同一都道府县内不同劳动市场地域内招聘联系"的情况，因为手续分别记录，这个"劳动力市场"，指比都道府县小的单位地域。

④ 劳动省职业安定局：《职业安定行政指南》，1948年第5章第1页。

在某一地区出现招聘不到合适劳动者的情况，作为这种情况的处理原则是要在下一个劳动者雇用地区[①]进行招聘联络”。[②]

在这样的区域制度内部，纤维产业的招聘是受到特别待遇的。之所以如此，是因为纤维产业是担负着获得外汇期望的出口产业，与煤矿等都被置于需要进行充分招聘的重要产业。[③④] 所管辖范围的职业安定所在收到该招聘联络的都道府县以后，通常是“迅速和其他相关的都道府县进行招聘联系”，但是对于“纤维产业，从质和量上来看都是很重要的，必须特别得到职业安定局援助”。这样的情况，“要事先请示职业安定局雇用介绍课长，在等待指示后再迅速进行必要的联络。”[⑤] 接到都道府县联络的雇用介绍课长参加由劳动省主办的会议，并当场根据职业安定局的资料，让相关都道府县、职业安定所相互之间进行具体的招聘求职联络。[⑥] 就是这样，在纤维产业活用区域制度的过程中，劳动省在行政上给予了大量的支持。

## 第五节　新毕业生广域录用制度：纺织业的情况

### 一、职业安定行政机构的利用

本地主义是以在通勤可能范围内的劳动者雇用为目标的。从提出这种本地主义的职业安定政策的立场出发，可以说，区域制度是以广域雇用为准则的妥协制度。但是如果换一种观点，在区域制度的引导下，到区域以外范围的招聘，也就是到更远的地区进行的招聘就变得有困难。虽然在制度范围内会受到优待，但是对于希望广域雇用的纤维产业来说，区域制度是不自由的。

---

① 劳动省职业安定局：《职业安定行政指南》。1948 年。依据第 5 章，第 9 页的记述，劳动者录用地域指，北海道和东北各县（福岛县除外）组成的 A 地域，东北及関东甲信越组成的 B 地域，宫城、山形、福岛和関东、中部地区组成的 C 地域，中部、関西、中国、四国组成的 D 地域，中国、四国、九州组成的 E 地域这 5 个地域。不过，邻县之间把其他县同样对待。

② 同上，第 5 章，第 9 页。

③ 劳动省职业安定局：《重要产业劳动者职业介绍业务手册》，1948 年，依据第 1 页，重要产业即“为复兴经济重要度最高，为了它的充分发展，国家给予相应政策与援助的产业”。1948 年，纤维产业与石炭、钢铁、电机、肥料、造船等产业并列为“重要产业”。

④ 战败后初期，为振兴纤维产业采取了各种各样的政策。例如，1946 年制定“纤维产业再建三年计划”，同年内阁会议通过“关于促进棉纺织业生产的文件”，颁发“为促进棉纺织业及棉织品产业生产确保主要粮食对策的文件”“关于棉纺织品相关劳务者紧急介绍的文件”。

⑤ 《重要产业劳动者职业介绍业务手册》第 5 章，第 5 页。

⑥ 同上，第 5 章，第 5、20 页。

职业安定行政的介入并未使纤维产业方面放弃广域聘用。包含纺织业在内的纤维产业整个业界反复请愿，反对区域制度。其中原委如《东洋纺织百年史》所述：

“劳动省在GHQ的指导下，进行近邻地区招聘的推进和聘用制度的废除。1923年4月把全国分为五个区域，不认可范围之外的招聘，1923年9月到1925年5月提出了废除聘用制度的方针。纺织业界无视于此，作为抵制业界的措施，对劳动大臣的咨询机构中央职业审议会施加影响并得到了‘对没有危害的直接招聘继续存在，直到职业安定行政充实为止’的结论，同时也解决了区域制度的问题。当时GHQ的长官是有名的G·G·司汤达女士，虽然她在实施劳动基本法方面的做法极其强硬，但是由于包含该公司委员在内人员的顽强交涉，广域招聘的途径最终还是被保留了下来。”①

由于受到业界方面的强烈反对，区域制度在1950年1月被废除了。② 于是，作为和区域制度相区别，从1947年开始，召开了供需调整会议，经过1950年度（1951年3月毕业）分成东西两个区域分别召开会议，到1951年度（1952年3月毕业）形成全国规模。因此出现了全国范围的新初中毕业生劳动市场。

废除区域制度的措施给纤维产业拓宽了广域雇用的道路，如果从前节所述的通勤可能范围内招聘和近邻地区招聘的原则出发，就能知道这其实是职业安定政策的一种妥协。这种妥协有两个背景：第一，如前所述，纤维产业是经济复兴重要的产业；第二，严峻的经济状况。“鉴于最近的失业形势，必须放弃区域制度，进行雇用调整”，劳动省方面也深切地感受到了这一点。③

如供需调整会议象征的那样，在通过职业安定行政招聘、求职者的广域调整体系中，来自纤维产业的招聘发挥着重要的作用。如前面表5—2所示，从20世纪50年代到60年代初，对于职业安定所来说，纤维产业大批招聘女子初中毕业生。另外如表5—6所示，在纺织公司录用的应届女子初中毕业生中，外县出身者的比率，从20世纪50年代中期以来一直是70%左右。虽然不能说所有的县外就职者都是通过职业安定所的介绍，但是表5—6显示的结果是纺织业从其他府县进行了大量的招聘。也就是说，从职业安定行政机构来看，依据纤维产业的招聘情况，地域间的供需调整已成为可能。另外，从纤维产业方面看，依靠以供

---

① 《东洋纺织百年史》上，514页。

②③ 劳动省职业安定局通告“关于职业安定行政以外的组织，招聘劳动者的解释与运作”，《职业安定广报》，1950年3月号，31页。

需调整会议为开端的职业安定行政机构的组成，进行广域录用得到益处最多的是纤维产业。如上所述，通过灵活运用广域录用的新制度，即以供需调整会议为开端的职业安定行政的地域间的介绍，使得纤维产业能够在战败后保持招聘的广域性。

**表 5—6　　纺织公司录用的应届初中女子毕业生中县外出身者**

| 年份 | 录用者总数 | 录用府县出身 | 录用府县外出身 | 县外出身者比率 |
|---|---|---|---|---|
| 1956 | 17 466 | 5 557 | 11 909 | 68.2% |
| 1961 | 23 799 | 6 854 | 16 945 | 71.2% |
| 1965 | 33 827 | 10 095 | 23 732 | 70.2% |
| 1968 | 23 387 | 7 166 | 16 221 | 69.4% |

资料来源：依据《日本纺织劳动月报》1956 年 9 月号，39～40 页，1961 年 10 月号，17～18 页，1965 年 6 月号，15～16 页，1968 年 5 月号，19～20 页计算得出。

注：根据日本纺织协会调查。回答者为日本纺织协会加盟 96 个公司（1956 年），124 个公司（1961 年），132 个公司（1965 年），110 个公司（1968 年）。

## 二、通过劳务代办所的广域录用

战败后纺织产业广域录用的贡献并不仅仅在于供求调整会议，那些被称为劳务代办所或者是劳务补员所的机构也发挥了相当大的作用。这些是被设置在供给地的补员机构。由于工厂不是设立在供给地而无法直接录取的情况下，才设立了作为代理机构的劳务代办所。这个机构对应届毕业生的广域录用做出了很大贡献。因为它原本不是对应届毕业生进行直接招聘而设立的机构，① 所以劳务代办所在确立直接招聘地位的相关政策的变动方面产生了很大影响。我们首先探讨确立直接招聘地位的变化过程。

劳动省已经在 1948 年引入集团制度的同时，明确废止了招聘人制度的方针。对于此事，纺织业的呼吁不仅波及到了中央职业审查会，还得到了“直到职业介绍机构得以完善为止，直接招聘可以以无弊害的形式继续存在”这一答复。从这一答复来分析，直接招聘和劳务代办所将来必定会消失。

在这之后的 1952 年，《职业安定行政指南》增添了修订条款，这竟成了改变直接招聘地位的转折点。条款上明文规定“直接招聘被认可，且不局限于职业介

① 《日本纺织劳务月报》1957 年，56 号，39 页上记载“外地劳务所的本职就是招聘劳动者”。

绍机构的介绍能力”。[1] 也就是说直接招聘及劳务代办所从“应该消失的事物”这种评价中重获自由，可以正当地存在。条款还制定了从事直接招聘人员（劳务代办所的工作人员等）的相关规定及录用制度。直接招聘及劳务代办所能在职业安定行政中获得被确定为正规制度的地位，这与以前的招聘人制度有很大不同。

当然，即使转换上述直接招聘的相关方向，也是没有“不应以应届初中毕业生、高中毕业生为直接招聘对象”的行政政策变化的。据此，直接招聘虽然被肯定，但请注意，它并没有对纺织产业的应届初中毕业生广域录用发挥直接的作用。对于应届初中毕业生，纺织业采取一边灵活有效地运用职业安定行政政策，一边确保广域录用的手段、直接招聘与外地录用允许的方向性是一致的。

本研究最重要的论点在于：劳务代办所对于应届初中毕业生，在进行直接招聘以外的广域录取工作之外，还进行各式各样的业务。具体地说就是，录取地区的保护和管理、录取者的选拔考试以及上任、当地情况的调查，还有家庭联系等业务。[2] 由于新毕业者是无法直接招聘的，但是纺织业最期望的却是录用应届毕业生。[3] 因此劳务代办所为了广泛录用新毕业者，就在直接招聘外的广域录用业务上加大了力度。而且，这种广域录用新毕业生的劳务代办所的工作还要与职业安定所以及学校保持紧密关系。1953 年，《职业研究》就富士纺织录用女子新毕业生一事刊登了如下报道：

“我公司在全国设有八所本公司劳务代办所。它们初选出符合工厂要求的人员，再从中选出工厂需要的合格者，然后在工厂进行正式考试，最终决定是否录用。

虽然这 8 所代办所都是公司的分支，（中略）但在本地方任职的职员都要各负其责，需与自己所驻任地的县厅、职业安定所、学校等保持经常紧密的联系。初试时必须在各个机关职员的见证下，严肃、公正地进行。

具体方法是，第一，根据职业安定所的介绍将候选人聚集到一起，进行工作适应性检查，（中略）然后是身体检查和健康诊断，（中略）最后是做家庭调查。（中略）初试结束之后，选出工厂需要的合格者，再在工厂进行正式测试。”[4]

---

① 《日本纺织劳务月报》1953 年，6 号，18 页。

② 同上，1952 年，1 号，37 页。

③ 纺织业在新毕业生录用上隔阂的一个原因，“优秀的劳动者必须和其他产业同时选拔考试”，这是纺织业的想法。关于这一点，第六节（1）中会做详细说明。

④ 《职业研究》，1953 年 12 月号，33 页。

还有引人注目的一点是，劳务代办所不仅要接受职业安定所的介绍，它所进行的初试还受到学校和职业安定所的监督，这显示了劳务代办所和职业安定所等之间的紧密关系。

进入20世纪60年代，由于经济不景气的加剧以及劳动力不足的严峻化，围绕着录用应届毕业生企业之间的竞争愈演愈烈。基于这样的情况，纺织业界以加强劳务代办所为由做出应对措施。实际上，这个时期劳务代办所数量上急剧增加。[①] 据设立年代最早的企业团体之一的日本纺织协会的调查，1959年劳务代办所及其分社共64所，到了1965年，就增加到了114所。[②]

以东洋纺织为例，施行职业安定法的1947年，代办所有新潟、长野、岐阜、宫崎、岛根、鹿儿岛、山形、高知、静冈、广岛10所。[③] 在这之后，随着1952年录用规模的缩小，只剩下新潟、长野、静冈、岐阜、广岛、兵库、岛根7所代办所。之后一段时间都很平稳。但是此后，即1963年6月在三重、德岛、爱媛，8月在青森、鹿儿岛，12月在宫城、秋田，第二年3月在宫崎，8月在北海道，共设立9所代办所，到1968年又追加设置了长崎代办所。[④]

由劳务代办所参与的录用工作要受到职业安定行政的监督、指导以及协助，让我们引用一些事实来补充说明这个情况。公司方面有必要在设置新代办所前在该地区做出录用的实际业绩。为了达到这个目的，对地方职业安定部门做疏通工作是不可避免的。

“在这之前（引用者注：设新代办所前），要与事务所直接进行多次联系。也就是说，（引用者补充：例如）宫城县派人去拜访介绍所课长，去介绍所询问“能否让我们录取”，上交实际招聘情况统计。将这些事反复进行多遍，从介绍所开始再通过介绍所，以表示“我们希望在本地区招聘”。当然是按照正常渠道，即通过从介绍所再到介绍所的公开形式，表明招聘意向。当然这是要反复进行的。要招聘初中毕业生、高中毕业生、季节工人，实质上就是做某种程度的实际

① 伴随着外地劳务所的急剧增加，出现了违反招聘原则的问题。为此劳动省20世纪50年代末以后，因为就业难这一实际问题而修改招聘制度没有必要，不允许招聘（包括直接招聘）的方针（如上所述，《日本纺织劳务月报》，1964年，146号，22页），1964年修订《劳动者招聘要领》，再次允许企业招聘劳动者。劳动省“过去招聘不够明确，现在要清楚招聘，设立严格规章制度，积极认可正当的劳动者招聘，希望确立招聘秩序实现供需和谐”。（同一杂志，1963年，131号，14页）。

② 同一杂志，1966年，169号，32页。

③ 《东洋纺织百年史》（上），514页。

④ 东洋纺织株式会社社史编集室：《东洋纺织百年史》（上），东洋纺织株式会社，1986年，397页。

业务。（中略）仅仅挂出“代办所”的牌子是无法轻而易举就能进行录用工作的。没有实际业绩是没有发言权的，只有做出实际业绩才行。邻近的（引用者补充：县的代办所）的成立，就如同空降兵一般突然，需要去工厂多次表示意向才行。”①

再者，除了和职业安定部门，劳务代办所还与学校有密切的联系。据日本纺织协会 1965 年的调查，在从事代办所补员工作的 523 人中，和学校有关系的人最多时有 103 人。② 顺带说一下，和职业安定所有关的人数仅仅是 17 人。也就是说，“从业人员的招聘工作在人际关系上涉及面是相当广的。因此大多会雇用学校、职业安定所、农业协会等机构退休人员作为从事招聘工作的人员。”③

通过劳务代办所实现广域录用看似是由第二次世界大战前招聘人制度进行的远地区招聘，但是劳务代办所内外的环境却在 1945 年后发生了相当大的改变。纺织业，即使是通过劳务代办所进行录用，也得一边灵活运用职业安定行政规定的制度，确保职业安定所和学校之间的紧密联系，一边实现广域的录用。

纺织业录用的方式是以横跨全国的广域式录用为基础的。可以说由于它在第二次世界大战败后仍维持和发展着这种方式。对于新毕业生录用一事，一方面有效利用供求调整会议以及职业安定所等介绍业务的安排，另一方面通过劳务代办所和职业安定所之间的合作，以巧妙地维持广域录用方式。这一点，从女子初中毕业生方面来看，可以得到启示的是，在大量录用毕业生的优秀单位就职不仅伴随全国范围的地域性移动，以职业安定所这一渠道为媒介开展工作也是极富成效的。

## 第六节　规范化与管理的进展：纺织业的情况

如上所述，在 20 世纪 50 年代，纤维产业的企业在初中毕业生劳动市场上是极为重要的招聘单位。这种重要性反映在 20 世纪 50 年代中期，我们必须对考虑

---

① 依据本研究会 1998 年 1 月 27 日在大阪实施的，对村上义幸（负责东洋纺织总务部社史）的采访。

② 《日本纺织劳务月报》，1966 年，169 号，35 页。

③ 同一杂志，1968 年，200 号，41 页。

纺织业招聘制度的分批录用的特例予以认可。这是一种对于大量招聘，在与其他产业同时进行新毕业生的测试的时候也能按规定得到延迟录用时间许可的制度。在本节中，作为分批录用制度确立过程的事例，在明确以“无间断的移动”为基础的“进路指导全国统一规范化”进展的同时，描绘分批录用制度确立后的职业安定政策对新毕业生录用规范管理的进展情况。

### 一、分批录用的引入——关于规范化

20 世纪 50 年代初，受到经济波动强烈影响的纺织业，已难以确定第二年新毕业生的招聘数。这首先构成的问题是录用的不确定性。1952 年又是突然从 3 月因为特殊需求而增产的年份。在这一年中，纺织业虽然预测要录用将近14 000 名新初中毕业生，但却实施了“情况剧变就立即”取消录用的方法。因此，可以说这一年除了部分新增设的公司，几乎都没有录用新员工。①

大规模录用取消经历的反省可以说是比确定来年新毕业生招聘人数迟了一步，这与晚一步申请招聘是分不开的。被称为“10 社”的大企业集团，在进行大幅度职工调整的情况下就会终止新毕业生的录用。但是到了 6 月由于需要补充人员，还需录用一些毕业生。而同年，被称为“新纺”“新新纺”的创建时间不长的中小型企业中的纺织公司和“10 社”不同，一般会照常进行新毕业生的录用工作。② 但是由于 1953 年的夏天呈现出大公司招聘迟缓的情况，一些刚到新纺、新新纺就职的应届毕业生，就顺应这一点最后换公司了。对于这一事态，劳动省分析后认为：“我们认为调公司应以劳动者个人的愿望为基本，不得强制拉拢。但即使如此，这种现象一旦扩散开来，就会带来劳动市场混乱，甚是令人担忧。”③ 于是在 1953 年 12 月，劳动省发出了分批录用这一特例的通告。虽然仍延续求职者毕业后尽量直接就职的方针，目前对于 1954 年 3 月的新毕业生，仅限于大批招聘，但是在求职者强烈的就职希望以及表示即使开始工作时间延迟也接受的情况下，直至 9 月份分批录用的方式才被承认。而且只有大公司才有权利获得新毕业生录用时期的灵活性并通过其调整招聘人数。所以在这种制度下，即使无法确认招聘人数的大公司也能和其他企业一样，在同一时期同时申请招聘。也就是说，对于行政方来说，与纺织业准备的录用时间相比，全体申请招聘时间一律优先。

---

① 《日本纺织劳务月报》，1953 年，77 号，59～60 页。

② 同一杂志，1954 年，89 号，69 页。

③ 《日本纺织劳务月报》，1954 年，18 号，19 页。

但是，1953年度（1954年3月毕业）导入制度的结果是，伴随着工作时间的缩短，相继出现了新毕业生录用的取消和延期。虽然得不到“10社”的数据，但是以新纺、新新纺为对象进行调查，我们发现1954年7月底这一时段中内定录用人员实际是14%，都是根据公司方面的情况进行录用取消和录用延期的。① 对于这种情况，劳动省在7月发出通告：“关于取消录用招聘的措施”，其中一段如下所述：

“我们仍在积极办理应届学校毕业生的职业介绍事务，但最近一部分纺织机构招聘频频出现取消录用现象，这非常令人遗憾。且不谈被取消录用者以及其家庭的失望与不满，这对社会带来的影响也是发人深思的。而且相关事例不仅会成为其他企业竞相模仿的对象，更甚者这种对被取消录用者的欠缺考虑的处置方式会招来世人的批评。因为考虑到这涉及职业安定行政信用问题，所以必须谋求一个万全之策。”②

1953年导入分批录用制度的当时，行政方虽然认识到开始工作时间的变更以及录用的终止都“会对求职者带来极为不妥的后果”，但关于这个问题他们还是站在只要再次得到求职者的谅解就可以的立场上。③ 但是，事实上一旦发生这种录用取消的事情，行政方也必须重新认识到这是非常重大而且深刻的问题。在这之后，职业安定行政决定采取一贯的以消除录用取消为最优先条件的指导方针。从第二年即1954年度（1955年3月毕业）不再继续分批录用的特例来看，这项方针已经显而易见。

但是，早期决定新毕业生招聘在第二年度（1956年3月毕业）就陷入困境：一方面必须避免取消录用等不确定情况。另一方面，在从5月开始就一直持续的工作时间缩短状况下，又无法估计第二年的招聘人数。因此，纺织业界在1955年10月底召开的供求调整会议前，提出了以下意愿书：

“三、（前略）关于正式招聘的时间，由于要预先考虑劳动省规范选考开始后的情况和可能会发生的一些职业安定行政上的混乱，也要担心最后会出现“拉拢”等后果，所以希望选考时间推迟一个月左右。

四、由于选考合格者中一部分急着要就职，（中略）希望由劳动省采取适当的措施。

---

① 依据日本纺织协会调查结果计算得出。

② 同一杂志，1954年，24号，43页。

③ 同一杂志，1954年，18号，23页。

五、根据业界的实情，要一次性让所有选考合格者就职还是相当困难的，所以希望务必请认同分批录用这一特例。”[①]

在这份请愿书中，开始选考（初中毕业生从1月开始，只有一部分北方积雪地区从12月开始）的延期和录用时间的前移是不被允许的，但是，1955年12月的通知承认了分批录用。那么到底是什么使劳动省做出这样的决定呢？开始选考的延期不被允许是对介绍一线的职业安定所而言的，因为在1月开始选考后根本没有剩余的时间。是处在“所以（中略）希望本省在12月开始全面准备，因为还要照顾到接下来没有赶上大量招聘的毕业生，一定要在1月开始选考，因为如果到了快毕业的2月中旬的话就来不及了。”[②] 这种状况下，如果时间还充足的话，对于最后介绍仍没达成合作的招聘单位和求职者，直到新毕业生毕业后仍能有多次机会。[③] 据此，虽说是大企业的要求，但是延迟选考也是不被允许的。而且如果录用时间的前移，在某种意义上就变成了毕业前的录用了，这也是不被允许的。

一方面，劳动行政方面允许分批录用的特例是考虑到，由于如果像纺织业这样需要大量优秀人员的企业选拔晚了，就职者的职业选择范围就变狭小了，这就会导致求职者往其他产业移动，就会产生职业安定上的混乱。[④] 但这次有明文规定“本措施是以绝对不实行录用终止等行为为条件来实施的”。[⑤] 伴随着就业开始期的变更，会有些议论和终止录用等这样的事发生。这些事发生时，都要向本省作一个报告。分批录用是以比行政方面更为严格的监督为基础而实施的。总之，劳动省以没有录用取消为最优先，以招聘时期的统一化为目标。1954年3月，发生了大量毕业生被取消录用的失败经历，因此这样的指导是有价值的。在纺织业界，在1956年3月的应届初中毕业生中，在1956年6月后还在等待被录用的有1 522人，实际上，从1956年6月到1957年3月实际被录用的应届初中毕业生为1 532人，超过了等待被录用的人数，从数字上看，录用取消已经不存在了（参照表5—7）。

---

① 《日本纺织劳务月报》，1955年，40号，31页。

② 1957年11月召开的座谈会上，茨城县职业介绍科员的发言（如上所述，《职业研究》1953年2月号，37页）。

③ 《日本纺织劳务月报》，1954年，28号，16页。

④ 同一杂志，1956年，41号，26页。

⑤ 同一杂志，1957年，53号，24页。

**表 5—7　纺织公司年平均运转率与应届女子初中毕业生招聘数及录用数**

| 年份 | 年平均运转率*<br>(A) | 招聘数<br>(B) | 录用预定<br>(C) | 新毕业生录用数<br>(D) | 6 月时录用数<br>(E) | 6 月以后录用数<br>(F=D—E) | 6 月末以后录用预定数<br>(G) | 6 月末以后录用者比率<br>(F/D) |
|---|---|---|---|---|---|---|---|---|
| 1951 | 89.2% | — | — | — | — | — | — | — |
| 1952 | 81.3% | — | 约 14 000 | 几乎没有 | — | — | — | — |
| 1953 | 84.2% | — | — | — | — | — | — | — |
| 1954 | 91.9% | 7 911 | 6 627 | — | 4 843 | — | — | — |
| 1955 | 85.9% | — | — | — | — | — | — | — |
| 1956 | 91.9% | — | — | 18 998 | 17 466 | 1 532 | 1 522 | 8.1% |
| 1957 | 93.6% | — | — | 25 827 | 24 639 | 1 188 | 1 188 | 4.6% |
| 1958 | 74.2% | 18 423 | — | 9 652 | 4 816 | 4 836 | — | 50.1% |
| 1959 | 81.3% | 10 505 | — | 15 595 | — | — | — | — |
| 1960 | 96.6% | 36 194 | 29 149 | 29 149 | 30 074 | * | — | — |
| 1961 | 95.6% | 35 750 | 22 137 | 23 137 | 23 799 | * | — | — |
| 1962 | 75.5% | 49 363 | 26 403 | 26 433 | 26 265 | 168 | 168 | 0.6% |
| 1963 | 74.4% | 44 634 | 24 058 | 25 099 | 24 928 | 171 | 81 | 0.7% |
| 1964 | 83.9% | 72 673 | 30 316 | 31 514 | 31 514 | 0 | 0 | 0.0% |
| 1965 | 96.3% | — | — | 33 827 | 33 827 | 0 | 0 | 0.0% |

资料来源：1951—1961 年（A）田和安夫编《战败后纺织史》，日本纺织协会，1962 年，917 页。

1962—1963 年（A）日本纺织协会《日本纺织月报》，日本纺织协会，1964 年 5 月号，24 页。

1964—1965 年（A）《日本纺织月报》1966 年 5 月号，22 页。

1952 年（C）（D）《日本纺织月报》1953 年 5 月号，59～60 页。

1954 年（B）（C）（E）日本纺织协会劳务部《日本纺织劳务月报》，日本纺织协会，1954 年 5 月号，26 号，19～23 页。

1956 年（E）（G）《日本纺织劳务月报》1956 年，49 号，35～40 页。

1956 年（D）及 1957 年（D）（E）（G）《日本纺织劳务月报》1957 年，62 号，6～12 页。

1958 年（B）《日本纺织劳务月报》1958 年，66 号，34 页。

1958 年（D）（E）《日本纺织劳务月报》1958 年，73 号，38～42 页。

1959 年（B）《日本纺织劳务月报》1959 年，77 号，37～38 页。
1959 年（D）《日本纺织劳务月报》1959 年，88 号，15 页。
1960 年（B）（C）《日本纺织劳务月报》1960 年，93 号，35～40 页。
1960 年（D）及 1961 年（B）（C）《日本纺织劳务月报》1961 年，105 号，38～43 页。
1960 年（B）（C）《日本纺织劳务月报》1960 年，93 号，35～40 页。
1960 年（E）《日本纺织劳务月报》1960 年，100 号，15～17 页。
1961 年（E）《日本纺织劳务月报》1961 年，112 号，13～18 页。
1961 年（D）及 1962 年（B）（C）《日本纺织劳务月报》1962 年，119 号，16～19 页。
1962 年（E）（G）《日本纺织劳务月报》1962 年，124 号，33～38 页。
1962 年（D）及 1963 年（B）（C）《日本纺织劳务月报》1963 年，137 号，13～18 页。
1963 年（E）（G）《日本纺织劳务月报》1963 年，137 号，9～14 页。
1963 年（D）及 1964 年（B）（C）《日本纺织劳务月报》1964 年，145 号，27～29 页。
1964 年（E）《日本纺织劳务月报》1964 年，151 号，16 页。
1964 年（D）及 1965 年（E）《日本纺织劳务月报》1965 年，160 号，11～16 页。
1965 年（D）《日本纺织劳务月报》1966 年，174 号，15～18 页。
注：1. ‘—’标记表示数字不清楚。
2. 年平均运转率＝平均运转锤数/年末时可能运转锤数。
3. 1954 年，只调查新纺、新新纺。
4. 1960 年及 1961 年（F）为负值，应该与这个时期纺织公司数减少有关。

从分批录用的导入可以看到，“毕业同时就职”这样的观点是与“进路指导全国统一规范化”的流程相悖的。但是寻求“进路指导全国统一规范化”，如第一章所述，可以对初中毕业生就业在全国范围内进行供求调整。为此，首先必须使介绍选拔与招聘求职工作一起进行并确定招聘求职者的人数，然后根据相应的结果确定是否录用，因而统一录用时间就成了在全国供求调整方面的关键问题。分批录用在录用时间上有一定的弹性，同时又有人数不确定的问题，这样的制度为什么会产生“不确定性”呢？那是因为即使今后的发展方向不明确，加上职业介绍和人才选拔要共同进行，招聘申请也必须在规定的时间内提交。也就是说，为了能使纺织业加入，在全国统一的发展指导计划中引进了分批录用的制度。

另一方面，像这样的全国统一的规范化管理，是不能忽视纺织业的。比其他产业迟选拔的话，应聘的就是“在以前的选拔中被淘汰的人”。[1] 也就是说就是初次选拔中的落选者。“现在得到最优秀新人的方法只有一个，那就是在允许的范围内尽早申请录用新的毕业预定生，大致确保一年所必要的人数。不尽早的话

① 《日本纺织劳务月报》，1956 年，52 号，31 页。

就得不到优秀的人才，就算是就业难的年份也没有丝毫改变”。[①] 劳动省方面也是这种主张。1952 年在纺织录用介绍协会[②]和劳动省职业安定局的联络会议中，提出了推迟录用申请等招聘方的希望。劳动省做了如下回答：

“录用预定不要在不确定的时间勉强申请，在必要时招聘比较好。宁可今年有剩余的名额。但如果希望得到优秀人才，还是明年年初就完成招聘为好。如果完全没有预定人数，劳动者会觉得今年棉纺行业不行，只好放弃，转而进入其他产业。因此，如果需要部分优秀劳动者的话，就要在 12 月提出申请预定数，在一月结束人才预录用，如果四月以后还有剩余劳动者，应该有接收这些人的觉悟。”[③]

如果想招到“优秀的劳动者”，行政就要管理规范化。因为全国统一的规范化管理、就业指导和录用选拔，在企业看来，是围绕着“优秀应届毕业生”的竞争，是在最短期内系统地进行的。

**二、管理的进展——从分批录用到计划录用**

1955 年度（1956 年 3 月毕业）分批录用的实施再次得到认可。但这仅是作为当年度的特例而被认可的。因此从 1955 年度到 1957 年度（1958 年 3 月毕业）期间，纺织业为了让分批录用的特例得到认可，每年都要持续不断地到劳动省去办理手续。1958 年 11 月，分批录用向着“计划录用”这一新的构想发展，最终成为了正规制度。这样的制度在发展中，使得招聘方的行政指导更精确化了。这是以全国统一的进路指导计划为基础而成立的，是与招聘、求职相适应的结果，可以说是更确定了行政方面的预测。在下一部分，将通过纺织业的状况分析使分批录用及计划录用在行政方面的管理变得明确。

分批录用在一年之后复活。1956 年 3 月的毕业生险些被取消录用。招聘申请期正好是在缩短工作时间的情况下，但以后工作时间缩短有所缓和，出现了要追加录用人数的局面。1957 年，毕业生的录用更为顺利。在 1 188 名 7～9 月分批录用的预定人数中，留下了一部分，8 月份就几乎全部进入公司。[④] 职业安定所的毕业生，在特别就业期结束后的 6 月末，录用率也从 8.1％下降到 4.6％

① 《日本纺织劳务月报》，1954 年，27 号，1 页。

② 1947 年设立“希望积极协助政府职业安定行政同时企业界自身招聘制度的民主化及劳务介绍”，企业界团体（《日本纺织劳务月报》，1952 年，1 号，15 页）。当时只有 10 个公司组成的团体，1952 年以实行直接招聘相关规则缓和为契机，改组成加上这 10 个公司以外的棉纺公司、其他纤维公司等单位的地方组织。

③ 《日本纺织劳务月报》，1952 年，4 号，10～11 页。

④ 《日本纺织劳务月报》，1957 年，62 号，6 页。

(参照表5—7)。

1957年度(1958年3月毕业)是非常有趣的一年。首先，1957年10月份出台了分批录用的确认通告，其中包含了以下内容：

"在实行分批录用的企业中，对照过去实行分批录用情况，对于那些没有履行当初明确指出的诸条件的企业，在本年度申请实行分批录用时，都道府县在充分调查实际情况，加强指导并进一步改善的同时，要毫不松懈地注意其实施过程。"①

调查其过去的录用实况，然后再进行指导，并更加严格地规定取消录用和延期录用，这样才能更严格地实施分批录用。到1957年11月末，才决定各公司的预计录用人数。如上所述，在部分积雪地区更早，纺织业也按这个计划行动，从12月就开始进行职业介绍和选拔，开始了录用工作。② 至今，纺织业可以说已经完全按照全国统一的进路指导计划在出色地运作着。

但是，从同年12月开始，工作时间的急剧缩短使纺织业剧变为被搁置的状态(见表5—7)。"年平均周转率"是表示纺织业设备周转率的指标，它影响着必要劳动力的计算。1958年的年平均周转率，从前一年的93.6%下跌了近20个百分点到了74.2%。从这也可以看出其变化的剧烈性。由此便出现了大量的录用取消。突出的问题是积雪地区已经结束了招聘，因此录用取消就集中在了积雪地区以外的其他地区，导致了府县间的招聘数量严重失衡。如第三章所述，为了地区间的供求平衡，而不产生极端的差异，劳动省考虑调整地区间的差距。但是部分积雪地区以外录用取消的集中状况，对劳动省来说已经成为相当严重的问题。因此劳动省对日本纺织协会做出了如下要求：

1. 尽量减少取消录用的人数。
2. 对于取消录用人数，各县必须按比例保持相对均衡。
3. 已发出录用通知的人不包括在取消录用的人选当中，而是作为超额录用。
4. 职业介绍机构进行商议并尽快做出取消录用的计划。
5. 取消录用计划不能再作变更。③

总之，不能取消录用，而且也不能过分取消招聘。此外，在取消招聘的时候，应考虑地区间的平衡。关于这点，纺织业和劳动省进行了交涉，结果是不取

① 《日本纺织劳务月报》，1957年，64号，27页。
② 《日本纺织劳务月报》，1958年，66号，31页。
③ 同上，33页。

消录用为最优先。也就是说，取消招聘的各府县按比例调整，已经录用的人不能再取消，今后要努力在选拔上做到府县间的平衡；不得已而取消的招聘计划不再变更。行政方面必须做出部分牺牲，“招聘人数确定计划的绝对化”和“地区间的劳动力需求差异的消除”，包含了为贯彻不取消录用这一大原则而不取消招聘的意思。1958 年 3 月末，已取消的招聘人数达到当初所需求人数的近 30%。[①]

但是，即使取消大量招聘，从公司的运营状态来看，预定的招聘人数仍然过多。因此，通过分批录用，要在 9 月末为止采取延期就业的措施。1958 年 6 月末，预定录用 35%以上的毕业生人数处于待业状态。另外，在待业者中本人辞职的有 3 482 人，占预定录用应届毕业生人数的 26.5% 。[②] 其中，因经济状况不能等待就业而辞职的人也包含在内。劳动省十分重视这种情况，因此在 1958 年 7 月末发出了严守 9 月末录用的通告：“万一这（引用者注：到 9 月末录用完毕）也不完全实行，那么该预录用者在就职上就处于极其不利状态。伴随这种情况，会引起各种纠纷，进而招致社会对这一特别措施的批评，严重影响今后职业介绍组织和贵业界的协作体制”。[③] 并以非常强烈的口吻将请求书寄给了日本纺织协会委员长。结果奏效了，9 月末就完成了全部录用，1957 年度（1958 年 3 月毕业）的应届毕业生被录用完毕。

1957 年度混乱的经历，进一步强化、巩固了行政指导。1958 年 11 月，变为分批录用并引进计划录用的新构想。它与分批录用的主要差别有以下 3 点。[④] 第一，最终就业期从 9 月末提前到 8 月末。而且，7～8 月的录用者需要在 6 月进行身体检查，然后录用单位根据检查结果决定录用与否，及时建立雇用关系，这样就能缓和长期待业者的负担。第二，最重要的不同是，在录用预定表有变更时，将在第二个月向招聘方报告改为每个月末报告决定录用者的使用情况。关于预定录用的实施状况报告，从只在变更时报告转变成在一般情况下也报告，这就将毕业后的入社规范化管理的主体转移到了行政部门。至此，可以说延迟录用时期的录用方法只有在职业安定行政部门严格的监督下才可以使用。

这个新制度的真正价值在于与 1958 年同样受到了工作时间急剧缩短的 1962 年 3 月的毕业生（1961 年度）的就业中。1962 年的年平均周转率从 1961 年的

---

① 《日本纺织劳务月报》，40 页及 1958 年，66 号，34 页登载的数据计算得出。

② 《日本纺织劳务月报》，1958 年，76 号，40 页。

③ 《日本纺织劳务月报》，1958 年，76 号，39 页。

④ 《日本纺织劳务月报》，34～35 页。

95.6%跌至75.5%，足足跌了20个百分点，但是1962年3月的毕业生并没有被取消录用。纺织业通过强化录用选拔来应对，从1962年6月末以后待录用的人数比例来看，是少于1%的。当然，6月以后被录用的人很少，大概是受到招聘人数趋于增多的劳动市场的供求关系的较大影响吧。但是，虽然选拔强化了，新毕业生的录用人数仍超过了录用状况良好的前一年。一旦确定录用人数就不能取消，结果过剩的人员也按计划被录用了。以1962年为契机，劳动省实现了纺织业中毕业新生录用的规范化管理。

## 第七节 结 语

对于新初中女性毕业生的劳动力市场，学校、职业安定所这样的“制度”所起的作用可以说比男性劳动力市场更为重要。20世纪50年代、60年代，女子通过职业安定所而就业的人数和就业率，大体上比男子高。20世纪60年代后期，男女差距的扩大加速了女子对职业安定所的依赖。这样，女子初中毕业生的就业就被进一步纳入“制度”范围内，其最大的理由是，以纺织业为首的纤维产业从全国大量录用了女子初中毕业生。纺织产业的大量招聘，随着地域间的转移，其就业的概率与其他产业的就业概率相比是相当高的。但如不通过遍布全国的职业安定行政计划，录用也是十分困难的。这从已就业的女子初中毕业生来看，要想进入录用女子的优秀公司就业，如不将学校和职业安定所这样的渠道作为媒介也是不可能实现的。

另外，在本章中，对于有着广域录用这一特征的纺织业，我们对其录用新毕业生的过程也做了详细的分析。纺织业的事例，描绘出了在纺织业界和劳动省的相互作用下，将初中毕业生的职业介绍计划制度化的过程。它提供了在20世纪50年代、60年代的历史脉络中，能够仔细探究企业界和职业安定行政机构之间的斗争与合作关系实况的绝佳材料。20世纪50年代早期，纺织业被认为是重要产业，具有最大限度地录用优秀人才的权利。供求关系方面也是在对用人方有利的市场条件下，纺织业巧妙地维护着在全国范围内的广域录用，并使其发展。我们可以将“集团制度的废止”“允许直接招聘的劳务代办所在职业安定行政内的位置设置”“分批录用”等，看做是纺织业将职业介绍计划变成有利于企业方的结果。

但是，职业安定行政方也未必失去了与“制度”的形成发展有关的主动权。20世纪50年代，职业安定行政逐步向纺织业要求实行“全国统一的彻底的规范化管理”。职业安定行政部门关心的问题是从“延迟录用申请”（1953年度）到“取消录用”（1955年度），然后再到“招聘取消”（1957年度）的变化，最终向着大幅度强化统制的方向推进。进入20世纪60年代，供求关系转变为求职者不足，于是职业安定行政部门就对所有的招聘进行强化指导，与之对应，纺织业也计划了彻底的规范化管理。遭受了工作时间急剧缩短的1962年，职业安定行政部门不允许纺织业取消招聘，与此同时，为了不实行取消录用，职业安定行政部门还对学生毕业后进入公司后的计划也进行了指导。

如此一来，形成以学校、职业安定所为媒介的职业介绍“制度”并使职业安定行政部门成为一般的统制主体就不是一条平坦的道路了。受时代状况的影响，在对企业方的要求做出让步的同时，职业安定行政部门开始“指导和统制”的渗透。纺织业的事例清楚表明了这一点。关于以供求关系为基础的历史性的脉络变动，以及关于劳动行政和企业关系的变化，在下一章中将以劳动行政方面的资料为中心做详细的分析。

（本章第一、二、三、七节由石田浩执笔，第四、五、六节由村尾祐美子执笔）

# 第六章

# 从初中毕业生到高中毕业生

## ——男子毕业生劳动力市场的制度化及其结果

### 第一节 前　　言

新毕业生从学校毕业后马上就职已经成为当今日本社会的一种惯例，虽然这种惯例并不是在任何国家都可以看到。比如，美国高中毕业生中，有半数以上是在毕业离校后才开始找第一份工作的。与此相对照的是，日本有80％的高中生在毕业前就开始找工作，并且很多人都是通过学校的介绍实现初次就业的。从学校录用大多数毕业生的企业和学校之间每年通过录用、就职，关系逐渐变得密切。事实上，许多高中生就是基于这种“实绩关系”而实现就业的①。

然而，按这种惯例进行劳动力的广泛聘用的历史还是相当短暂的。至少在1950年以前的日本是这样的，我们暂且假定在战时动员体制下按计划进行劳动力再分配期间，社会经济是以家族经营为主体的第一产业为中心的。家族经营农业的人占多数，做小买卖的人和手艺人也达到了相当的数量。这些人中大多数是结束学校教育之后，无论发现什么样的就业机会，还是会留在家里一段时间，这

① 苅谷刚彦：《学校·职业·选拔的社会学》，东京大学出版社，1991年。数据的原资料是雇用职业综合研究所的《关于青年的职业适应国际比较研究：从学校往职业的桥梁》，职研调查研究报告书No.24，1989年。

种现象很普遍①。和现在不同，那时从学校毕业和进入工作单位这两个时期尚未同步。

学校与职业安定所大规模地开展对新毕业生的职业介绍工作，其初衷就是为了大幅度改变这种不同步的状况。客观上看，就是以在校学生为对象的职业介绍尝试中，实现从学校到职场的“无间断转移”，进而促进定期录用惯例的形成。另外，在20世纪50至60年代的日本，经历了以市场经济为基础的前所未有的产业结构的急剧变化和雇主增加等问题。而正如第一章所指出的那样，战败后日本社会结构变化的顺利进行，是由职业安定所对新毕业生劳动力进行“调整”之类的活动所支撑的。

本章将研究职业安定行政部门对新毕业生市场制度化的尝试，以企业和学校的合作为基础经历了怎样的过程。以男性毕业生为对象来探索经过什么样的过程使现在的定期录用体制诞生并得以确立下来。正如下文所述，这种定期录用体制发展的道路并不是一帆风顺的，实际取得的效果和政策负责人所预期的目标也有所不同。确实，职业安定所制定了毕业生劳动力供给和需求相互沟通的规则，同时作为主体也切实开展了职业介绍活动，并取得了显著成效。但是，到了一定的时间，其活动开始急剧减少。因此，与其说这种定期录用体制是职业安定所主体作用的结果，还不如说是职业介绍过程中，学校取代了职业安定所而成为这个活动的主体，使得这种制度在日本社会确立下来。高中毕业生取代初中毕业生成为一般劳动力的主体，20世纪60年代后期就是这样一个重要转折点。

基于此，本章将以初中毕业生和高中毕业生为对象从以下三个方面进行分析。第一，从宏观数据上研究男性毕业生的就业和职业介绍的动向，以验证就业过程制度化的发展。第二，主要参照20世纪60年代的情况，分别从初中毕业生和高中毕业生来研究这种制度化的形态，可以发现两者之间存在着很大的差异。第三，在前面的基础上，从企业方面来研究录用管理的形态，即把从初中毕业生向高中毕业生的学历更替作为企业和学校直接结合的制度基础，探讨对于现在的定期录用体制形成的划时代意义。

① 例如，根据战败前最有深度的调查（野尻重雄：《农民离村的实证的研究》，岩波书店，1942年），农民离村者里男子年龄在15～19岁的最多，占全体的1/3，20岁以上的达40%（抽样6 909户；调查时间1939—1940年）。这个研究完全不能说明从农村的移动和学校毕业是同时进行的。

## 第二节　宏观分析

### 一、从初中毕业生到高中毕业生

首先，确认男子新毕业生中非农林、水产产业部门就业的人数（见图 6—1），这个数字接近于从事雇用劳动的人数①。初中毕业生从事非农业的人数，从 1950 年的 14 万人激增到 1956 年的 30 万人后持续稳定，到 20 世纪 60 年代中期一直保持高水平。如图 6—1 所示，在农业部门就业的人数从 50 年代前期开始迅速减少，1956 年比 1950 年减少了 12 万人，第一产业过剩雇用劳动力就是在战败后农村人口逐渐增加的背景下发生的。这个时期在农业部门就业的人数急剧减

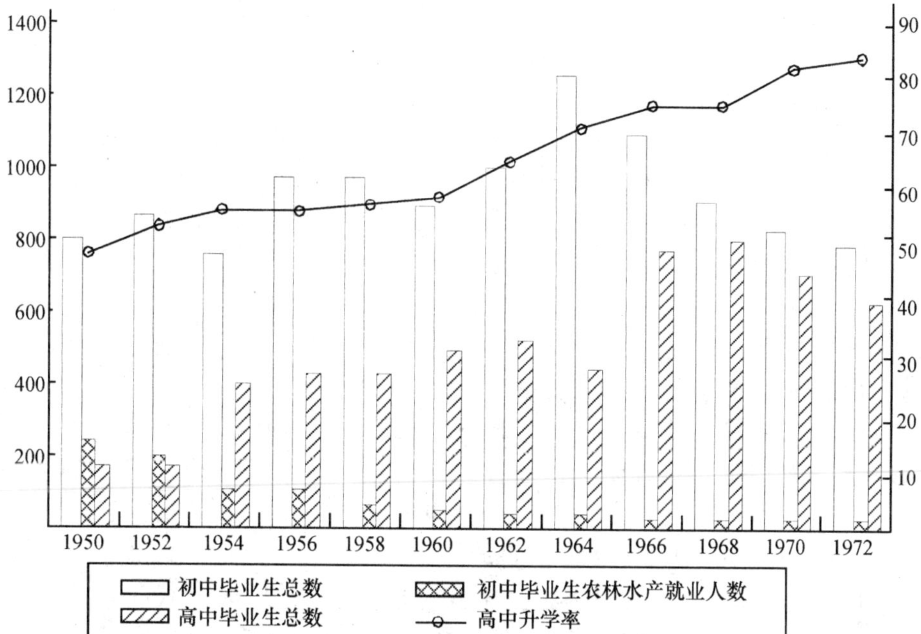


图 6—1　新毕业生人数、高中升学率的变化（男子）（单位：千人，%）

① 根据《学校基本调查》得到的 1964 年以后被雇用就业的人数和非农就业人数之间的差距很大，这一点没有被意识到。以 1964 年男子为例，对于被雇用的 31.7 万人，非农业的是 32.3 万人。

少，再加上学校毕业生数的增加，从而导致了非农就业人数的激增。而50年代后期逐渐转向平稳的主要原因是，这一时期毕业生数相对减少，升入高中人数增加。升入高中的升学率在1950年的时候达到50%，到60年代的时候增加到60%，上升了10个百分点。

其次，升学率增加的趋势更为迅猛。1965年是70%，1969年超过80%，直至1975年达到90%的高峰。其中，初中毕业的非农就业人数在20世纪60年代前期达到较高水平，这是因为这个时期的毕业生是在1945年后生育高峰期出生的一代人。据此，毕业生总数在60年代后期减少，相应地非农就业人数也急剧下降。1968年减少到四年前的一半——18万人，1972年减少到8万人。

与此相对的是，高中毕业的非农就业人数在1950年为7万人，不到初中毕业生的一半（如果仅从非升学者来看的话，差距更大，高中毕业生是初中毕业生的1/3)。这个发展在50至60年代一直很快，并且贯穿始终。与初中毕业生的差距到1960年相对减缩，对于60年代前期，适逢战败后生育高峰出生的这些初中毕业生总数来说，高中毕业生总数只是略有增加，初中毕业生与高中毕业生总数之间仍有 一些差距。但是，到了20世纪60年代后期，这次是适逢生育高峰出生的人口到了高中毕业时期，并且经过时间间隔开始反映在60年代前期高中升学率的急剧上升，而初中毕业生的非农就业人数如前文所述急剧减少。从这个时候开始，情况发生了逆转，高中毕业生取代初中毕业生成为一般劳动力市场的主体，并且其差距呈逐年扩大的趋势。总之，60年代后期发生了从初中生向高中生的学历更替这种现象，由于其过程偶然受到人口波动的巨大影响，因此这是劳动力市场的一次急剧而又彻底的变化。

图6—2表示从事制造业就业人数的变化情况，详细地反映了这个急剧变化的过程。从初中毕业生就职单位来看，20世纪60年代前期，除了从事农业，70%的人选择了制造业；而高中毕业生从事制造业的人数也突破了50%，除此之外，高中毕业生中从事批发、零售的占20%多一点。为此，如果单纯从制造业方面的就业情况来看，初中毕业生从事制造业的人数在60年代的时候大大超过了高中毕业生，1964年达到高中毕业生的1.8倍。但是，在此之后初中毕业生就业人数开始急剧下降，而高中毕业生就业人数开始攀升，在1966年超过初中毕业生人数，1968年已经是初中毕业生人数的近两倍，这个转变也仅仅历时4年。并且，初中毕业生人数在那之后就直线减少，1970年代中期几乎可以忽略不计。图6—3表示技工、生产工艺从业人数的变化。虽然，60年代前期初中毕业的供给人数是高中毕业的两倍，但是1968年时情况发生了逆转。根据关东经

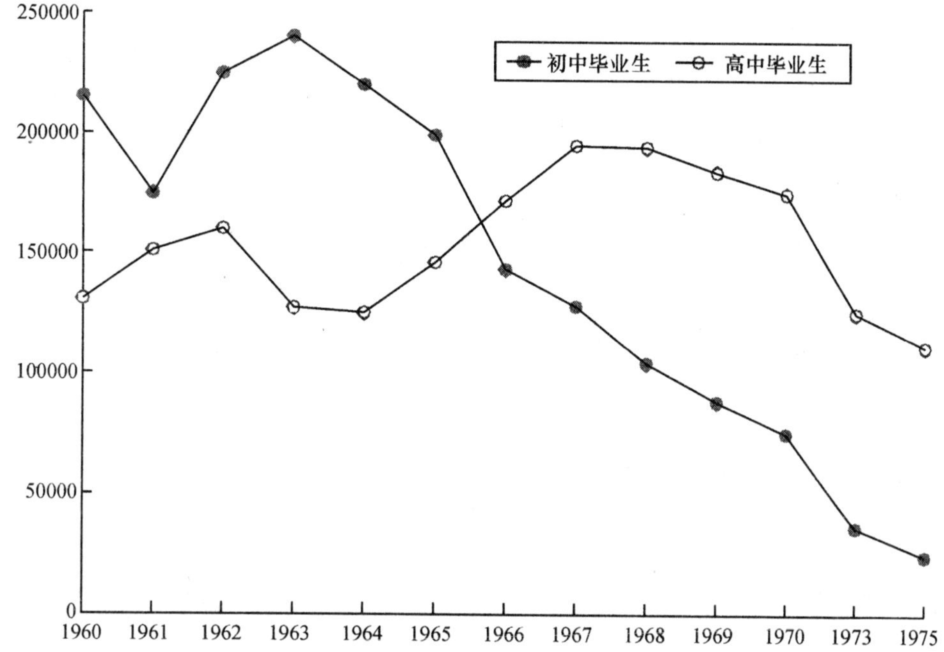


图 6—2　制造业就业人数的变化（男子）（单位：人）

营者协会对其会员单位——某制造业公司——为对象所进行的调查，发现该公司1969 年录用新毕业生的情况，其中从事一线工作的为 11 000 名，从事其余工作的为6 000名，前者占了全部的 2/3①。在 60 年代后期，高中毕业生作为新的一般劳动力的主角登场的同时，逐步实现了蓝领化。

## 二、职业介绍

如上所述，初中毕业生中非农业就业人数在 20 世纪 50 年代早期激增，到 60 年代中期一直保持高水平。可以说，职业安定所在这个过程中起到了巨大的作用。通过职业安定所实现就业的初中毕业生数，从 1950 年到 1960 年这 10 年里，从 7 万人增加到 20 万人，增加到原来的近 3 倍（见表 6—1）。在这 10 年期间，职业介绍率 1950 年到 1952 年上升了 10 个百分点，之后逐年持续上升，到 1960 年达到 66%。这个数字虽然比不上女性初中毕业生，但是它显示了在非农

① 雇用管理研究会编：《高中毕业现职工作者管理》，日本实业出版社，1965 年，第 25 页。

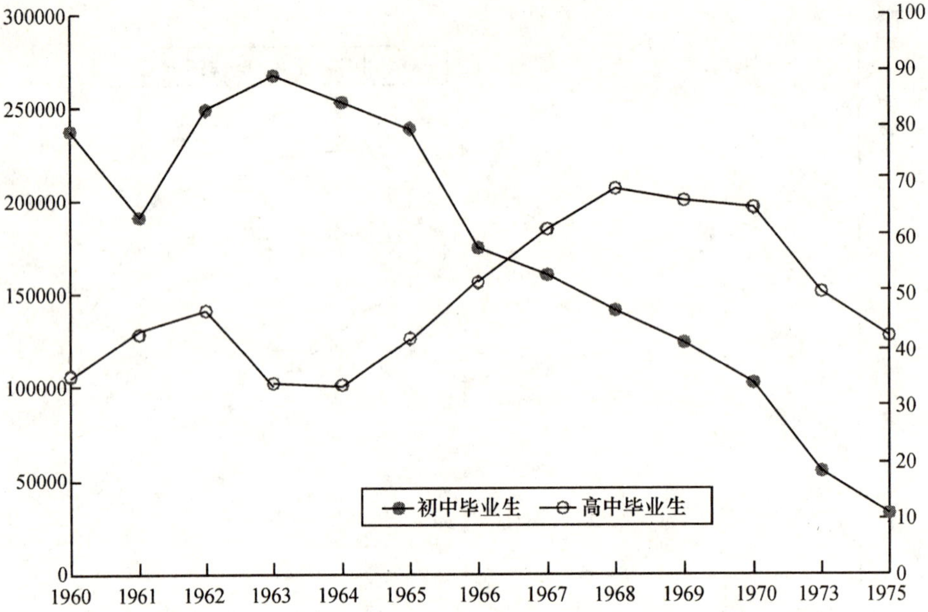


图 6—3　生产工艺从业者人数的变化（男子）（单位：人，%）

**表 6—1　　新毕业生的进路、职业介绍状况（男子）**　（单位：千人，%）

| 年份 | 非农就业者（A） | | 职业安定所介绍就业数（B） | | 职安通过率（B/A） | |
|---|---|---|---|---|---|---|
| | 初中毕业 | 高中毕业 | 初中毕业 | 高中毕业 | 初中毕业 | 高中毕业 |
| 1950 | 142.5 | 70.2 | 68.8 | — | 48.3 | — |
| 1952 | 212.4 | 150.9 | 121.1 | 47.3 | 57.0 | 31.3 |
| 1956 | 302.2 | 202.4 | 181.0 | 76.9 | 59.9 | 37.9 |
| 1960 | 302.3 | 283.9 | 199.7 | 133.4 | 66.1 | 47.0 |
| 1964 | 323.0 | 266.0 | 204.3 | 112.1 | 63.3 | 42.1 |
| 1968 | 180.7 | 434.0 | 118.2 | 172.2 | 64.4 | 39.7 |
| 1972 | 84.8 | 307.2 | 59.0 | 123.9 | 69.6 | 40.3 |

资料来源：根据文部省《日本的教育统计》《学校基本调查》，劳动省《史料：战败后的劳动市场》《劳动市场年报》制成。

注："—"表示不明确或者不能算出。

业部门就业的 2/3 的人是通过职业安定所找到工作的。由职业安定所经办的就业的激增表现为其市场占有率不断提高，这充分反映了这个时期的职业安定所的作用。

这期间通过职业安定所实现就业的高中毕业生数急剧增长。虽然 1950 年数据不明确，但可以肯定的是其增长率要超过初中毕业生。然而，一直到 1960 年，高中毕业生通过职业安定所的职业介绍率还不足 50%，并且随后急剧下降。但对于高中毕业生来说，这个数字并不能说明制度层面的职业介绍的整体情况。在第三、第四章已经讲到，根据 1949 年的职业安定法的修改，虽然学校可以介入职业介绍工作，但是，根据《职业安定法》第 33 条第 2 点，学校并不能取代职业安定所进行所有的中介工作。

1956 年出版的劳动省编写的《职业安定法解说》第 25 条第 3 点规定，全国中学里承担职业介绍工作业务的学校是 2 149 所，第 33 条第 2 点规定的学校仅为 20 所①。根据《学校基本调查》，该年全国学校总数为 1.273 8 万所，减去上面所提及的学校，剩下的 1.056 9 万所则是第 25 条第 2 点所规定的，是委托职业安定所给学生介绍工作的学校。除了第 33 条第 2 点规定的学校外，初中学校几乎都在第 25 条第 2 点规定的范围内。与此相对应的高中学校的情况是（用同样的方法计算），属于第 25 条第 2 点的仅有 475 所，第 25 条第 3 点的是1 792 所，第 33 条第 2 点的是 1 062 所。

表 6—2 介绍的是职业安定所和学校介绍毕业生就业数的情况。可以看出，初中毕业生通过职业安定所介绍工作的占多数，而高中毕业生里通过学校介绍工作的占大多数，符合第 33 条第 2 点规定的学校所介绍的人也达到一定的数量。并且，这种倾向随着时间的推移而变得愈加显著，1968 年有一半的人是通过第 33 条第 2 点介绍工作的。正因为如此，20 世纪 60 年代职业安定所对高中毕业生的介绍率才会如此低。现在，再加上第 33 条第 2 点的学校的介绍，如果从制度上推算出其介绍比率，1960 年是 78%，1964 年是 78%，1968 年变成 79%，以近 80%的高水平稳定发展。总而言之，和初中毕业生相比，职业介绍制度已深深地在高中毕业生中扎根，不同于初中毕业生的以职业安定所为中心进行职业介绍的是，高中毕业生职业介绍的主体是以学校为中心的。

因为是重要的论点，所以我们再举一组性质不同的数据来说明。表 6—3 显示了以宫城县县内的全体初、高中毕业生（1963 年 3 月毕业）为对象进行详细

① 劳动省编：《职业安定法解说》，劳动法令协会，1956 年，第 180 页。

**表 6—2　　各种介绍主体分类的就业人数（男子）**　　（单位：千人）

<table>
<tr><th rowspan="2">公历</th><th colspan="2">初中毕业生</th><th colspan="3">高中毕业生</th></tr>
<tr><th>职业安定所</th><th>学校（25 条 3）</th><th>职业安定所</th><th>学校（25 条 3）</th><th>学校（33 条 2）</th></tr>
<tr><td>1952</td><td>89.9</td><td>31.2</td><td>13.1</td><td>34.2</td><td></td></tr>
<tr><td>1956</td><td>156.5</td><td>24.5</td><td>24.6</td><td>52.3</td><td></td></tr>
<tr><td>1960</td><td>187.3</td><td>12.4</td><td>50.5</td><td>83.0</td><td>88.5</td></tr>
<tr><td>1964</td><td colspan="2">204.3</td><td colspan="2">112.1</td><td>95.1</td></tr>
<tr><td>1968</td><td colspan="2">118.2</td><td colspan="2">172.2</td><td>171.6</td></tr>
<tr><td>1972</td><td colspan="2">59.0</td><td colspan="2">123.9</td><td>122.6</td></tr>
</table>

资料来源：根据《劳动市场年报》各年度版制成。

注："—"表示不明确。

调查的结果。这个调查里包括"你就业是通过什么途径"这样一个问题，要求毕业生在"学校""职业安定所""其他的公共团体""家庭社会关系"或"其他"这几个选项中任选一个回答。首先计算选择学校、职业安定所的，全体就业者总数中初中毕业生占 67%，高中毕业生为 75%。这个数值和表 6—1 的全国水平几乎是一致的。如果单纯从在县外六大都市的就业情况来看的话，比率则上升了 10 个百分点左右。这以数据的形式显示了在制度方面职业介绍促进了毕业生劳动力地域间移动引起了人们的关注。

**表 6—3　学校新毕业生（1963 年 3 月毕业）的就业途径（宫城县，男子）**

| | 初中毕业生 | | 高中毕业生 | |
|---|---|---|---|---|
| | 全体就业人数 | 其中本县外六大城市就业者 | 全体就业者 | 其中本县外六大城市就业者 |
| 总数（人） | 6 489 | 2 618 | 5 287 | 1 722 |
| 学校（%） | 15.4 | 18.2 | 69.9 | 79.7 |
| 职业安定所 | 51.3 | 58.4 | 5.2 | 5.2 |
| 小计 | 66.7 | 76.6 | 75.1 | 84.9 |
| 其他公共团体 | 0.4 | 0.6 | 2.1 | 0.8 |
| 家庭原因 | 30.3 | 21.0 | 16.2 | 11.7 |
| 其他 | 2.9 | 2.0 | 6.6 | 2.5 |

资料来源：根据宫城县调查课《本县学校新毕业生的就业动向调查》（1963 年 11 月）制成。调查时间是 1963 年 3 月 1 日。若有变动，学校在该年 3 月 1 日加以修改。

我们再来看看详细内容，值得关注的是与表 6—2 相比，学校在职业介绍中的比重更高。即使从统计上来看是职业安定所受理的，但实际上人们推测学校在其中发挥了重大作用的例子绝非少数。正如第四章所详细叙述的，从 50 年代的神奈川事例中，可以看出，符合第 25 条第 2 点规定的这类初中学校，不仅在积极地进行就业指导、招聘受理，还在积极地进行开拓招聘市场等工作。但是，在 60 年代对宫城县的调查中，初中毕业生回答帮助其就职的机构大多是职业安定所。与此相对应的是，高中毕业生几乎都回答是学校介绍的，选择职业安定所的人仅仅是全体人数的近 5%。

毕业生——当事人的认识，是基于什么样的现实背景呢？通过职业安定所进行职业介绍要遵循什么样的规则？学校和那个（职业介绍）过程究竟有什么关系？并且，初中毕业生和高中毕业生有何区别？为什么如此？对这些问题的阐释，是以战败后日本企业和学校的直接合作为基础来进行的。这在理解这种独特的就职——录用体制的形成史方面具有决定性的意义。下面，我们首先研究 20 世纪 60 年代中期的情况，那时正值高中毕业生的职业介绍取代初中毕业生的时期；然后在弄清楚高中毕业生职业介绍实情的基础上，来分析从初中毕业生向高中毕业生的学历更替所蕴涵的意义。

## 第三节　初中毕业生的职业介绍

“宪法第 22 条规定，国民有职业选择的自由权，但这并不意味着职业选择的放任，而是指对于必要的东西完全可以得到特殊的援助服务”。

“关于年少者和一般的成年人的就业，应该得到帮助的目的不同。……年少者相对于承担生活责任来讲，更多的情况是必须寻找自己将来朝着职业人前进的方向”（《青少年就业中介指南》《职业安定行政指南》，1948 年）。

### 一、资料——《指南》和通告

首先，涉及下面所引用的主要资料——《指南》和通告——的性质。《指南》是日本战败后根据 GHQ 的强烈要求而产生的新制度[①]。作为定位为提供职业安定所服务业务的 GHQ 非常注重给现场的职员逐个地渗透（民主的）行政应有的

① 以下关于指导的性质，根据中岛宁纲《职业安定行政指导》（1）～（3），《职业安定行政和我》（64）～（66），《职业安定广报》1995 年 11 月 21 日，1996 年 1 月 1 日，1996 年 3 月 1 日，及中岛的采访（1996 年 8 月 8 日实施）。关于中岛的经历，详情参照上面的连载记事。

方向。因此，GHQ 把美国使用的职业介绍工作的规定传到日本，并命令以此为参考编写记有详细工作内容的《指南》。但关于新毕业生的职业介绍，在美国原本是没有进行单独处理的惯例。1948 年初次编写的《指南》几乎都是根据英文翻译而来的，而毕业生的职业介绍部分则是编者根据到日本战前为止的经验独自编写的。

如上所述编写的最初《职业安定行政指南》，为了让初学者也能够看懂，因而从行政的程序一一进行详细记述，超过了 3 000 页。直到它作为成规用来传达基本事项以后，修改《指南》才被提上了正式议程。GHQ 致力于《指南》的导入和与之并列的监察制度的创设，并从行政自身入手来整顿服务行政实况，明确整顿体制。当初监察的重点可以说主要是《指南》的实施状况，这些制度在确保全国统一的行政标准方面发挥了重要作用。

由此可见，《指南》是在日本独特的社会、经济的实践中形成的主要为毕业生介绍工作的基本文书。并且，由于编写时为了让初学者都能看懂，所以没有省略任何一个程序或手续，哪怕这些对于内部人来说是很熟悉的程序，都一一记述下来。对于想了解职业安定所进行日常事务具体情形的人来说，这可以说是最好的资料。

但是，劳动省每年都会以通告的形式出台新的指导方针，内容包括一些细微的方面在内。而随着《指南》一次又一次的增删修改，管理已经跟不上了，出现了不知道“哪些是存在的，哪些是不存在的”这类状况。实际工作还是像过去一样，基本上是在通告的基础上再实施这样的倾向很明显。《指南》在 1949 年、1960 年、1968 年进行修订，其中最后 1968 年的修订版，结合前面的情况，仅将基本的程序等纳入并附上基本通告的索引。在这些通告里，对毕业生职业介绍业务来说具有重要意义的是每年劳动省职业安定局给都道府县知事的指示“关于新毕业生职业介绍的基本方针”及将其具体化的“业务处理要领”。其中 1964 年的指示，在该年的《从业员招聘处理要领》的修改的基础上，规定“集以前每次所提出的通告的对策之大成，来指示今后毕业生介绍工作的基本方针”①。虽说那之后还进行了若干的修改和补充，可是针对初中毕业生的职业介绍方针，基本上还是继承了《从业员招聘处理要领》所说的主要方针。

因此，在本节，1960 年出版的《指南》和其后出的通告——其中也参照

① 《关于 1965 年的学校毕业生介绍要领》，《纺织劳务月报》第 159 号，1965 年。

1964 年的《学校新毕业生的职业介绍业务处理要领》①，在将要向高中生更替之前的时期，想仔细研究一下职业安定所给初中毕业生介绍工作是在什么样的规则的基础上进行的。在第三章已经指出，在 GHQ 的占领下制定的职业安定法，把新宪法保障个人职业选择的自由作为基本原理，并对职业安定行政服务进行了定位。但是，根据战前行政经验所编成的 1948 年的《指南》——可以看做是以后《指南》的雏形——叙述了有给予包括毕业生在内的年少者选择职业“特殊帮助”的必要。那么，《指南》里呼吁的所谓“给必要的人以特殊的帮助”是指什么呢？另外，给予“寻找将来通往职业人的前进的道路”的帮助，将以什么样的形式进行呢？接下来，我们会具体地来说明这个问题。

**二、招聘指导**

1960 年版的《指南》记述了职业安定所在进行毕业生的招聘受理的时候，进行的在一般的职业介绍过程中看不到的必要的“指导”。首先，来看看摘录的其中的一些重要的内容。

受理期限：“每一时期分别受理……关于这个具体的时期各年度另行公布”。

工作条件：“关于工资、工作时间、休假、奖金、晋升、宿舍等工作条件，必须在和劳动标准监督人员紧密合作的基础上，给予适当的指导”。

招聘人数：“充分研究招聘人数的估算根据，加上适当的指导，必须朝着受理适当的招聘人数努力”。

希望录用地：“尽可能考虑全国的人才供需状况等，再加上适当的指导，决定希望录用地，并委托职业介绍部门给予指导”②。

对于这样自由的招聘工作制度，如何使其合法化呢？第一，新毕业生占每年新供给劳动人口的大部分，作为既廉价、适应力又强的劳动力，对社会具有非常重要的意义。因此，按照计划在全国范围内对毕业生的就业进行适当的供需调整就显得很有必要。而且还必须对受理期限和招聘人数进行限定，避免不确定的招聘和虚假增加人数、招聘取消等可能情况的出现而造成混乱。而《指南》关于录用地的职业介绍处理权的扩大，是和全国的供给调整的要求相关

---

① 其全文被收录在劳动省职业安定局编的《从业人员招聘和学校毕业生录用的指导》劳动法令协会，1964 年。并且，在《纺织劳务月报》各号里，登载了关于 1960 年的新毕业生的职业介绍的通告的一些重要地方的解说。而且，关于 1967 年以后的通告，基于情报公开制度，对于宫城县厅所藏的文书，只要申请阅读，都可以借阅。

② 《学生等的职业介绍业务》，第 32～33 页；(《职业安定行政指导》，1960 年，劳动省图书馆所藏)。

联的。

1963年发出的通告①指出，单位在受理招聘申请之际，要按照各职种的全年录用计划，在招聘数和录用地上进行严格的审查。并且提出，符合第25条第3点中规定的学校，能够受理所在地的职业安定所管辖内的招聘。但是根据这个通告，初中学校的招聘受理被全面禁止。规定对初中毕业生的招聘，全部由职业安定所受理。由此可以看出这些措施是以通过职业安定所来强化供需调整为目的的。

第二，由于毕业生大多是青少年，所以从保护青少年劳动者这一观点出发，关于劳动条件，在与劳动标准监督官联系的基础上应当进一步加强限制。但是，职业安定所给予青少年“特殊帮助”的必要性具有更广泛的意义，是超过单纯的保护这一含义的。正如《指南》所指出的：青少年“对于职业选择缺乏判断力”，并且“身心不成熟”。然而，就业却是“作为职业人的起点”，必须是“考虑将来发展计划的选择”，因此，职业安定所的“特殊帮助”就是用来弥补这一环节的不足的。

1964年发出的通告，由于严重的人手不足，而导致招聘活动的活跃化的情况下，依据正常逻辑对求职者进行全面的指导是一件了不起的做法。这个通告，以当年修改的《从业员招聘处理纲要》为基础，在禁止委托招收、（通勤上班范围之外的）直接招收毕业生的同时，对于招聘者进行的学校访问、家庭访问，也提出了“严厉禁止”的方针。根据本文的说明，采用后一种措施的理由是，这些招聘活动恐怕“不单单会引起新毕业生职业介绍工作的混乱，还会使学生内心不安……误导求职者的职业选择”②。并且，1967年新的《关于以新毕业生为对象的招聘工作的指导要领》的通告指出，关于对初中毕业生的招聘，为了避免通过报纸、广告等文书形式进行招聘，要给予招聘者以确切的指导③。再者，关于利用关系应聘，1964年的通告中已限定其范围是“和招聘的人有亲戚关系的以及与招聘者有直接亲密交往的人”。招聘者仅限于对应届初中毕业生的招聘，除了向职业安定所提出招聘并遵循职业安定所提出的招聘“指导”之外，几乎别无他法。

---

① 劳动省职业安定局编的《学校毕业生的录用和就业 1963年版》劳务行政研究所，1963年。《关于1964年3月应届初中毕业生职业介绍要领的修改》，《纺织劳务月报》第134号，1963年。

② 劳动省职业安定局编的《从业人员招聘和学校毕业生录用的指导》第162页。

③ 《关于1967年初中毕业生的职业介绍》，《纺织劳务月报》，第187号，1967年。

另一方面，在1964年的通告中，在进行那样的招聘申请之际，还改变了前年所定的雇用计划的格式，在《从业员录用计划书》中增设过去毕业生的安置状况一栏，因提出《从业员录用计划书》并将之义务化而引起关注。作为介绍工作的原则，在这个通告里明确阐述了："要努力寻求将对于过去毕业生的稳定状况以及接受企业内教育、训练和指导所带来的就业后的工作能力的提高等劳务管理上的考虑与招聘相结合。"关于安置状况的记载作为介绍工作时候的重要参考事项。总而言之，职业安定所一方面在考虑毕业生身心不成熟、缺乏判断力的基础上，对自由的招聘工作进行了全面的管理；另一方面，收集过去有关安置情况的资料，并把它作为判断职场是否与"职业人的出发点"相适应的有力的材料。

**三、职业指导**

对于招聘者自由选择职业的规定，由于其对象是在校学生，所以它的一个特征是其"职业指导"都是在职业安定所和学校合作的基础上进行的。首先，来看一下在《指南》的基础上职业安定所所进行的职业指导是指什么？我们从目前在数量上仍占大多数的符合第25条第3点中规定的那些学校的事例中来考察。对毕业生整个就业过程的指导，大致可分为前期和后期。《指南》中所谓的前期职业指导指的是："学生在决定适合自己的工作之前，接受学校的职业指导以及与公共职业安定所之间所进行的就业洽谈的过程"。在具体的招聘之前，对于决定某种职业是否"适合自己"，是根据观察和各种心理检查，对学生的适应性做出的客观的、科学的判断①。这个过程，是以学校为中心从教育的层面出发对学生本人和家庭环境的全面考察。

在这个阶段，职业安定所的职责是帮助全年计划的制定和实施职业适应性检查，并通过职业信息的提供、召开职业报告等方式帮助学校。后期指导是职业安定所到学校，进行职业商谈和求职受理。职业商谈按照记载本人、保护者（7～11栏）及学校（13～22栏）承担部分的职业商谈票（见表6—4）进行。负责人员一边参照下面的注意事项，一边将商谈的结果填入12栏中。

在填写的时候，详细地听取求职者所希望从事的职业及其理由（与职业商谈结果决定的职业明显不同的话，填入《22备考栏》），……探讨评价、综合记载求职者能力、适应性、兴趣和其他要素的同时，必须对照该地区范围内，劳动力市场的雇用倾向及劳动力的供需状况，选出求职者最适合的职业。

① 参照日本职业指导协会编的《职业指导概论》，实业之日本社，1950年。

表 6—4

**职业商谈票（正面　1960 年）**

| 校名 | 职业商谈票 | 受理日期 | 号码 | 受理者印章 | 复核者印章 | 职业分类号码 |
|---|---|---|---|---|---|---|
| 专业　年级　班 | | | | | | |

| 姓名 | | 年龄 | 年 月 日出生 满 岁 | 现住址 | | 最近车站　线　车站 |
|---|---|---|---|---|---|---|
| | | | | | | 监护人姓名 |

| 商谈结果 | | |
|---|---|---|
| | 职业 | 1.　2.　3. |
| | 就业地 | 1.　2.　3. |
| | 工资 | 月薪　纯收入最低　日元 |
| | 其他 | 通勤·住宿（自带住宿用品　是·否）<br>寄宿公寓地址<br>夜校（　学校　专业） |
| | 职业训练 | 训练所　专业 |
| 技能 兴趣 运动 课外活动等 | | 珠算　级，簿记　级，自行车　骑　否 |
| 性格及行为特征 | | |

| 适合本人的工作 | | |
|---|---|---|
| | 名称 | 1.　2.　3. |
| | 判断理由： | |

| 学习状况 | 课程 | 3学年课程 | 3学年 | 课程 | 3学年 |
|---|---|---|---|---|---|
| | 语文 | 音乐 | | 外语 | |
| | 社会 | 美术 | | | |
| | 数学 | 保健　体育 | | | |
| | 理科 | 技术　家庭 | | | |

| 缺席状况 | 缺席天数 | 缺席主要原因 |
|---|---|---|
| | 第1学年　天 | |
| | 第2学年　天 | |
| | 第3学年　天 | |

家属的意向

| 家庭状况（监护人在相应栏内划） | 家属关系 | 年龄 | 职业 | 备注（工作单位等） |
|---|---|---|---|---|
| | | | | |

弟　人，妹　人，其他　人

身体状况（检查日期　年　月）

| 身高 | cm | 概况 | 健康　强·普通·弱<br>身体残疾　有·无<br>其他 |
|---|---|---|---|
| 体重 | kg | | |
| 胸围 | cm | | |
| 视力 | 右　左 | | |
| 色神 | | | |
| 眼疾 | | | |
| 听力 | 右　左 | | |
| 耳疾 | | | |
| 茨氏反应 | ＋　±　－ | | |
| X线检查 | | | |
| 其他疾病 | | | |
| 既往症 | | | |

| 职业适应性能检查种类 | 性能 | | 得点 | 适应职业群 | |
|---|---|---|---|---|---|
| | G | 智力 | | 1 | 11 |
| | V | 语言 | | 2 | 12 |
| | N | 运算 | | 3 | 13 |
| | Q | 记录 | | 4 | 14 |
| | S | 空间 | | 5 | 15 |
| | P | 形体 | | 6 | 16 |
| | A | 眼和手 | | 7 | 17 |
| | T | 运动 | | 8 | 18 |
| | F | 手指灵巧 | | 9 | 19 |
| | M | 手灵巧 | | 10 | 20 |

| 考试 | 科目 | 名称 | 成绩 |
|---|---|---|---|
| | 智力 | | |

备注：（身体残疾的程度、本人希望职业等）

这种情况必须避免求职者把本人希望的职业草率决定为适合自己的职业，相关机构应与求职者商讨决定职业，力求让求职者充分认可推荐的职业是最适合自己的职业。

后期的职业指导始于职业安定所向学校提供招聘启事之后，职业安定所在适当的时候转向为学校服务，随后在具体的招聘启事的基础上决定职业商谈的职业介绍单位。根据《指南》，“职业安定所应为这个时期的职业指导提供重要的指导，并朝着介绍工作的合格方面努力”。但是，不同于一般介绍①，职业安定所对毕业生的介绍“仅仅为单位的招聘提供最适合的求职者进行选拔，避免聚集不适合的求职者，以防产生混乱”，这是很有必要的。与此相关联受到关注的是，合同书制度的存在，如在神奈川事例中，职业安定所在进行介绍的时候，通常会从本人那里取得签了次年 4 月 1 日进入公司工作的合同书，并交给对方企业。假如本人拒绝的话，学校将不再提供介绍。②。总而言之，在那时职业安定所对初中毕业生的介绍，就像现在为高中毕业生介绍工作一样，是在一人一单位的基础上进行选拔的过程。

因此，职业安定所出于客观需要，会利用某些方法对各学校的求职者进行调整。经常会使用一种方法，就是给各个学校提供不同的招聘提示并设置相应的调整机构。这种尝试取决于一线的职业安定行政机构对各地区实情的调查③，而起指导作用的是 1964 年的通告。1964 年的通告规定，职业安定所“考虑管辖区内各学校的招聘动向，在各个学校进行必要的调整，给学校以招聘提示”，同时，“所长和所内相关职员与该地区市町村教育委员会和管辖区内各中学的代表，定期召开招聘求职联系协商会……并决定向学校提供招聘信息。”

以上介绍的是关于第 25 条第 2 点中规定的学校的情况，然而第 25 条第 3 点中的学校是能够单独进行对本校学生的招聘受理工作的。校方将洽谈结果填入职

---

① 在一般职业介绍“为招聘选定的求职者人数”里，如下所示：

“对于招聘人数应选定多少名求职者进行介绍，根据各种职种的招聘及求职状况不同，不能一概而定。对于招聘者来说，希望介绍比招聘人数更多的候选人。但介绍过多的话，其中不录用的人就会有很多，这样会给求职者带来麻烦，所以必须指导招聘者，并给其介绍适当的人数”。

② 根据对齐藤明氏的采访（1997 年 1 月 7 日实施）。齐藤氏 1950 年进入劳动省，以被分配到神奈川县川崎职业安定所任职为开端，在第一线从事了近 30 年学校毕业生介绍工作。

③ 实际上，1963 年的通告里关于《对学校招聘提示的项目》如下所示：“所谓提出招聘并不是必须向所有的学校提出所有的招聘，而是根据招聘及求职者的状况等，将招聘数分配到各个学校，关于提出具体方法也是根据各个公共职业安定所的实际情况来选择适当的”（劳动省职业安定局编《学校毕业生的录用和就业》，第 155 页）。

业商谈票的适合职业栏，经过后期职业洽谈后决定工作单位，如果在当地职业安定所的管辖范围内的话，可以自己找工作（但是，考虑到对全国供求情况的总体把握，管辖范围外的招聘需由职业安定所进行）。这里，职业安定所的作用近似于职业顾问。但是，由于初中毕业生的招聘都由职业安定所掌握，所以职业安定所可以利用对招聘工作的调整，给学校介绍工作以实质性的影响。职业安定所的作用决不止于此。根据当时在一线职业安定所的行政官回忆说："本省的中学都希望能像第 25 条第 2 点规定的学校那样进行职业介绍，并暗示都道府县应引导根据第 25 条第 3 点的学校尽可能向第 25 条第 2 点规定的学校转移"[①]。因此，从第 25 条第 3 点的初中学校数的变化来看，1956 年占全体的 20%，而到 1970 年下降到 10%。并且，看各个地区的明细，根据第 25 条第 3 点的学校都仅仅在北海道、东京、福冈三个都道县，其他府县的中学几乎都是根据第 25 条的第 2 点来进行的[②]。虽然不明白这些都道县为什么允许第 25 条第 3 点的初中学校的存在，但是他们却在其他地区渗透本省的方针，并且在 20 世纪 60 年代向第 25 条第 2 点的学校转换。

**四、和学校的责任分担**

综上所述，职业安定所制定了初中毕业生劳动力市场供需双方接触的规则，并且作为主体参与介绍工作具有极强的意欲。但是，与此相反的是，职业安定所的人员编制和预算却是很有限的。例如，在一线的职业介绍工作人员的座谈会上，他们汇报了如下的情况：

"去年（1957 年），该所有专职毕业生工作人员 1 名，所辖学校 34 所，毕业生 3 768 人，求职者 1 800 人，其中大约有 80%希望在管辖区外，这些学校中邮件单程需花 3 天时间的学校有 7 所，没有电话的学校 2 所。由于地理位置不便，除了电话联络以外别无他法。因此，白天所有时间只能忙于接打电话，而要通过加班来整理文件和处理其他事务，时间和精力大量透支，仅加班时间统计下来：12 月为 82 小时，1 月为 77 小时，2 月为 74 小时"[③]。

在这样的条件下，对面试学生进行实质性的指导就变得非常困难。在职业指导方面，职业安定所和学校有各自的责任以及分担。到了 20 世纪 60 年代中期，

① 根据对齐藤明氏的采访（上述）以及对岩佐久典、川井幸二两氏的采访（1996 年 8 月 5 日进行的）。岩佐久 1948 年进入劳动省，被分配到宫城县职业介绍科，在那里长期从事毕业生职业介绍工作。川井氏 1954 年进入劳动省，以在宫城县仙台职业安定所工作为开端，长期在一线负责学校毕业生工作。

② 劳动省职业安定局：《全国高等学校便览 1970 年版》（劳动省图书馆所藏）。

③ 《座谈会 叙述第一线精华部分的新毕业生的职业介绍》，《职业安定广报》，1958 年 11 月号。

在对本省职业指导方针进行重大改革的背景下，才意识到这个问题的存在。首先，我们归纳了作为开始的1963年通告中的有关内容：

1. 第25条第2点学校，根据11月1日以后职业商谈票，向职业安定所提出招聘申请。

2. 这种情况，学校根据所提示的招聘，具体确定毕业生就业希望单位，并（在职业商谈票新设的学校、父母的希望栏里）注明单位名称。职业安定所在确认是否适当后进行受理、介绍工作。

3. 对于所提供的就业单位未定的人、对提供的就业单位不满意的人以及想在职业安定所提供的单位范围以外就业的人，职业安定所将与学校取得联系，并给予适当的指导，最终决定或改变其就业单位。

4. 职业安定所改变以往进行具体职业商谈的传统，只针对决定的就业希望单位进行具体的职业介绍业务，实施来自学校的帮助请求。

对于这个通告，日本纺织协会机关报里评论道："应该在学校明确地决定就业单位"①，这种观点不仅仅是纺织协会的。通告发出不久，《职业安定广报》里又刊登了雇用介绍课课长的论文"劳动省不是已经对毕业生进行了职业指导吗？已经做到这种程度了，还能说是放任不管吗?"，这在全国引起轰动②。必须指出的是，该论文作者误解了上面通告的内容。劳动省的本意是"将各种手续简化、有重点地去做"，而充分利用学校的功能只不过是其中的一部分。为了证明这种观点，次年的通告强调学校针对实际的需求进行指导仅仅是辅助性的，最终的决定权在职业安定所。根据公报上所登的劳动省的正式意见，职业安定所和学校在职业指导上责任分担如下：

"前期职业指导，例如对求职者的个性的了解、出路及职业选择和求职条件的把握等由学校进行，而以各自具体的招聘为基础所进行的指导、介绍工作则是由职业安定所来承担"③。

1965年的通告正是出于这样一种考虑，以期调和理论和现实的差距，其内容整理如下④。职业指导的主体是学校，职业安定所的重点工作是整备、提供职业信息。职业安定所按照原则对求职者进行介绍商谈，以职业指导的结果

① 《关于1964年3月应届初中毕业生职业介绍要领的修改》。

② 中岛宁纲：《介绍业务的重点和合理化》，《职业安定广报》第14卷10号，1963年。

③ 《今后新毕业生的职业介绍》，《职业安定广报》，第15卷10号，1964年。

④ 劳动省职业安定局编：《从业员募集及学校毕业生录用指导 1966年版》，劳动法令协会，1965年。

为基础介绍并决定适当的工作单位。职业安定所委托学校在职业商谈票上记上毕业生理想的就业单位，其目的是“明确把握介绍、就业的过程”。再次规定巡回职业商谈的实施，职业安定所一方面进行就业单位的确定，另一方面，对于学校参与就业单位的选定过程采取灵活的处理方式。当年的报道还登载了关于负责人举办协商会讨论初中毕业生职业介绍事务的情况①。会议认为，应把统筹招聘工作和具体的招聘事宜分开。前者的主要任务是协商落实招聘单位，有这样 3 种情况：学生或父母选择；教师事先和父母、本人商量后选定；预先在职业安定所选择符合学生求职要求的招聘单位。总之，虽然学校主要承担实质性的责任，在整个职业介绍过程中为了适应各地区千差万别的情况采取多种方法，职业安定所在招聘、求职的过程中一直都居于主导地位，并坚持这种原则性立场。

**五、扎根指导**

职业安定所进行的职业指导，以就业后的补充指导（指导）为依据。根据《指南》精神，这种事后处理是职业安定所“对于在自己管辖范围内就业的就职者负责的一种指导方针”。其主要目的在于“激励”和“在解决就职者对工作的适应性问题上给予指导和建议”，工作方式是以访问指导为原则，这实际上可以直接理解为扎根指导。例如，在 1959 年出版的《劳动行政要览》认为，“特别要强化就业后的指导，争取稳定率的提高”②。另外，1964 年通告的基本方针如下所述：“就业后的指导，职业安定所努力让新毕业生安心工作的同时，为了把握职场间的变动状况，应进一步密切和学校联系，强化实施就业后的指导。”

为了了解实际情况，我们引用采访曾于 20 世纪 60 年代从事毕业生职业介绍工作的宫城县职业安定所职员的话，“离职对于当时就业后的补充指导这个制度来说，无疑带来了很大的影响。正是如此，职业安定所的就职介绍工作之后从 4 月份开始。同时还要至少花半年时间进行访问指导，了解职员到工作单位后是否全力以赴地去工作，是否有不好的事情发生，并写出有关安置的调查报告。以期在某种程度上把握辞职或想辞职的情况。”

“当时认为安心工作是善，离职是恶。这种多年的媳妇会熬成婆的职业哲学

① 《学校新毕业生职业介绍业务运营的实情——从各个学校阵营的洽谈会来看》，《职业安定广报》第 16 卷 36 号，1965 年。

② 劳动省编：《劳动行政要览 1959 年版》，第 220 页。

观念非常强。”

“（在集体就职之际）从宫城县乘火车到上野站，交付表格。并不是马上回去，而是寄宿在东京的旅馆一个星期左右……有时职业安定所会与学生联系，有学生说是几天前来的，现在想回去了，但职业安定所希望其能够留下，为此联系其家乡的职业安定所派员来做说服工作，东京的方言听不太懂，于是让当地人过来，用家乡话与之耐心地交谈。当然作为学校有责任和家庭联系。也有这样不辞职的情况，也有无论如何都要辞职的。[①]”

鼓励初中毕业生安心工作，人们不仅要疑惑，热诚地进行这样的“指导”的理由是什么？这究竟出于什么考虑？1966年末，《朝日新闻》头版头条报道了该社追踪调查的关于在县外就业的初中毕业生的情况[②]，标题是《为什么县外青少年的稳定率为36.5%，这凸显了行政的贫乏》，在整个5、6版面上以具体的事例再现了县外就业者“竭尽全力生活的4年”的情况。上面形象地描写了“理想落空的职场”“被政府抛弃”、多次改行的青少年就业状况。实际上，在这个报道刊登一个月以前，行政管理厅已经发表了关于青少年劳动者的监察报告，并刊登到《朝日新闻》上，其中提到“就业后，一年以内转行的青少年劳动者占21%。并且，这些转行的人中有70%是那些有工作的不良青少年。这种结果是由于劳动省、文部省等所进行的职业指导不充分所造成的”[③]。

传统观念认为，青年期处于探索的阶段，改行是找到适合自己的职业过程中的重要阶段。次年1月，《朝日新闻》发表了东京大学教育学部对进入神奈川县工作的青少年的调查研究结果，其分析表明：“青少年的改行行为，决不能说明他们是问题青少年。与其说改行是不良表现，倒不如说改行是他们将现实和理想重新规划，从而使自己迈向安定生活的道路选择”[④]。该调查最富有意义的地方就是弄清楚了就业途径和改行率的关系。根据调查研究的统计，改行率在由学校、职业安定所介绍的人中占近8.2%，而由熟人、家庭介绍的占39.5%，通过

① 根据对城哲也氏的采访（1995年10月13日进行的）。城氏1961年进入劳动省，1962—1964年在宫城县职业介绍科毕业生职业介绍工作。

② 《朝日新闻》，1966年12月25日。

③ 同上，1966年11月30日。

④ 神奈川县立教育中心：《关于神奈川县流入青少年的适应和安置的调查研究》，1967年，第57页（天野郁夫执笔的部分）。该调查的对象是在川崎市制造业的中小企业工作的16～24岁的男子现场工作人员1 435名（初中毕业的889名，高中毕业的546名）。各种连续工作年数构成是1～3年的66%，4～6年的28%，7～9年的5%，没回答的1%。

报纸、广告等的超过 56.6%。在东京进行的调查也显示了同样的结果[①]。当时职业安定所根据初中毕业生的职业稳定率得出的这个数据，就算是到了今天，从国际比较的观点来看，这个数据也足以让世人震惊。

但是，面对这种冷静的分析，人们只是一味地关注“青少年不良化”的问题，完全不去思考其背后的原因。事实上，《朝日新闻》很早就注意到了东京大学小组的调查报告，并报道了证实其公司主张的相关内容[②]。关于改行，该公司有最新的发现和最充足的理由来解释这个调查，这也极具讽刺意味地给青少年不良行为敲响了警钟，《朝日新闻》还主动地承担了揭发行政怠慢的宣传活动。《朝日新闻》抓住行政监察发表这个绝好的时机进行的报道，给劳动省以极大的冲击。随后，劳动省就制定了宏观雇用计划，提出了实现劳动力流动化的基本方针，把研究 1967 年初中毕业生的安心工作对策列为职业安定行政的重点课题之一，并增加指导人员数量。到 1968 年进一步强化安心工作指导，出于让青少年健全成长的目的，还给指导全体初中毕业生的工作人员配备了《青少年工作指南》[③]。劳动省改变了原来的方针，终于在 1973 年认可了改行是探索适合自己的职业过程中的一环这种想法[④]。

**六、青少年职业介绍和不良青少年问题**

这样，劳动省之所以因《朝日新闻》的报道而受到很大的冲击，主要是因为职业安定所的基本出发点只是考虑了通过促进青少年安心工作来防止青少年不良化。实际上，《职业安定广报》和《职业研究》上多次登载了认为青少年的改行行为容易带来不良化的报道[⑤]。文章认为，原来的公共行政机关致力于青少年的职业介绍，可以追溯到如下出发点。众所周知，在日本正式开始策划公共职业介

① 东京劳动局：《新毕业生就业实情调查结果报告》1965 年。根据该调查，男子新毕业生里有改行经历的人的比重，职业安定所介绍的是 6%，学校介绍的是 4%，靠关系的是 11%，通过报纸广告等的是 47%（第 328～329 页）。该调查的对象是制造业、批发业、零售事业、服务业等 1969 年 9 月末在正常雇用劳动力 5 人以上的单位工作的新毕业生（男子初中毕业生 1 415 名）。

② 《朝日新闻》，1966 年 12 月 30 日。

③ 《1967 年度职业安定行政的重点》，《职业安定广报》第 16 卷 12 号，1967 年。《1968 年度职业安定行政的重点方针政策》，《职业安定广报》第 19 卷 11 号，1968 年。

④ 《关于对学校毕业的就业者的改行、失业的思考》（宫城县厅所藏）。劳动省职业安定局业务指导科长 1973 年 10 月 31 日把该文件作为参考资料发给各都道府县职业介绍主管部长。

⑤ 例如，稻叶金四郎（枥木县职业介绍课长）《“菊和刀”及农村的一些男子——青少年不良化的一种侧面观》，《职业安定广报》1952 年 11 月。中原利一（劳动省职业安定局宣传负责人）：《青少年的职场环境及问题点》，《职业研究》1960 年 7 月。《勤劳青少年的保护培养及职场的安置指导》，《职业安定广报》第 16 卷 15 号，1965 年。

绍制度的是1921年职业安定法的制定。1925年，由内务省社会局、文部省联名向地方长官及中央职业介绍事务局下达了关于青少年职业介绍的通告（参照第三章）。刚刚建立的公营职业安定所和一般成人职业安定所有所区别，它主要致力于未满18岁的青少年的职业介绍工作。

但是，根据对当时一般职业介绍制度的理解，青少年的职业介绍是农业劳动者、日薪劳动者、保姆以及与“知识分子阶层”并列的专门化职业介绍事业的一部分①。例如，美国的S・M・哈里松在系统地论述公共职业介绍制度的组织和活动的实情的著作《把特殊援助看做必要的伙伴》里，最后用一章的篇幅论述了青少年的职业介绍问题。这一章虽然从量上看，在600多页的篇幅里只占了16页，但中央职业安定所还是特别把它翻译出来供相关人士参考②。仔细阅读不难发现，在美国，青少年的职业介绍并不是意味着仅对新毕业生进行，而是以包括脱离学校的大多数年轻人为对象的。青少年作为求职者并没有求职经验，只有一些相关知识。而且，由于法律对于16岁以下的青少年设置了劳动限制，还要为其上学谋求方便，所以雇用者对于雇用青少年采取消极态度。之所以有必要给予青少年以特别援助，就是因为这一点。在这种现状的基础上，给予年轻人的工作往往都是“没有前景的工作”，因此，职业安定所的职员如果有更适合青少年的就业渠道，应该积极地帮助他们改行，紧紧固守一个职业不流动的人往往是盲目的。因此，有必要的话，职业安定所应该建议其改行或劝其接受职业训练（现在的意图之一是促使雇用者改善劳动条件）。而了解的方法主要是通过公文查询，当然有必要的话也可以访问雇用者。

以前日本青少年职业介绍事业的性质和美国是完全不同的。其特征整理如下③：第一，在日本，青少年的职业介绍着重于新毕业生的职业介绍。实际上，这点可以追溯到1925年的通告，职业安定所和学校合作探求“对于毕业以后就有就业意向的人……给予选择适当的职业的指导”。如第三章中所述，第二次世界大战之前青少年的职业介绍如果和之后的水平相比较的话，则处于更低的阶段，但是其发展速度可以说是令人瞠目结舌的。而这种对青少年职业介绍事业之所以在短期内急速发展，这要归功于学校在学生就业指导方面采取了与就职介绍

① 例如，参照国际劳动局编、铃木迁吉译，《职业介绍事业的国际的研究》，自疆馆书店，1936年。

② Shelby M. Harrison, Public Employment Offices, Russel Sage Foundation, 1924。中央职业介绍事务局：《美国的青少年职业介绍》，1925年。

③ 以下是关于青少年职业介绍事业的基本的通告、答复，利用中央职业介绍事务局《青少年职业介绍设施及受理成绩1930年2月》1930年里所收的东西。

制度对应的对策。

第二，正如指出这种面向新毕业生的就业指导给予青少年职业介绍的方法以很大影响的中央职业介绍委员会所给出的答复中强调的那样，引导青少年就业者向着“永久性的职业”的目标是非常重要的。当时由著名的知识分子以及官僚实力派联名的回复，其目的并不是呼吁改善青少年职业介绍事业，而是明确地提出，小学毕业后立即进行求职活动决不是理想的事情。也就是说，答复是让普通小学的毕业生继续上初中，高等小学的毕业生尽可能去补习学校或职业学校而不是急于就业。但是，由于家庭经济状况不允许升学的，只能退而求其次，由公共行政机关从教育的目的出发，进行职业指导，并引导他们以寻找“永久性的职业”作为就业目标。这篇文章确实也暗含青少年职业安定所的相关要义。

而大多数人都认为，青少年的“不良化”一般都发生在他们离开学校后，与找到固定职业这一“间隙”之中，因此要尽量排除这一“间隙”。从有关战前青少年问题的文献中经常可以看到，很多年轻人聚集在这种“间隙”之中，并指出反复的失业和改行是“青少年不良化”的温床①。青少年的不良化，进而会带来思想的恶化，进而很有可能会成为危害日本“国体”的一个原因。防止这种危险产生的方法，一是把年轻人圈在学校里，另外就是使他们在职业上固定下来。由此可见，日本青少年的职业介绍，并不是一种单纯的劳动市场政策，而更多的具有作为对青少年问题、都市问题的对策的性质，从而带有一定的社会性色彩。

第三，日本从一开始就把就业后的指导置于青少年的职业介绍工作的重点位置。为了避免他们将来改行，在其改行之前就给予很多的帮助关心。上文提到的通告发布 2 个月后，中央职业介绍事务局早就单独就这一点向地方职业介绍事务局下达了关于这个问题的通知，其中规定了“就职后改行的时候，青少年的家长要和成人职业安定所或者青少年职业指导相关设置的委员商谈。”而且 1928 年发出特殊通告“象征青少年职业介绍过去成绩的标记，在就职后的指导保护方面，应当进行特别的进一步的努力……指导、督促管辖下的职业安定所为该成绩提高发奋努力”。学校的老师和职业安定所的职员，频繁地去访问刚刚就业的青少年，很好地去把握他们的状况，并进行适时指导，如果青少年有不满的话，引导他们要尽可能地忍耐——这就是大多数接受职业指导的人员所共有的就业后安置的情景。

然而，如果青少年处于半失业状态，滞留在都市的劳动市场，要克服这种状

① 高濑雅弘：《第二次世界大战前期都市和“勤劳青少年”》，1997 年度东京大学研究生院教育学研究专业硕士论文。

况当然也不是容易的。为了克服这种困难，日本并不是像美国那样以保障自由招聘、求职活动为前提，而是采取国家限制、强制规定等行政干预，这是日本开展青少年职业介绍的特征。内务省社会局在青少年职业介绍事业开展的时候，集合相关人员召开了5天的讲习会。其间，中央职业介绍事务局的技术官员三泽房太郎所进行的讲演，充分说明了日本的这种特性。

“现在的青少年对于职业是完全无知的，他们根本不知道自己的才能适合做什么，有些已经就业的青少年在被解雇后就没有改行的余地，再加上他们又没有受到一定的保护监督，导致其道德水准比较低下，这就是不良青少年激增的原因。他们完全属于非熟练劳动者，所以经常由于失业而彷徨痛苦”①。

根据三泽的话，可以看出进行青少年职业介绍的确能改变这种现状，是为了培养青少年成为“具有健全人格的人”，为了让他们从事“永久性的职业”。然而，青少年对于职业是无知的，由于不了解自己适合什么样的职业，所以“把这个责任转嫁给个人恐怕会产生各种各样的弊端”。因此，“国家应当一边为他们准备适当的职业，一边限制、监督他们就业，或者有必要进行就业指导。”②

三泽的发言体现了意料之外发展的战败后职业安定行政内容，这是非常明确的。确实，1947年制定的职业安定法，明确规定了“职业选择的自由”，规定了职业安定行政机构要为国民服务。日本战败后根据职业安定法而设置、经营的职业安定所，是以反省以前的经验教训为出发点的，这种致力于初中毕业生的职业介绍的思路是没错的。但是，职业安定所开展的活动还没有从以前的观念中完全解放出来。而最重要的是，成为战败后职业安定行政指导方针的《指南》所规定的，就像前文论及的一样，仅仅限于青少年的毕业介绍业务，这是由于《指南》是在以前青少年职业介绍事业中积累的经验的基础上编制的。

可见，战败前的传统使战败后的职业介绍制度都深深地打上战败前的烙印，而这种情况不仅限于初中毕业生，高中毕业生也是一样。这是因为高中毕业生的职业介绍制度是由初中毕业生的职业介绍制度发展演变而来的。而当时高中毕业生职业介绍制度又是怎样的呢？历史留给我们的经验又是什么呢？下节，我们针对这点进行讨论。

---

① 东京地方职业介绍事务局：《青少年职业指导和介绍》，1927年，第9页。

② 同上，第10～11页。

## 第四节　高中毕业生的职业介绍

### 一、“知识阶层”的就业和学校介绍

从教育的传承和沿革这一角度来看，经过教育改革的新制高中学校的性质，和以前的中学已经有了很大的不同。现阶段，高中学校一般被定位在后期中等教育上。从教员的资格上来分析，可以看出现在属于义务教育阶段的初中和第二次世界大战前的（高等）小学的沿革关系是很紧密的。但是，战败前的初中学校和现阶段高等教育机关的沿革关系很强，从另一个侧面可以看出其毕业生具有共同社会性。当时人们普遍认为，有5年制初中毕业以上学历的人是“知识阶层”，期待在企业或行政机关就职，成为正式职员（虽然这种期待经常落空）。职业安定所为他们进行的职业介绍，不同于一般介绍而进行特别受理。与此相对应的，小学毕业的人则被雇用作为从事体力劳动的职业工人或是做杂事的勤杂工，这在当时是很正常的。以前的大企业及行政机关存在着严格的身份等级制度，而身份等级是和学历层次巧妙地对应的。

下面，我们通过日立制作所提供的事例进一步详细了解“身份学历制”的实际情况[①]。战败前的日立制作所，将从业人员大致分为“社员”和“职工”，而针对社员和职工的规章制度完全不同。现在来看一下职工的就业规章制度，就会明白他们在企业中的地位如何。比如说门卫，任何时候都可以检查职工有没有携带产品出厂。另外，在他们的规章制度里，有些带有污蔑性的规定，比如说规定职工不可以在厕所以外的地方方便等，还有针对职工的一长串的惩罚事项。相对于企业而言，职工只是一些出卖自己体力领取工资的劳动者，完全是“外人”(氏原正治郎)[②]。为了让他们遵守工厂里的规章制度，严厉的惩罚和监视是不可或缺的。

另外，还进一步把社员分为“职员”和“办事员”，把见习员工称为“见习生”（见习生一般经过两年转正为办事员）。职员可以是领导干部，还可以是他们的候补人员。办事员从事文案等辅助工作，但是如果连续工作一段时间，可能会

① 关于日立工厂的事例，根据菅山真次《日本雇用关系的形成》；山崎广明、橘川武郎编《日本经营史4经营的连续和断绝》，岩波书店，1995年；《20年代重电机经营的下级职员层》《社会经济史学》第53卷5号，1987年。

② 氏原正治郎：《战败后劳动市场的变貌》，《日本的劳使关系》，东京大学出版社，1968年。

升为职员。当然，也有一小部分人的人会被从职工擢用为社员，当然只是极少数，社员和职工的"身份"之间仍然存在着不可逾越的鸿沟。

而决定这种社员就业资格的是学历。通常大学毕业及高等专科学校毕业的被录用为职员，（甲种）职业学校毕业的被录用为见习生或（如果年龄超过20岁的话）办事员（见表6—5）。每年新录用者的大半都是由过去有联系的学校推荐的，是从新毕业生中遴选出来的。学生带着毕业学校校长、人事科或研究班教授的推荐信，参加入社考试，如果通过入社考试的话，3～4月份就被录用。

**表6—5　　日立工厂从甲种工业学校的录用情况（1910—1930年）**

| | 录用者人数 | 录用学校数 | 录用校名 |
|---|---|---|---|
| 1910 | 1（1） | 1 | **岩手** |
| 1911 | 2（1） | 2 | 岩手，**福冈** |
| 1912 | 3（3） | 1 | 岩手 |
| 1913 | 1（1） | 1 | 岩手 |
| 1914 | 3（2） | 2 | 岩手，**茨城** |
| 1915 | 1（1） | 1 | 岩手 |
| 1916 | 9（4） | 4 | 岩手，**秋田**，**米泽**，茨城 |
| 1917 | 18（6） | 5 | 岩手，**宫城**，秋田，米泽，**高知** |
| 1918 | 23（3） | 7 | 岩手，宫城，秋田，米泽，**神奈川**，**兵库**，高知 |
| 1919 | 21（5） | 6 | 岩手，秋田，茨城，兵库，高知，**佐贺** |
| 1920 | 22（4） | 7 | 岩手，秋田，米泽，茨城，神奈川，**长冈**，兵库，高知，**大分** |
| 1921 | 7（1） | 5 | 岩手，秋田，兵库，高知，佐贺 |
| 1922 | 21（2） | 8 | **札幌**，岩手，宫城，秋田，长冈，兵库，高知，大分 |
| 1923 | 17（0） | 9 | **青森**，宫城，秋田，米泽，茨城，长冈，**长野**，高知，大分 |
| 1924 | 23（3） | 11 | 岩手，宫城，**仙台**，秋田，茨城，长冈，长野，**静冈**，兵库，**广岛**，佐贺 |
| 1925 | 33（2） | 15 | 札幌，岩手，宫城，秋田，**鹤冈**，茨城，**足利**，长冈，长野，静冈，**岛根**，**下松**，高知，佐贺，大分 |
| 1926 | 21（2） | 15 | 札幌，岩手，宫城，秋田，米泽，茨城，足利，长冈，长野，岛根，广岛，下松，高知，佐贺，大分 |

续表

| | 录用者人数 | 录用学校数 | 录用校名 |
|---|---|---|---|
| 1927 | 4（0） | 4 | 仙台，米泽，茨城，长野 |
| 1928 | 19（1） | 16 | **苫小牧**，岩手，秋田，鹤冈，茨城，足利，长冈，长野，静冈，**大阪**，兵库，**鸟取**，**宇部**，下松，佐贺，大分 |
| 1929 | 14（2） | 10 | 岩手，秋田，米泽，鹤冈，**福岛**，茨城，足利，兵库，岛根，宇部 |
| 1930 | 12（2） | 10 | 岩手，仙台，**能代**，米泽，茨城，足利，长野，静冈，兵库，高知 |

资料来源：菅山真次《20世纪20年代重电机经营的下级职员层》《社会经济史学》第53卷5号，1987年。

注：括号内表示录用者中岩手工业学校出身的人。

黑体字表示初次出现。

1932—1938年间，日立工厂录用的职员里，有98%的人是高等教育机构出身的，其中80%是新毕业生。同样，见习生、办事员录用者里有85%的是职业学校出身的，其中新毕业生占80%以上。从毕业学校来看，在这7年里至少每5年输送1个以上的新毕业生进日立工厂的学校数是：国立大学9所，私立大学、高等专科学校21所，职业学校22所。这些学校可以说是和日立工厂有所谓的实绩关系的学校。表6—5围绕见习生的录用，体现了日立制作所和工业学校的关系是怎样形成的。从这个表可以看出，当初日立工厂录用工业学校出身的人只限于岩手工业学校，但是以第一次世界大战为界，开始扩大其录用对象的学校范围，到20世纪20年代后期，以全国的工业学校为对象，一校平均2名的录用方式就被慢慢固定下来。并且，每年新录用者的大部分是通过职业学校的定期录用所提供的。总而言之，20世纪20年代后期，日立制作所在学校介绍的基础上确立了学校新毕业生的定期录用体制。

这种情况不仅仅表现在日立制作所。表6—6记载了中央职业介绍事务局以大学、高等专科学校、职业学校的新毕业生（1935年3月毕业）为对象实施的就业状况调查结果。显而易见，职业学校的新毕业生在接受调查时（当年5月1日），就约有半数的人已经就业了，其中实际上有90%的人是通过学校介绍的。这个数字相对大学、高等专科学校来说还是很高的。在1926年的调查中，事务局向学校询问了毕业生的职业介绍方法，职业学校的回复如下：

“是否接受录用申请是学生家里的事情，学校根据学生在学校的成绩、性格爱好等，并征求本人的意愿，得到本人应允后将其推荐给适合的就业单位。或是在学校推荐的同时，附上本人的学习成绩表、履历表及体检表进行职业介绍”[①]。

**表 6—6　　“知识分子阶级”的就业状况及就业途径（1935 年）**（单位：人，%）

| | 大学毕业 | 专科学校毕业 | 甲种实业学校毕业 |
|---|---|---|---|
| 毕业生总数 | 12 588（100.0） | 27 998（100.0） | 27 998（100.0） |
| 就业 | 6 147（48.8） | 10752（52.0） | 15 321（54.7） |
| 其中本校介绍 | 4 766 | 8 570 | 13 557 |
| 其他的介绍 | 1 318 | 2 182 | 1 764 |
| 自营 | 515（4.1） | 1 336（6.5） | 7 290（26.0） |
| 升学 | 1 835（14.6） | 2 034（9.8） | 2 506（9.0） |
| 未就业及其他 | 4 091（32.5） | 6 573（31.7） | 2 881（10.3） |

资料来源：根据 1935 年中央职业介绍事务局《关于知识分子阶级的资料》制成。

企业向学校提出招聘，学校据此选择比较适合的学生向用人单位推荐，这越来越引起了大家的关注。早在战争期间，大企业职员层的就职录用，作为企业和中等以上学校的持续合作已经被制度化了。

**二、职业安定法的修改**

然而，1947 年制定的职业安定法规定了除政府进行的以外，其他职业介绍事业必须得到劳动省的许可。但是，这对于从此前就和企业在实绩关系的基础上进行毕业生的职业介绍工作的（旧制的）中等以上的学校来说是不合适的。根据战时劳务调整令，学校毕业生的就业经过国民职业指导所。1945 年后，由学校进行职业介绍惯例的再次复兴，也可以从尾崎盛光所举的庆应义塾大学的事例中看出来[②]。因而，学校为了进行毕业生的职业介绍工作，要求修改职业安定法的呼声很高，这也是理所当然的。1949 年的修改就是适应了这种要求。当时，专门担任该修改工作的中岛宁刚，叙述了如下的事实：

“职业安定法制定的时候有这样的规定，不管什么职业介绍，不管免费与否，是不是由学校进行，都要得到劳动省的许可。当时，东大事务局的一个了不起的人，每月都要打 2～3 个电话给职业安定所所长。……对方说，东大的校长是了

① 中央职业介绍事务局：《1926 年 3 月 全国大学专门学校主要府县甲种实业学校毕业生就业状况调查》1926 年，第 19～20 页。

② 尾崎盛光：《日本就业史》，文艺春秋，1967 年，第 264～269 页。新制高中的例子，参照石川县立金泽商业高等学校《金商 1970 年史》1970 年，第 181 页。

不起的人，文部大臣也是了不起的人。他多次带着文件去职业安定所所长那儿，打电话问了好多次，要得到劳动省的许可，询问这个规定是怎么回事，这样具有压力的电话有多次，并要求修改这个规定，但都没有得到许可。”

“实际上是这样的……学校毕业生的职业介绍，战败前和战败后都是由职业安定部门进行，有实力的是义务教育结业者。受过义务教育以上的人，大都由学校负责”。

“要接受许可的是GHQ方针，这是没有让步的。……GHQ的观点是，所谓的职业介绍事业，本来应由国家来进行，如果要委托给其他部门，也要委托给可靠的部门。必须要好好验证其可靠与否，这一点是毋庸置疑的……GHQ的方针规定全部由职业安定所进行。然而，这是不现实的。从历史上来看，（新制的）大学、高中没有那样的能力。现在的高中，我们认为是（旧制的）初中学校的延长。……由于，没有招聘单位来，所以即使有求职者来，也没有介绍的可能。……连我也是这样，这种事情这样做怎么样，说出必须解决的问题，然后需要一定的时间，关于GHQ，那就到1949年再考虑吧。①”

中岛的这个回忆清楚证实了1949年的修改符合实际状况。这次修改把学校免费进行职业介绍事业作为第33条第2点的规定。而这个规定实际上是建立在战败前的企业和学校的实绩关系基础上实行职业介绍惯例的。据中岛说，大学应该全部按照第33条第2点的规定执行，但高中学校“有回旋的余地”。然而，战败前的初中学校多种多样，毕业生的出路有就职、自主创业、升学等，学校以其中一个为主，不同的学校会呈现出很大的差异。当然，这根源于不同的学校具有不同的实绩企业数。因此，“能够自立的就自己去自立，不能够自立的……放在介绍机关里（新制初中学校）一起处理”，这也可以说“是学校的选择”。总而言之，是按照第33条的第2点，或是第25条的第3点乃至第25条的第2点，结果是根据实绩企业的多少和学校的方针决定的。

**三、职业安定行政和高中学校——第33条第2点的学校**

由此可见，有很多中学，特别是传统的工业、商业高中，作为符合第33条第2点的学校，它们沿袭了惯例，以实绩企业为中心，让毕业生自身选择发展道路。例如，三重县立松阪工业高中“作为工业高中最早的学校，有很多前辈都在以化学工业为中心的产业界各领域大显身手，也为毕业生提供了大量的信息”②。

---

① 根据对中岛氏的采访（1995年12月12日进行的）。

② 三重县立松阪工业高等学校：《赤壁80年史》1985年，第298页。

在高中毕业生就业状况愈发严峻的情况下，在该校于1953年12月举办的同学会刊上，登载了如下报道：

“前辈们最放心不下的新毕业生的就业状况。7月下旬松下电器的招聘为第1位，到11月末的招聘单位超过了100家公司。就职确定人数如下所示。（表略）以上，就职希望者中1/3已经确定单位，这个数字和历年的现在相比好像稍微多些。这完全是本校的传统，多亏了前辈师兄们的照顾。晚辈们受到前辈师兄们的指导，能够踏着前辈师兄们的足迹去探索、追寻是十分幸运的”①。

学校史里还登载了以1972年同学录为基础，做成的在籍毕业生所在的很多企业的名次表。其中，以在籍数为150名的三菱石化为首，有3个公司在籍数超过100名（估计每年平均录用1名以上），有20名以上毕业生的企业超过34个。有6名以上毕业生的企业达133个，这些企业的在籍毕业生总数为2 690名。另外，由于战败后该校毕业生里就业人数每年为200～300名，累计到这个时候有6 000～7 000名左右。当然，这必须加上战前的毕业生。当然，这种资料也充分考虑到了失踪、死亡、改行、退休等情况。由此可见，具有悠久传统的职业高中和熟识的企业的交情是相当深的。

因而，按照第33条第2点规定的学校进行的职业介绍——如果除去后面所指出的企业对于招聘活动所限制的规定的话——可以说职业安定行政几乎没有介入的余地。1949年修改职业安定法后编撰的《学生等的职业介绍指南》中，符合第25条第3点的学校，作为义务要及时地将已经受理的招聘、确定的就业情况向职业安定所通报，而第33条第2点的学校只要向职业安定所报告招聘人数、求职人数、就职人数的总数值②。并且，根据劳动省正式的统计表所得出这个合计的数据是在1956年以后，1955年的数值就不明确了③。也就是说，劳动省既没有给予第33条第2点的学校进行职业介绍以积极的关心，也没有完全把握其实情。

**四、职业安定行政和高中——第25条第3点中的学校**

经过修改的职业安定法重新规定了第25条第3点中的高中学校和职业安定行政的关系，学校可以“部分”分担职业安定所的职责。如上所述，由于第25

① 三重县立松阪工业高等学校：《赤壁80年史》，1985年，第229～230页。

② 《学生等的职业介绍指南》，《职业安定行政指南》，1949年，《关于伴随着职业安定法修订后的学生职业介绍》（国大第65号，1949年10月8日通告，文部省《学校开展的就业指导》，1951年收录）。

③ 《劳动市场年报》，1964年，第86～87页。

条第3点中的高中占据了大多数，这一点就显得非常重要。然而，20世纪60年代出版的《指南》里并没有特别规定第25条第3点规定的高中与其他学校在业务分担上有什么不同。但这并不意味着两者分担的业务在实质性的内容上就没有差别。在1964年出版的通告的说明部分，第一次把职业安定所进行的应届初中毕业生和应届高中毕业生的职业介绍业务分别记述。其中，高中毕业生的办理项目如下文所述：

"关于高中毕业生的职业介绍，由于涉及过去多年学校的实绩，所以职业介绍机构一方面充分尊重实绩，另一方面，也要为今后职业介绍更加有效地运营而努力。当前，应在充分掌握学校所进行的职业介绍实情的同时，由公共职业安定所提出目前可能实施的业务，并加以实施"①。

这里我们可以理解为应该将第33条第2点的学校包括在内，但事实并不仅仅是这样。在《指南》的前面部分作了明确说明，把初中毕业生和高中毕业生分别对待的主要原因是1964年的通告，通告规定关于全面禁止第25条第3点中的初中学校受理招聘这一点，对第25条第3点中的高中学校有不同的措施。

"法律第25条第3点规定的高中学校和公共职业安定所的业务分担作为原则如下实行：

A、招聘申请的受理，原则上由公共职业安定所管辖范围内的单位向学校提出招聘申请，由学校或公共职业安定所受理，而来自于其他的公共职业安定所管辖范围内的招聘申请，则全部由公共职业安定所受理。并且，根据以往的惯例，对于来自于学校所属的职业安定所管辖范围外的单位申请的直接招聘，通过管辖的公共职业安定所申请，学校在给予招聘者奖励的同时，向管辖的公共职业安定所汇报招聘申请的主旨并给予协助。

B、求职申请，原则上由学校受理。

C、求职者向招聘者的自我推荐，原则上由学校受理。

D、E略。②

总之，第25条第3点的高中学校，受理当地职业安定所管辖范围内的招聘。求职申请以"学校受理"为原则，"学校受理"的职业介绍也非常重要。实际上，正如该省毕业生介绍工作的业务指导课负责人所言，该原则的确立，"在法律上

① 劳动省编：《从业员募集和学校毕业生录用的指导》1964年，第148页。

② 《劳动市场年报》，1964年，第150～151页。

不承认第 25 条第 3 点的学校实质上和第 33 条第 2 点的学校有同样的工作”[①]。“众所周知，实际上第 25 条第 3 点的学校‘分担一部分业务’是任重道远、众所周知的事实”[②]。1964 年的通告坦言，像初中学校一样，职业安定所目前对其所在地管辖范围外招聘的掌握，是为了确立这个明确目标——“全部由职业安定所处理”[③] 这种体制。

次年通告的基本方针指出，对于高中学校，“职业安定所遵循以往的惯例，竭尽所能给予向介绍所提出招聘申请的应聘者指导”，《业务受理要领》所定如下：

“以法律第 25 条第 3 点规定学校的求职者为对象的招聘，由职业安定所和学校受理。但是，根据法律第 25 条第 3 点的第 2 项第 1 号规定，如果学校直接受理招聘，就必须先与学校所在地的主管职业安定所取得联系。

因此，当直接向学校申请的招聘不属于学校所在地的职业安定所管辖时，学校所在地的职业安定所应将其内容转达给招聘者所属的职业安定所。”[④]

也就是说，为彻底进行第 25 条第 3 点的学校的招聘受理，默认所在地职业安定所管辖范围外的招聘。这是明显的退步。背景正如在该通告的计划阶段所言，“由于当前体制原因，职业安定所在处理所有事务时都困难重重”[⑤]。

**五、职业行政的挫折及其结果**

到了 1966 年，劳动省的方针突然变得积极起来。在当年的通告[⑥]里，再次限定第 25 条第 3 点的高中学校受理招聘在当地职业安定所的管辖范围内的同时，指出“职业安定所应积极和各高中学校交流招聘信息，并指导尽可能地通过职业安定所进行招聘”。进一步说，职业安定法上的职责划分，是建立在与个别高中学校进行磋商基础上的。该措施尽可能地将现行的第 33 条的 2 所学校向第 25 条的 3 所学校转移，旨在扩大职业安定所的影响力。

不仅如此。当时考虑到今后年轻劳动力不足，为了促进国民经济发展，调整

① 《应届高中毕业生职业介绍业务的问题点及劳动市场中心机能的活用》，《职业安定广报》第 17 卷 19 号，1966 年。

② 《新毕业生职业介绍的运营》，《职业安定广报》第 20 卷 11 号，1969 年。

③ 《1966 年 3 月学校新毕业生的职业介绍业务的基本方针（案）》，《职业安定广报》，第 16 卷 11 号，1965 年。

④ 劳动省编：《从业员募集和学校毕业生录用的指导 1966 年版》，1965 年，第 169 页。

⑤ 《1966 年 3 月学校新毕业生的职业介绍业务的基本方针（案）》。

⑥ 《1967 年 3 月学校新毕业生的职业介绍》，《职业安定广报》，第 17 卷 13 号，1966 年。

劳动力供求的综合措施，劳动省致力于雇用对策法的起草。据登载于全国高中学校校长会会刊上署名常务理事的报道称，劳动省通过制定该法来修改职业安定法，并向文部省提出了如下意见：

“虽然以往将高中毕业生的职业介绍完全委托给学校，但该项工作理应是公共职业安定所的业务。基于此，这次修改案主要严格规定了学校的职业介绍工作。

也就是说，规定了职业安定法第 33 条第 2 点的适用学校和该法第 25 条第 3 点的适用学校一样，在进行学生的职业介绍时，必须遵从和劳动省大臣协商决定的标准。这个标准的内容有就业日期的决定、企业指定学校制度的废止等。对于违反这个标准的学校来说，将完全取消其为学生进行职业介绍工作的业务。①”

在职业安定所给高中毕业生的职业介绍工作一元化地进行时，面临的最大障碍是第 33 条第 2 点中的学校和企业的实绩关系。于是，劳动省决定直面该障碍，准备诉诸具有强制力的法制措施。但劳动省的干预招致了学校的强烈反对，并且遭到接受了学校意见的文部省的反对，最后不得不以挫败告终。先前的报道叙述了这个期间的情况，其内容如下：

“协议中的规定不能再像以前那样，对学生的职业介绍加以管制，限制学生个性的发展。针对协会的反对，新的协议要求职业安定所摈弃以前所进行的机械性、事务性的职业介绍工作方式，并通过文部省将这一新的规定内容传达给劳动省。

在充分考虑协会的意见之后，文部省和劳动省进行交涉，结果修改了职业安定法第 33 条第 2 点。劳动省大臣和文部省大臣还就学校对学生进行职业介绍这一业务协议进行修订、决定了标准，结果法制约束力减弱。即使有学校违反该条协议，进行职业介绍的学校也不能进行处分。此外，在制定职业安定法第 15 条第 2 点（对于新的就业者，劳动省大臣为能够给其提供职业介绍的机会而制定了必要的协议）标准的时候，劳动省和文部省事先充分协商理解，使这一问题得到解决”。

然而，劳动省对高中毕业生职业介绍具有强有力影响的方针仍然有效。

---

① 常务理事小田公治（东京立第一商业高中学校校长）：《关于就业问题》，《会刊（全国高中学校校长会）》第 15 号，1966 年。

1968 年发出的通告规定[①]，在职业安定法受理区分的适应性的章节里，附加了《确保其实效》一文，并且指出“同时强化今后职业介绍机关的职业介绍体制，可以推测出法律第 25 条第 2 点的情况将会增加”，并指出要引导高中学校向第 25 条中的 2 所学校转移。更引人注目的是，这个通告设立了实施劳动力供求调整的项目，指出“本省、都道府县及职业安定所……要朝着更灵活地调整劳动力供求这一目标而努力”。如上所述，由于职业安定所不能掌握高中毕业生的招聘状况，所以至今都没有实施像初中生进行全国供求调整会议那样进行劳动力供求调整的尝试。通告的内容表明了相应部门应为了实现这一目标而做出的努力。

但是，这样的指导几乎没有任何现实意义。事实上，对高中毕业劳动力的需求调整，自始至终都停留在纯粹的口号上。在职业安定所不能掌握高中毕业生的招聘情况下，势必会出现这样的结果。表 6—7 显示了职业安定法的职责划分前后高中学校数目的变化。在提出“适应化”方针的 1966—1970 年期间，根据第 33 条第 2 点的学校占全体的比率虽有渐增的趋势，而与此相反的是第 25 条第 2 点的学校明显减少，数量微不足道，完全违背 1968 年的通告。这期间的趋势和以前是完全一致的，与表中 1956 年的数值相比的话就非常明了。总之，本省的指示事实上以被都道府县厅和一线的职业安定所完全忽视的结果而告终。1969 年的《职业安定广报》里登载了都县的职业介绍课职业（业务、指导）股长出席座谈会的记录。席上，关于高中毕业生职业介绍的搭配有如下发言：

**表 6—7　　职业安定法中划分的高中类别数量的变化**　　（单位：校，%）

| | 1956 | 1966 | 1970 |
|---|---|---|---|
| 25 条第 2 点 | 475（14.3） | 232（5.0） | 107（2.6） |
| 25 条第 3 点 | 1 792（53.9） | 2 823（60.1） | 2 479（60.8） |
| 33 条第 2 点 | 1 062（31.9） | 1 642（34.9） | 1 491（36.6） |
| 合计 | 3 323（100.0） | 4 697（100.0） | 4 079（100） |

资料来源：根据劳动省编《职业安定法解说》，劳动法令协会，1956 年；佐柳武，《职业介绍机关职业指导的现状和展望》，《进路指导》1967 年 7、8 月号；劳动省职业安定局《全国高中学校便览》，1970 年版制成。

① 劳动省监督修订的《从业人员募集和学校毕业生录用的指导》，劳动法例协会，1968 年。

1.“职业安定所理应雇用一个能够应付高中老师提问的职员。……对于职业安定所来说整顿内部体制的确是好事。据说高中学校的专门主管人员都有自己的想法，应让他们确立对职业安定所的信任感。”

2.“站在职业安定所立场，向高中学校的招聘实际上是以大企业为中心，在5月、6月这个时期进行人才选拔，我们对此也应该提出建议。向职业安定所提出的招聘申请若在8月以后，职业安定所就不受理了。晚于其他的企业的话就不能向职业安定所申请，所以就出现了不得不直接向学校申请的状况。”

3.“如果要认真致力于高中毕业生的职业介绍业务的话，就需要人员和资金（预算）。作为招聘对策，废除招聘受理限制的话如何？企业方面往往有不信任感，认为即使向职业安定所申请了，和学校的联系也较慢；而学校方面则有一种蔑视感，认为从职业安定所有信息传出的时候，也已经从公司得到申请了。根据上面的那个对策，是能够除掉这种不信任感和蔑视感的。”

4.“虽然我们现在极力维持所有招聘应向职业安定所申请的体制并进行指导，但实际上第33条的制度全是针对职业安定所而言的，所以不管个人怎样努力，还是得不到解决。更何况，学校方面的反抗也非常激烈，在不景气的年代，学校拼命忙于学生的职业介绍工作，但是随着卖方市场的到来，通过职业安定所实现就业的事情也并非没有。”①

职业安定所内部体制的薄弱，人员和资金（预算）的不足，企业间激烈的招聘竞争以及对职业安定所的不信任，第33条第2点规定的存在，再加上高中学校教师的不信任感、蔑视感和反抗，所以如果只有本省一般指示的话，这些都是不可轻易逾越的障碍。到1970年，劳动省取得了一些成果。文部省得到相关业界的协助，为了防止过早选拔人才，新高中毕业生的招聘工作全部由职业安定所确认其规定的选拔人才的合适日期②。该措施还具有对照法令制度看招聘内容是否有问题这个检查功能，这一点符合文部省以及高中学校的需要③。但是招聘工作在职业安定所确认盖章之后就转给了指定学校。由于委托给学校处理了，职业安定所几乎没有实质性干预的余地。最后，职业安定所只需在招聘表上盖确认章。这和初中毕业生的招聘相比，所承担的任务就不免显得微不足道了。事实上是由高中毕业生的职业介绍工作引路，在和企业直接结合的基础上，最终确立了

① 《座谈会 职业安定行政的课题》，《职业安定广报》第20卷27号，1969年。

② 业务指导科：《职业介绍业务的充实》，《职业安定广报》第21卷32号，1970年。

③ 根据对池哲也氏的采访。

学校毕业生职业介绍工作的体制。

但是，如果因此而立即得出结论认为职业安定行政并没有给新高中毕业生劳动力市场的制度化以任何影响的话，则是很草率的。关于新高中毕业生，和初中毕业生一样，对于企业的自由招聘活动，由行政加以严格的规定。推荐及选拔人才的开始时间的设定（1952 年），委托招聘和禁止直接招聘通勤范围之外的，严格说明关系招聘范围，禁止家庭访问（1964 年）以及禁止文书招聘（1968 年）——行政规定的这一系列的措施，可以说给企业本身所进行的招聘活动戴了一个大大的环箍。总而言之，对于企业来说高中毕业生的招聘要么向学校提出，要么向职业安定所提出，除此之外没有其他的选择。通过职业安定所招聘的失败，由学校一手承担招聘工作的这种状况意味着职业介绍工作的垄断进行。在作为企业和学校结合核心的“制度”里，第一次填补了新高中毕业生市场的空白，这是职业安定行政所造成的出乎意料的重要结果。

**六、新高中毕业生市场的工作状况**

当然，从职业安定行政的观点出发，这样的“制度”决不是人们所期望的结果。第一，如前所述，20 世纪 60 年代后期，由初中毕业向高中毕业的学历提升在激烈的展开，高中毕业劳动力也已经开始蓝领化。然而，在企业和高中学校直接结合制度的基础上，对于现在或每年被作为供给的新劳动力主体的高中毕业生来说，如同初中毕业生至今为止所经历的一样，政府几乎没能有计划地控制该潮流。1966 年，劳动省预测到今后将会有由于年轻技术工人不足所引起的严重问题。根据极力推动调整劳动力供求的综合措施的雇用对策法的制定来看，一旦下定决心要对企业制定的指定学校的制度采取果断的措施，也能够通过这样的脉络来理解。

第二，由于高中学校缺乏“准确的劳动市场信息，特别是关于实际招聘的具体信息”，劳动省认为其职业指导体制“软弱无能”。导致“高中毕业生向白领职位聚集，而从事生产工作的技术性劳动力不足，也会出现有人成为未就职者的危险”①。这种对高中学校的职业指导体制的不信任，实际上在战败后职业行政中已初见端倪②。最早可以上溯到对 1945 年前初中学校所进行的职业指导的评

① 《新高中毕业生介绍业务的问题点及劳动市场中心机能的活用》。1968 年的通告里指出，职业安定所“关于高中毕业生，由于对白领工作的倾向性较强，所以为了让他们知道以及了解技术、技能性的职业对社会的意义及价值，要特别给予指导”。劳动省《从业人员募集和学校毕业生录用的指导》，1968 年，第 10 页。

② 例如，水谷统夫：《关于学校和职业指导》，《职业研究》1953 年 2 月。

价[①]。根据企业的实绩关系而进行职业介绍工作的高中学校的职业指导，“有向易于就业的单位就业及通过有关系的招聘渠道解决就业的倾向”[②]。这就违背了尊重学生的个性，根据观察和各种机构的测试，客观、科学地掌握“适合的职业”等职业指导原则。1971年的通告指出，要以高中学校的渴望就业的所有人员为对象实施职业测评，通过这样的过程就能够理解[③]。这种评价，在大学专业是教育心理学、后来从事行政的官僚中特别根深蒂固。对于这种有经历的人来说，在和企业结合的基础上，学校进行职业介绍工作“制度”的落实，意味着正确、科学的职业指导运动实践的倒退。

这种“制度”的缺陷在其后的现实中以怎样的形式如何显现出来的？新毕业生就业市场的工作状况，尽管让政府担心，却比预期的效果要好。

第一个论点，即关于宏观劳动力的供求平衡问题，大东英祐已经作了透彻的分析[④]。根据大东的分析，20世纪60年代“劳动力不足”的问题在中小企业出现，到1965年由于经济不景气也波及到了大企业。然而，对于劳动力的供应困难这一问题，如果不能缩小经营的话，企业除了缩减单位产品的劳动量，或者开发新的劳动力的供给源，别无他法。60年代，特别是60年代后期，采用了这两方面的对策，用机械代替劳动、强化管理体制，以及放宽录用标准等方式多管齐下。因此，可以说，“所意识到的供求的差距在事后不久就平衡了”。总之，劳动省非常担心的劳动力不足问题，通过严重阻止这种状况发生的企业的自律行动为媒介，在市场机制原则的基础上，在比较短的时间内被克服了。

第二个论点，如前所述，职业安定所和学校联合进行职业指导，把安心工作作为一个重要的目标。那么，首先来确认一下从20世纪60年代末期到70年代初期新高中毕业生的离职率的变化情况。表6—8显示了新毕业生就业一年后的离职率。这些数据是根据劳动市场中心为了统计失业保险期间业务而做的投保者记录，几乎包括了该年度新毕业就职者的全部。据此，1966—1972年间，毕业生一年后的离职率初中、高中毕业生都停留在20%左右。众所周知，在欧美国家，离开学校的十多岁的年轻人在之后的几年里处于所谓的延缓偿付期，有频繁

① 例如，《卷头语 中学职业指导的必要性》，《职业指导》第3卷3号，1930年。

② 水谷，《关于学校和职业指导》，第24页。

③ 职业安定局业务指导课：《关于学校新毕业生的职业介绍业务受理要领的修改》，《职业安定广报》第22卷12号，1971年。但这个措施是指“根据管辖范围内的高中学校的实情，阶段性地扩大对象范围”。

④ 大东英祐：《劳动市场的变动和雇用管理的开展》，隅谷三喜男编著：《现代日本劳动问题》，东京大学出版社，1979年。

改行或失业的倾向[1]。在全国调查基础上得出这个数据，可以说因为劳动者的改行行为，和欧美国家的有着本质的差别，这再次给人留下深刻的印象。接下来，以时间为线索来看，这个期间的离职率有非常明显的低落倾向，尤其是高中毕业生非常显著。其结果，虽然1966年高中毕业生的离职率高于初中毕业生的，但是1970年消除了这个差距，到了次年情况发生逆转。但是，这个时候，高中毕业生急速向蓝领化发展，新高中毕业生的招聘竞争率达到前所未有的高度。当时，劳动省认为，在这种环境变化的基础上，高中毕业生提前并且轻易地改行的人将会继续增加，随后这种倾向也会越来越强[2]。但是，事实却与此完全相反。

**表6—8　　新毕业生就业一年后的离职率　　(%)**

| | 初中毕业 | | | 高中毕业 | | |
|---|---|---|---|---|---|---|
| | A | B | | A | B | |
| | 男女合计 | 男女合计 | 仅男子 | 男女合计 | 男女合计 | 仅男子 |
| 1966 | 23.4 | | | 25.7 | | |
| 1967 | 22.1 | | | 25.5 | | |
| 1968 | 19.9 | 20.0 | 23.9 | 22.9 | 23.0 | 24.5 |
| 1969 | 19.9 | 20.1 | 24.3 | 22.3 | 22.5 | 24.1 |
| 1970 | 19.1 | 19.4 | 23.6 | 19.1 | 19.4 | 21.0 |
| 1971 | | 19.0 | 22.6 | | 16.6 | 17.8 |
| 1972 | | 19.6 | 24.7 | | 18.2 | 19.6 |

资料来源：A＝劳动省《1971年3月新毕业生职业介绍状况及起始工资调查结果的概要》。B＝同上，1968年3月新毕业生版。

注：由于A和B的数字有一些差异，所以分两组列出。

那么，为何作为新的一般劳动力主要来源的高中毕业生在职场的稳定化——与劳动省预料的相反——能够顺利地实现的原因是什么呢？苅谷刚彦以在20世纪80年代初进行的T县的深入调查为基础，首次公开了高中学校的职业指导机构[3]。苅谷的观点为问题的解决提供了有力的线索。根据苅谷的调查，企业在录

① 例如，参照Paul Osterman，Getting Started，The MIT Press，1980年。

② 《学校新毕业生的职场适应指导——致各位雇主》，《职业安定广报》第18卷16号，1967年；职业指导科：《职业介绍业务的强化》，《职业安定广报》第20卷33号，1969年。

③ 苅谷，《学校、职业・选拔的社会学》。以下引用也是出自该书。

用新高中毕业生时，一般不直接接触求职者，而是给各个学校设定不同的“框框”(盖了职业安定所的确认章后)，再将招聘表转到高中学校。高中学校为了满足这种招聘要求，通过职业指导，选拔学生并向企业推荐。但是，由于学校所进行的职业指导只是教育活动的一个环节，所以它是以尊重学生自主的职业选择为根本，这种理念大多与要求根据招聘要求进行选拔的现实相对立。这种对立又积极地给予教师在学校进行选拔的基准的信息，并促进学生通过“自我选拔”得以解决。“课堂上、课外活动室、老师与学生的谈话、学生之间的聊天、走廊里张贴的毕业生就业实绩、就业模拟测试、和班主任的单独见面等各种各样的场合，都能够获取信息。如果知道学生们期望在怎样的企业就业的话，就能判断他们是否易于接受学校的推荐”。

这样，学生的自我选拔通过学校日常的场合进行。这种日常化的选拔，“在控制职业野心这一点上，实现了不浪费、有效率的职业分配”。与此相反，在劳动市场进行选拔时，求职者比较被动，每次只是收到雇用与否的判定。在这种安排的基础上，求职者继续抱有超乎自己能力的满怀野心的期望，经过多次的失败后，才意识到与自己能力相符的水准。

苅谷的上述观点说明，在学校日常场合中所进行的职业选拔，通过控制求职者的野心，起着事先检查和招聘匹配的作用。“所谓教育，是指在尊重学生主体性的同时，去改变学生的期望(更准确地说是让学生了解自己从而去改变)”。作为教育活动环节之一的高中学生的职业指导，可以说其中就包括这种作用。然而，根据《职业安定行政指南》，在职业指导方面，应严格避免直接断定本人期望的职业就是“适合的职业”。而对于经过客观的、科学的判定的职业，经过与求职者商量，努力让他本人认可那种更适合的职业。如果引用苅谷的观点，本是出于教育关照而进行的高中学校的职业指导，恰好与该《指南》的目标一致。这就意味着，学校介绍“制度”介入后，已就业的高中毕业生的离职率停留在较低水平上绝非偶然。

作为促进高中毕业劳动力安心工作的要因，不能忽视企业劳务管理的动向。事实上，20世纪60年代后期，高中毕业生向蓝领职位流入的重要契机是以大企业为中心的行业资格制度的普及①。根据这种措施，蓝领可向管理职位晋升，至少管

① 熊泽诚：《新编日本的劳动者像》，筑摩学艺文库，1992年，第Ⅵ章。佐口和郎：《日本的内部劳动市场》；吉川洋、冈崎哲二编：《向着经济理论的历史角度》，东京大学出版社，1990年。久本宪夫，《废除电机产业工职身份差别》，《经济论》第155卷3号，1995年。

理职位在形式上向蓝领劳动者敞开（所谓的“开放型劳务管理”）。但是，在到目前为止的研究中，关于这种从初中毕业向高中毕业的学历转移给企业录用管理的形式带来的冲击，可以说是几乎没谈到。那么，在已经明确的新毕业生市场的“制度”的基础上，企业招聘向高中毕业劳动力的转换将如何进行？将意味着什么？又将带来怎样的结果呢？基于以上问题，下一节将研究企业录用管理的形式及其变化。

## 第五节　定期录用的形成

### 一、定期录用率的变化

在现在的日本社会，企业的录用以定期录用为主，中途录用为辅。这种做法较为盛行。那么实际上每年被定期录用的新人占全体比例的多少呢？另外，这个比例根据企业的规模有什么样的差异呢？据说，近年中途录用者的比重很高。但是，这种倾向在统计上也能够得到证实吗？针对这个问题，小池和男在其1991年出版的著作中以《雇用动向调查》为基础，结合实证性的研究，得出如下结论：

“（看20世纪70年代、80年代入职者的明细）就明白，大企业的男性，改行者要比新毕业生多。至于中小企业，改行者占多数。……并且在时间上没有什么显著的倾向。与20世纪70年代相比，不能说最近改行者更多①。”

小池通过实证性的数据指出一般说法里把定期录用的作用看得过大，这种说法是恰当的。但是，小池关于时间上变化的评价，认为是更长期的趋势这一问题，从历史的观点来看，不是很充分，还有继续研究的余地。小池的《雇用动向调查》（及其前期的调查《工作变动调查》）（见表6—9），以制造业男子劳动者（学历计数）展示了20世纪50年代至60年代，每年的入职者总数（A），其中新毕业生数（B），及定期录用率（C=B/A）的变化。从这个表可以反映很多有趣的事实。

首先，看一下20世纪50年代的定期录用率，在1952年就已经达到24%～30%这样比较高的水平。其后不管什么规模的企业，都关注比率的提高。更有趣的是，在50年代，各种规模的企业其定期录用率的水准没有大的差别。特别是从业人数500人以上和100～499人的企业，不存在明显的差距，1956年有些许变化，但却是后者超过前者。显然，这个时期职业安定所把最重要的课题放在新

① 小池和男：《工作的经济学》，东洋经济新报社，1991年，第53页。小池和男并不是一般的从大企业的定期录用率来考虑的，而是关于更细微的方面，提出后面所见到的引作例证的20世纪50年代的录用管理的例子加以说明，但这很明显是误导。

毕业生的职业介绍工作上，开展丰富的活动。新初中毕业生的介绍数和非农就业者人数激增，1956 年的实绩是 1950 年的 3 倍。以非农就业者为分母，算出其比例的话，职安通过率 1952 年上升到 60%，之后在整个 20 世纪 50 年代一直稳步提高。高中毕业生也有如此倾向。

表 6—10 显示了通过职业安定所介绍的毕业生就业单位的规模。从表中可以发现，1956 年没有经职业安定所或学校介绍的初中毕业就职者的一半，在员工人数为 14 人以下小规模的企业就职，在员工人数为 15～99 人中小企业就职的人超过 30%。与此相对应的，在 100 人以上的不是中坚力量的大企业任职的人，仅仅占全体人数的 10%。根据《企业统计调查》（1957 年版），各种规模企业的员工人数（民营制造业：男女合计）的构成比，19 人以下的是 36%，20～99 人的是 25%，100 人以上的是 39%。通过职业安定所介绍的新初中毕业生的就业单位，从平均来看，向更小规模的企业转移。从表 6—10 可以推测到的明显趋势是，这种就业单位的规模的多样性，在 1950 年前期更为显著。战败后，再次开办的职业安定所，由于战败前的关系，通过开拓大多数小规模的就业渠道，使毕业生介绍工作步入正轨。20 世纪 50 年代定期录用率的特征，可以理解为是这种职业安定所积极活动所反映的结果。

第二，进入 20 世纪 60 年代，定期录用率在不同规模企业间的差距渐渐变得明显，而且这种差距随着时间的推移而有所扩大。也就是说，员工人数 500 人以上的企业在 1960—1972 年其定期录用率保持在 40%左右。与此相对应的首先是员工人数在 30～99 人的企业，从 60 年代前期其定期录用率就开始明显下降，紧接着是员工人数在 100～499 人的企业，60 年代后期定期录用率的下降倾向渐趋明显。结果，在 1970 年代初期，员工人数在 1 000 人以上的企业定期录用率为 40%，而 30～99 人的则为 10%，出现了很大的差距。定期录用就以现在人们所看到的方式——即以大企业为中心而固定下来了。那么，导致这种差距产生和扩大的主要原因是什么呢？

首先，在劳动市场劳动力紧缺的条件下，企业间围绕人才竞争的激化所带来的影响。如图 6—4 所示，招聘初中毕业生的竞争率在 1952 年超过 1 倍，并在 50 年代仍然保持着 1.2 到 1.4 的水平。在 1960 年是 1.9 倍，次年跃升到 2.8 倍，与随后几年的变化情况一起呈现一个坡度很大的急剧上升的曲线。高中毕业生的招聘竞争率在 1957 年超过 1，虽然较晚，但是变化的速度更快。招聘竞争率 1960 年作为划时代的时期转为急剧上升，到 1964 年已经突破 5 倍。那之后二、三年保持暂时平稳的状态，1968 年再次急速增长，到达顶峰 1970 年的时候，实际

表 6—9　　新毕业生录用比率（制造业：男子）　　（单位：千人，%）

| | 就业者总数 | | | 新毕业生录用（1～6 月就业人数） | | | 新毕业生录用比率 | | | | |
|---|---|---|---|---|---|---|---|---|---|---|---|
| | 500 人以上 | 100～499 人 | 30～99 人 | 500 人以上 | 100～499 人 | 30～99 人 | 1 000 人以上 | 500～999 人 | 500 人以上 | 100～499 人 | 30～99 人 |
| 1952 | 147.4 | 197.2 | 219.8 | 45.0* | 54.8* | 53.1* | | | 30.5 | 27.8 | 24.2 |
| 1956 | 202.6 | 276.7 | 280.8 | 69.0** | 96.7** | 80.9** | | | 34.1 | 34.9 | 28.9 |
| 1960 | 456.2 | 484.2 | 502.8 | 160.9** | 166.8** | 135.7** | | | 37.3 | 35.5 | 29.5 |
| 1964 | 500.0 | 619.0 | 563.4 | 200.4 | 207.3 | 120.9 | | | 40.1 | 33.5 | 29.5 |
| 1968 | 567.5 | 636.0 | 516.0 | 222.3 | 188.8 | 93.6 | | | 39.2 | 29.7 | 18.1 |
| 1972 | 238.6 | 216.6 | 202.3 | 109.2 | 55.0 | 24.8 | 38.9 | 29.7 | 38.5 | 25.4 | 12.3 |

资料来源：根据《劳动变动调查》各年度版，《雇用动向调查》各年度版制成。

注：* 包括有经验者，**包括 7～12 月份工作的人。

表 6—10　　**按规模类别的新毕业生就业人数（职业介绍机关受理：男子）**　　（单位：千人，%）

| | | 实数 | | | | | 比率 | | | | | |
|---|---|---|---|---|---|---|---|---|---|---|---|---|
| | | 1 000 人以上 | 500～999 人 | 100～499 人 | 30～99 人 | 29 人以下 | 1 000 人以上 | 500～999 人 | 100～499 人 | 30～99 人 | 29 人以下 | 合计 |
| 初中毕业生 | 1956 | — | 22.7 | — | 60.9* | 89.4** | — | 13.1 | — | 35.2* | 51.7** | 100.0 |
| | 1960 | 24.7 | — | 46.0 | 79.9* | 49.1** | 12.4 | — | 23.0 | 40.0* | 24.6** | 100.0 |
| | 1964 | 50.7 | — | 62.2 | 48.9 | 42.6 | 24.8 | — | 30.4 | 23.9 | 20.9 | 100.0 |
| | 1968 | 20.9 | 11.1 | 29.9 | 24.4 | 31.8 | 17.7 | 9.4 | 25.3 | 20.6 | 26.9 | 100.0 |
| | 1972 | 9.2 | 4.5 | 16.5 | 11.4 | 17.5 | 15.6 | 7.6 | 28.0 | 19.3 | 29.7 | 100.0 |
| 高中毕业生 | 1956 | — | 20.7 | — | 33.0* | 23.0** | — | 26.9 | — | 42.9* | 29.9** | 100.0 |
| | 1960 | 32.3 | — | 39.6 | 47.1* | 14.5** | 24.2 | — | 29.7 | 35.3* | 10.9** | 100.0 |
| | 1964 | 45.8 | — | 38.9 | 20.3 | 7.1 | 40.9 | — | 34.7 | 18.1 | 6.3 | 100.0 |
| | 1968 | 45.8 | 27.1 | 51.8 | 31.7 | 15.8 | 26.6 | 15.7 | 30.1 | 18.4 | 9.2 | 100.0 |
| | 1972 | 36.8 | 17.4 | 41.1 | 18.6 | 10.0 | 29.7 | 14.0 | 33.2 | 15.0 | 8.1 | 100.0 |

资料来源：根据《劳动市场年报》各年度版制成。

注：标 * 的为 15～99 人，标 * * 的为 14 人以下。

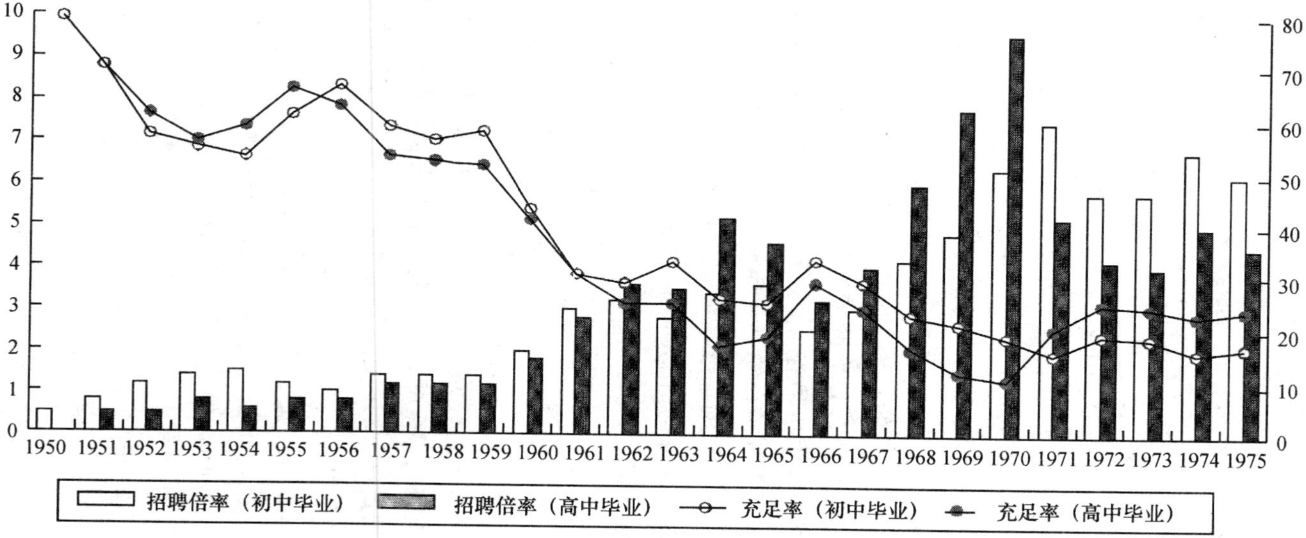


图 6—4　新毕业生的招聘倍率、充足率的变化（男子）（单位：倍，%）

上已经达到将近10倍。在反映这种招聘竞争率的动向的同时，也反映了初中毕业生和高中毕业生的充足率在20世纪60年代直线下降，虽然50年代末处于50％～60％的水准，但到了60年代后期就停留在20％～30％（初中毕业生）乃至10％～20％（高中毕业生）这样的低水准上。

表6—11展示了各种规模的企业这个期间的招聘人数和充足率的变化，表明从这个时候到1961年，不管是初中毕业、高中毕业，从各种规模来看，充足率的水准存在着很大的差距。这个差距虽然随着时间的变化在缩小，但是，在高水准、规模大的企业招聘人数增加的同时，相反地充足率还是比较低。在60年代后期，可以从成为学校毕业劳动力中心的高中毕业生中看出其更明显的倾向。实际上，从1961—1968年招聘的高中毕业人数可以看出，员工人数在99人以下的停止在1.4倍，100～499人的是2.0倍，500人以上的达到2.9倍。与这种变动相对应的是后两者的充足率各自大幅度下降了20％、30％。由此隐约可见以大企业为中心的学校新毕业生招聘活动的活跃化，加剧了企业间为了获得毕业生的竞争。其中，处于相对不利场合的是规模稍微小一点的企业。60年代大企业的定期录用率维持在一直以来的水准，与此相对的首先是小企业定期录用率的猛跌，接下来是中等规模企业的情况，可以说是和这种解释没有冲突的。

**二、养成工和临时工**

作为带来不同规模企业间差距的产生、扩大的重要原因之一是，员工人数1 000人以上，特别是5 000人以上制造业的首席企业所采用的录用管理形式及其变化。出人意料的是，从20世纪50年代到60年代前期——根据企业种类和政策的不同，可以说情况也不同——大企业对于初中毕业生的定期录用，大概占每年新录用的全体人数的很少部分。单从数量上来看，这个时期蓝领劳动者的招聘，以对照必要劳动量进行的中途录用为主。这一点，在该时期影响较大的调查中也指出来了。例如，以东京千叶临海地区的9大企业为对象的调查中①，1959—1963年间，新录用者男子中初中毕业的占一半，其中学校新毕业生不超过1/5，其余超过18岁的年轻人（多数企业规定年龄25岁以下）都是中途录用的人。与此相反，高中毕业的过半是工科课程的毕业生，这里新毕业生超过90％，这个数值可以和大学毕业生相匹敌。调查者根据调查将当时大企业的录用方针概括如下：

① 东京大学社会科学研究所：《调查报告第6集 京叶地带的工业化和都市化》，第Ⅳ篇第3章，1965年。

表 6—11　　各种规模的新毕业生招聘人数、充足率（职业介绍机关受理：男子）　　（单位：千人，%）

| | | 招聘人数 | | | | | 充足率 | | | | | |
|---|---|---|---|---|---|---|---|---|---|---|---|---|
| | | 1 000 人以上 | 500～999 人 | 100～499 人 | 30～99 人 | 29 人以下 | 1 000 人以上 | 500～999 人 | 100～499 人 | 30～99 人 | 29 人以下 | 合计 |
| 初中毕业生 | 1961 | 48.2 | — | 117.4 | 235.7 * | 145.8 * * | — | 69.9 | 42.2 | 24.3 * | 16.0 * * | 100.0 |
| | 1964 | 84.5 | — | 203.4 | 253.7 | 251.9 | — | 59.9 | 30.5 | 19.3 | 16.9 | 100.0 |
| | 1968 | 52.2 | 35.4 | 149.6 | 162.5 | 169.4 | 40.1 | 31.4 | 20.0 | 15.0 | 18.8 | 100.0 |
| | 1972 | 38.1 | 23.3 | 176.8 | 134.6 | 123.8 | 19.0 | 14.9 | 11.8 | 9.7 | 14.8 | 100.0 |
| 高中毕业生 | 1961 | — | 92.5 | 140.4 | 155.1 * | 56.6 * * | — | 46.5 | 36.2 | 26.9 * | 20.4 * * | 100.0 |
| | 1964 | — | 157.8 | 213.3 | 160.4 | 83.2 | — | 29.0 | 18.3 | 12.6 | 8.5 | 100.0 |
| | 1968 | 175.6 | 103.3 | 275.2 | 202.2 | 98.8 | 26.1 | 26.2 | 18.8 | 15.7 | 16.0 | 100.0 |
| | 1972 | 257.3 | 143.0 | 381.9 | 226.2 | 105.5 | 18.5 | 16.5 | 11.8 | 10.1 | 10.9 | 100.0 |

资料来源：同表 6—10。

注：标 * 的为 15～99 人，标 * *的为 14 人以下。

"职员是在大学、高中毕业生毕业时录用。'骨干员工'是在初中毕业生毕业时作为养成工录用，（高中的）工科课程的毕业生在毕业时录用的。一般员工是不分时间、学历录用"①。

表6—12展示了经济规划厅以京滨、中京、阪神三大工业地区及其周边地区的制造企业，大约600家为对象进行调查的结果。该调查虽然证实了先前京叶调查的结果，但是，其价值在于能够把企业的新毕业生雇用状况和在不同规模的企

**表6—12　各种规模、各种录用形态的录用人数**

**（1960年，制造业：男子）**

A职员（白领）　（单位：千人,%）

| | 5 000人以上 | 1 000～4 999人 | 100～999人 |
|---|---|---|---|
| 定期录用合计 | 1 456 | 2 720 | 1 324 |
| 大学毕业、短期大学毕业 | 699 | 1 038 | 525 |
| 高中毕业 | 757 | 1 682 | 799 |
| 中途录用合计（B） | 343 | 369 | 353 |
| 定期录用率（A/A+B） | 80.9 | 88.9 | 79.0 |

B员工（蓝领）

| | 5 000人以上 | 1 000～4 999人 | 100～999人 |
|---|---|---|---|
| 定期录用合计（C） | 1 357 | 3 523 | 2 866 |
| 高中 | 0 | 823 | 934 |
| 初中 | 1 357 | 2 700 | 1 932 |
| （内养成工） | 981 | 1 027 | 630 |
| 中途采用合计（D） | 15 127 | 14 623 | 7 771 |
| 正式工 | 2 039 | 2 176 | 2 023 |
| 临时工 | 13 036 | 12 447 | 5 748 |
| 定期录用率（C/C+D） | 8.2 | 19.4 | 26.9 |

资料来源：根据经济策划厅《关于新录用的调查报告》（1961年）制成。

注：由于调查人数30～99人较少，所以从表格中省略。

① 氏原正治郎、高梨昌：《日本劳动市场分析》（上），东京大学出版社，1971年，第409页。

业间进行比较。首先，来看职员的录用状况，不管企业规模怎样，都以定期录用为主，达到全体的 80%～90%。与此相对应的是新员工定期录用的人占少数，新员工的重点在中途录用的临时工上。更重要的是，这种倾向在规模越大的企业越明显。特别是在 5 000 人以上的大企业，定期录用率极低，一年所需劳动力的 90%是由录用临时工来供给的。和现在状况不同的是，1960 年连这种大企业都是以中途录用为中心的。

在录用学校毕业生较有利的大企业，定期录用招聘的人只用来满足劳动力需要的很少一部分，这是为什么呢？先前的京叶调查，关于这一点进行了细致的考察。据说被调查的企业有很多都限于录用新初中毕业生为养成工，且规定录用的初中毕业生须满 18 岁。其理由是，劳动基准法禁止未满 18 岁的年少者从事危险、有害的工作，另外还规定不许加班。特别是在轮班制的工场——劳动基准法对于 16 岁以上的男子附项规定允许例外处理——夜间劳动作为原则被禁止是个障碍。更有趣的是，企业一方的回答意见如下："新毕业生的一部分作为养成工被录用，而不是被录用于其他的劳动职位。那样的话，势必由于年龄相同而出现问题。"总之，在企业，由于劳动基准法的限制和劳动管理上的照顾，对初中毕业生的定期录用与其说看中其现有的实力，不如说是期待其将来成为中坚工人的养成工（如果采取一定的防护措施就能够从事危险有害的作业）录用养成工几乎都是这样被限定的。

这一点，可以从表 6—12 的调查结果中看出。据此，员工人员数为 100～999 人的中坚企业，1960 年时录用的高中毕业的员工占全体定期录用的 1/3，初中毕业的养成工占 20%，而对于 5 000 人以上的大企业的定期录用只针对初中毕业生，其中 70%是养成工。这个结果表明针对新高中毕业生现有职业的定期录用，在不同学历的区别上更明显，比起大企业的养成工制度，在这种传统上比较自由的核心企业先行实施更具典型意义。

然而，劳动基准法规定，在实施培养所必要的技术人员时，使用者"应预先规定其人数、讲习方法、劳动时间及工资基准以及支付方法，且必须得到行政部门的认可"。另外，《技术者培训规定》限定了设置讲习事项的基准，指导员必须是通过劳动大臣进行的资格检定测试的人员。这种养成工制度在接受行政监督的基础上，为了进行 3 年的讲习必须具备教室、实习工厂、设置、宿舍等设施，其新建、扩张也需要相当的费用和时间。

因此，可以想象即使劳动力需要急增，要大幅度增加培训人员也是非常困难的。先前京叶调查的报告说，1958—1963 年间各企业养成工的录用人数每年几乎都是固定的。表 6—13 列出了几个企业的实例，说明 10 年乃至 20 年间，录用人数的增加都是很缓慢的。其中日立工厂 1960—1962 年的录用人数增加了许多，但是从该公司的社史资料[①]及员工人数的变化来看的话，可以推测这个时期会产生数千位新毕业生劳动力的需求。唯一例外的是丰田汽车公司。在 20 世纪 60 年代后期，初中毕业的就业者急增，其他很多公司提出转向录用高中毕业生和大量录用初中毕业的养成工。而丰田汽车公司 1967 年和通信工业高中合作。通信工业高中为了使学生毕业后能取得高中文凭，于 1970 年改名为丰田工业高等学园。即便如此，初中毕业生的大量录用没有延续很长时间，1976 年以后就急速减少[②]。总之，受当时的设施所限，大多数情况下初中毕业养成工的定期录用数并未随必要劳动力的增加而增加。

**表 6—13　　　　初中毕业养成工录用人数的变化**

| | 三菱 | 三菱日本重工 | | 日立工厂 | | 丰田汽车 | 冲床工业 |
|---|---|---|---|---|---|---|---|
| | 长崎造船 | 横浜造船 | 东京车辆制作 | 日专校 | 技能训练校 | | |
| 1952 | 109 | 60 | — | 146 | — | — | 27 |
| 1953 | 112 | 35 | — | 153 | 105 | 31 | 12 |
| 1954 | 110 | 0 | — | 150 | 55 | 37 | 23 |
| 1955 | 110 | 40 | — | 85 | 15 | 16 | 13 |
| 1956 | 110 | 80 | — | 120 | 0 | 17 | 15 |
| 1957 | 140 | 50 | 50 | 198 | 53 | 54 | 25 |
| 1958 | 122 | 50 | 47 | 200 | 94 | 47 | 23 |
| 1959 | 70 | 52 | 56 | 253 | 96 | 82 | 23 |
| 1960 | 76 | 45 | 58 | 318 | 203 | 152 | 27 |
| 1961 | 100 | 50 | 58 | 374 | 286 | 230 | 40 |

① 《日立工厂 50 年史稿本 劳务管理》，日立工厂总公司所藏，第 132～133 页。

② 隅谷三喜男、古贺比吕志编著：《日本职业训练发展史 战败后篇》，日本劳动协会，1978 年；田中博秀：《建立日本雇用惯例的人们——三本惠明氏》，《日本劳动协会杂志》第 281 号，1982 年；猿田正机：《雇用管理的开展和 A 汽车的二分化倾向》；野原光、藤田荣史编：《汽车产业和劳动者》，法律文化社，1988 年。

续表

| | 三菱 | 三菱日本重工 | | 日立工厂 | | 丰田汽车 | 冲床工业 |
|---|---|---|---|---|---|---|---|
| | 长崎造船 | 横浜造船 | 东京车辆制作 | 日专校 | 技能训练校 | | |
| 1962 | 120 | 25 | 23 | 429 | 245 | 284 | 45 |
| 1963 | 90 | 25 | 59 | 128 | 41 | 184 | 41 |
| 1964 | 82 | — | — | 192 | 93 | 385 | 61 |
| 1965 | 86 | — | — | 250 | 92 | 333 | 70 |
| 1966 | 27 | — | — | 67 | 0 | 211 | 53 |
| 1967 | 30 | — | — | 240 | 94 | 234 | 53 |
| 1968 | — | — | — | 292 | 95 | 442 | 77 |
| 1969 | — | — | — | 188 | 44 | 541 | 120 |
| 1970 | — | — | — | 251 | 95 | 826 | 136 |

资料来源：根据隅谷三喜男、古贺比吕志编著，《日本职业训练发展史战败后编》，日本劳动协会，1978 年；《三陵重工业股份有限公司史》1967 年；田中博秀，《建立日本雇用惯例的人们——三本惠明氏》，《日本劳动协会杂志》第 281 号，1982 年；冲床工业专科学校，《半世纪的步伐》，1990 年制成。

注：空栏表示不明确，"—"表示不存在。

三菱重工业的数值仅指该年录用者中次年 4 月 1 日前学完所学课程的人，关于日立工厂的教育制度详细参照上述隅谷和佐贺的著作。

20 世纪 50 至 60 年代前期，随着生产急速扩张而产生的雇用显著增加，都是不分学历随时进行的临时工的录用。根据这一时期的研究，临时工可以分为以下两种类型①。第一，是作为从事杂役、搬运等不熟练劳动者的临时工。50 年代后期以后，逐渐被相关中小企业的其他公司工人代替。第二，是成为这个时期的主流的是和正式工一样的，但是从事更低等级的工作的第二种类型的临时工。其典型可以从批量生产型的机械工业中发现。这里，虽然雇用定期进行，但是更新是很普遍的，会定期实施向正式工的擢用。1960 年前后，录用正式工的主要途径就是从这种临时工中擢用，但能升为正式工的人所占比例很小，只有 10%左右。

① 山本洁：《日本劳动市场的构造》，东京大学出版社，1967 年；《大企业劳动者》，氏原正治郎编：《讲座劳动经济 1 日本的劳动市场》，日本评论社，1967 年。

显而易见，这一时期的临时工制度——特别是关于第二种类型临时工——旨在分类筛选出素质比较高的劳动者。很容易看出这种制度给经营者带来了有利之处。可以说这种临时雇用形式往往是为了回避劳动力质量低下这个棘手的问题和确保雇用的弹性手段。当时，很多经营者对于高度成长的持续性表示怀疑。另外，从20世纪40年代末到50年代前期进行大量解雇时所产生的劳务关系的冲突仍令他们记忆犹新。保持弹性是雇用管理的重要目标，为了防止养成工录用数的急剧增加也是重要原因之一。有限数目的初中毕业养成工和作为主力军的现有临时工是将来骨干工人的候补队。大企业的这种录用管理形式，在同时满足劳动力的质量和弹性这个交替关系要求的基础上，第一次确立了临时工制度。

**三、向高中毕业劳动力的转换**

20世纪60年代后期，从初中毕业向高中毕业的学历转移激烈进行的同时，在劳动市场紧缩的过程中，临时工制度急速地消失了，这也使得大企业不得不改变录用管理形式。关于向高中毕业的转移已作了详细叙述，下面介绍日本经营者团体联盟如何根据在1970年业界团体资料的基础上总结的报告书①来确认临时工制度的动向。

1. 钢铁业："曾经采用将职员首先作为临时工雇用，然后从中选择转为正式工这种方法，作为市场波动的调节，起到了节减成本的效果。但是由于最近雇用形势的逼迫，这种形式的临时工已不复存在。"

2. 造船业："作为经济倒退时的挡板的功能已经消失，试用期也就意味着是到正式雇用的见习期。以前设置6个月、1年这种长时间见习期作为对正式雇用严厉关卡的公司很多，而现在大多数公司经过2～3个月的见习期后会正式雇用大部分临时工，其中也有的公司采用直接正式雇用的方式"。结果，业界全体临时工人数在60年代后期急剧减少，从1964年到1968年这4年里减少了一半。

3. 电器产业："1965—1974年，不管是临时工还是正式职员，中途录用者都在激增，非全日性工作的家庭主妇或中高龄阶层的录用也在继续增加。"

4. 汽车产业："在雇用量急剧增长的20世纪60年代中期到70年代中期，由于一般劳动市场（和现在不好比较）的供求关系相当缓和，所以可以在必要的时候有选择地录用一定数量的劳动力。因此，关于录用，比起一个时期雇用过剩人口的定期录用，认为不如选择工资较低又能自由录用的临时工为上策的想法很

① 日经联雇用政策研究会：《技能劳动力不足的现状及对策方向》，1970年。

强烈。”1965年经济倒退后，在劳动供求的逼迫下“录用方针，向定期录用比重增加，时常实行临时工录用这种两种并存的录用方针转变”，但是由于劳动力数量不足变得严峻，试用工（以登记成录用职员为前提的临时工）在1969年的录用人数约减少为1966年的60%，并且“中途录用也从以往的全部录用试用工，变为包括短期工、学生工、非全日性工作、季节工等多种形式，质量变得低下”。

从这些叙述可以推测作为“经济波动的调节阀”“经济倒退时的挡板”的临时工已经不复存在，事实上（或是名义上）变为试用工，作为确保雇用弹性的新手段，不管其质量低下，迅速扩大对兼职人员和季节工人的充分利用。引用大东的论点，以1965年的不景气为界，一齐向“录用基准的缓和”进展。不仅仅是那样，从这种临时工向非全日性工作的流动——如电器产业和汽车产业中叙述的一样——同时伴随着定期录用比重的扩大是非常重要的。但是，关于这个时期的定期录用，如上所述产生了从初中毕业生向高中毕业生转移这种引人注目的变化。定期录用率的上升和向高中毕业劳动力的转换时期重叠起来并不是偶然的。两者之间存在着一定的内在因果关系。

日本经营者团体联盟提供了一些相关的材料。比如，在钢铁业，当时定期录用的新毕业生大半是高中毕业的，其数量达到每年1万人左右（其中70%被5个大公司占据），这在新录用全体里所占比率很高。理由是“由于大企业根据年度内预测的生产、设备增加、预定退休等来制订年间人员计划，在年度初预测其不足的方法”。

这个论述与长期在新日本钢铁公司从事人事管理的小松广以下的说法一致①。据小松说，在新日铁，高中毕业的技术科员工的定期录用，是在各钢铁厂制订的该年度中的必要人员计划的基础上，根据由总公司经过调整所决定的录用计划进行的，这种方式在1955年以后“渐渐明确化”。在朝鲜战争期间突然出现经济景气时，录用了2.8万人，“当时的录用基准是，由于必须要耐劳、耐高热劳动的钢铁劳动者这种观念较强，所以比起学历来说更注重实用……关于技能型职员的录用，没有定期录用学校新毕业生的做法”。但是，随着生产的下降，不久就停止了录用。但1955年业界再次进行了以定期录用的方式录用新高中毕业生。以后作为原则，新录用采取基本由定期录用供给这个方针（但生产扩大的速度比预测的更快，结果还是要进行一定数量的中途录用）。根据公司史的记述，“更有计划地录用必要的人员的方针政策”是指从1957年开始采取的定期录用方

① 田中博秀：《建立日本雇用惯例的人们——小松广氏》，《日本劳动协会杂志》第276号，1982年。

式，这也证实了小松的话。

以上所说的是钢铁业的例子，明示了决定新高中毕业生定期录用数时的基准和初中毕业生的原理是不同的。如上所述，由于大企业的新初中毕业生的定期录用几乎都限于养成工，所以每年的录用人数受到现有的教育训练设施和设备的限制。对于这一点，由于高中毕业生通常在接受 3 个月的短期训练后就被分配到一线工作，所以和初中毕业养成工相比，花费在训练上的成本要低得多。并且，由于高中毕业生都满 18 岁以上，所以不存在像初中毕业生那种在劳动基准法上的年龄限制。关于高中毕业生，像钢铁业的情况一样，以该年度的人员计划为基础，决定每年定期录用人数。

日本经营者团体联盟的调查揭示了一个造船业例子很有趣的数据（见图 6—5）。据此，初中毕业生的每年定期录用数通常是固定的，而高中毕业生的定期录用数在 1967 年以后则急剧增加。其理由是“由于中途录用变得困难”。高中毕业生的定期录用数和初中毕业生相比更灵活，能对劳动力需要的增加做出灵敏的反应。这一点通过个别企业的事例也能够证实。根据公司史[①]记载，由于三菱神户造船厂从 1957 年到 1962 年正值景气时期，所以需要大量的劳动力，主要靠大量录用临时工来供应。其间，初中毕业的养成工录用人数也增加了，其数字估计占新录用全体的 20%～30%左右。后来不久生产停滞，但 1967 年再次出现经济景气，该厂又采用新高中毕业生任现职的定期录用方式，1969 年废除了以初中毕业生为对象的养成工制度。1969—1975 年，高中毕业生的定期录用人数每年超过 300 名，1971 年达到 642 名。由于这期间该厂中途录用人数平均每年为 290 名，所以估计新雇用者多半是由高中毕业生定期录用供给的。另外，特别是 1971 年的录用人数达到近几年平均数的两倍，这种录用方式的灵活性引人注目。总而言之，从初中毕业向高中毕业的学历更替成为中途录用向定期录用的这种大企业录用管理重点发生大变化的重要转折点。

**四、新高中毕业生的招聘**

从初中毕业向高中毕业的过渡给企业的录用管理带来了一个重要的变化，即招聘方法的变化。根据我们自己进行的采访调查[②]，介绍一个能够从中具体了解这个期间企业的录用活动如何变化的事例，这验证了强制规定的、已经广为人知

① 《三菱神户造船厂 75 年史》1981 年，第 151～158 页。

② 对高田义人氏的采访（1997 年 2 月 8 日进行的）。高田氏，1940 年进入日本钢管公司工作，战败后取代折井日向氏长期从事劳务管理工作，负责录用相关的业务。

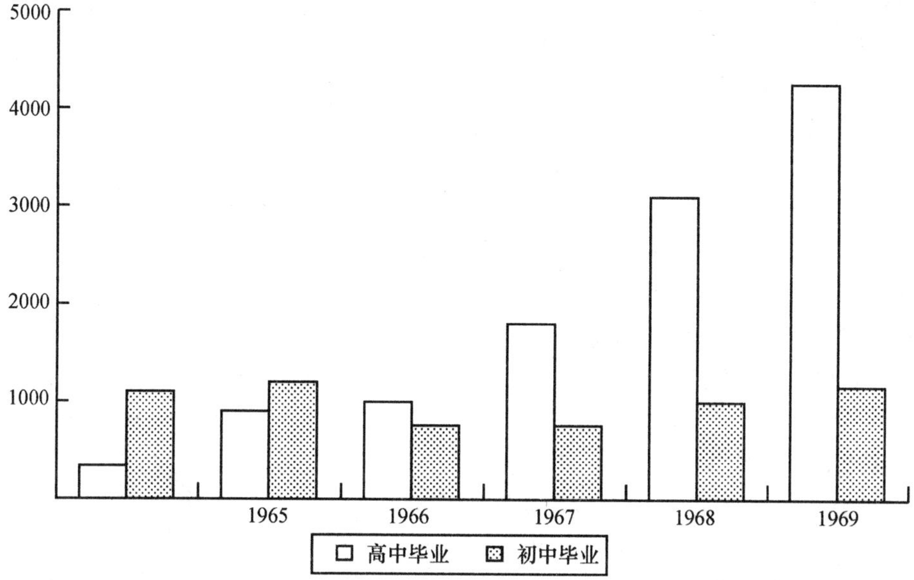


图 6—5　造船业各种学历的定期录用人数的变化

资料来源：日经联雇用政策研究会：《技能劳动力不足的现状及对策方向》，1970 年。

注：调查对象为加盟造船工业会的企业。

的新毕业生市场制度化的形式。

日本钢管 1949 年依据劳动基准法制订了养成工制度，到 1963 年废止，期间每年定期录用 100～120 名左右的新初中毕业生。根据该公司长期从事劳务工作的高田义人的回忆说，当时劳动者的录用要经过劳动省职业安定局管辖的地方机构——各县的职业介绍所，这个途径已成为原则。公司在招聘养成工的时候遵循这个规则，向县里的职业介绍所提交说明公司情况的“委托书”和详细记载所需职位和招聘条件的“招聘要点”，并请求其给予指示。如果得到许可，就去指定的职业安定所详细地商量日程等事情，并在报纸上登载广告，之后进行选拔测试。录用的养成工实际上大多和公司有关系，但这也要通过职业安定所，可以通过由公司提交的入社志愿书上设置的有关系的人员一栏的填写来掌握他们有无关系。由于是通过职业安定所录用，所以原则上不必进行学校访问，只要偶尔去输送大量学生的学校问候一下就行了。

对此，在 1959 年开始的定期录用新高中毕业生作一线员工之际，招聘通过以下方式进行。即“职业介绍中心一个不漏地记录全国范围内招聘公司的《简章》，并选定学校。当时还比较容易收集，在偏远的高中非常受欢迎。……由于次年就有了实绩，所以尽早向学校提出委托，并给学生的家庭提供本人工作时的照片，让亲人们安心，在2～3年里这个方法进展得很顺利”。在这种情况下，最初通过劳动省得到了招聘许可，一旦取得联系，“完全撇开那些许可，希望每年抢先去有实绩的学校联系。”

但是，进入20世纪60年代，公司之间的竞争渐渐地变得激烈，使招聘变得困难。当初录用的高中毕业一线工作人员作为技术养成工录用，一年里每周要进行三次集中培训。然而，由于人手不足，加上“只要找到人手就行”这种风潮的扩散，技术培训渐渐被忽略。1970年左右，初中毕业生也被作为一般高中毕业生，被立即分配到一线工作。其中，日本钢管在1966年福山制铁厂紧急招聘1 500～2 000名骨干工作人员之际，为总公司劳务部设置了作为中央官厅直属局的“工作人员对策部”，“根据示例的招聘方式，希望在全国甚至偏远地区，派工作人员去进行招聘活动”。高田作为这个部门的员工，从事了10年确保骨干员工招聘的工作，频繁地在他所负责的九州地区巡回，鼓励驻外人员踏实工作。学校当然要处理农协和林协的联合反抗，或者是带着那个地区出身的、高中毕业后在钢管就业一年左右的人去，或者召集在钢管工作的孩子们的父母召开“同学会”。但到了70年代中期，公司不需要再增加人员，结果反过来是学校的教师希望学生能就业。那种情况，“像火完全熄灭了一样”，作为减少消耗对策，每年保持录用1名左右的毕业生，以便保持良好的关系。

高田的回忆表明，新初中毕业生的招聘是在得到县职业介绍课的允许和指导的基础上进行的，但是，对于新高中毕业生来说，那种规定徒具形式，其招聘活动全部是以学校为对象进行的，特别是利用招聘公司的《简章》开拓新学校的印象是深刻的。高田说，公司的《简章》是同类材料里分类最细的，由于记载了各个学校、各科课程、男女子毕业生的人数，所以非常方便，当时几乎没有公司不使用这个《简章》。60年代后期，以这种灵活的企业招聘活动的开展为契机，企业和高中学校之间建立了新的实绩关系。

上述新初中毕业生和高中毕业生招聘方法的不同，是由各个劳动市场制度化的形式规定的，在此无需赘述。从中途录用到定期录用、从职业安定所到学校——日本的录用制度把企业和学校的结合作为基础——的就业体系就此确立。

## 第六节　结　　语

吉谷二郎在东京大学教育学部专攻教育心理学，1954年从该校毕业后，进入劳动省，最初被分配到横滨职业安定所职业课担任职业指导，后来长时间作为职业指导的专家从事毕业生介绍工作。我们在日本劳动研究机构（JIL）对吉谷进行的采访①中，他回顾了日本战败后职业安定行政的发展，叙述了关于日本学校新毕业生的职业介绍现状：

“也许和其他的国家相比，从学校毕业生的实际情况来看，职业安定所、学校之类的公共机关的参与率，日本是非常高的，应该有70%或75%，这是非常好的现象。劳动市场被组织化，……学校和职业安定所的关系，作为体系与其他国家相比进展很顺利……”

根据吉谷的叙述，现在职业安定所进行学校毕业生介绍业务的比重和五六十年代相比，下降了很多。职业安定所“甚至只是对学校新毕业生核对招聘情况。……该体系的采用，效果非常好”。而关键的是学校进行的职业指导现状，尽管整合了这种体系，但还是远远不能满足需要。

“不过不知道进路指导和职业指导一直进行下去的话，是否会有进步。与以前相比，现在的资料更齐全了。这归功于职研（雇用职业综合研究所，JIL的一部分）的努力，材料十分齐全，这一点毋庸置疑。只是学校对应学生水平的提高是个很大的问题，学校的老师……由于和学生有直接的关系，学校老师中有太多人不了解这个区别，不明白劳动省这个研究所的职业适应性检查与企业从业人员的学力测试的区别。有的老师说，不必进行企业从业人员的学力测试，不必进行职业适应性检查。”

而与成功地确立学校新毕业生介绍制度相对应的是学校进行的职业指导在内容、形式等方面的空疏化。从吉谷的观点来看，要赶上高度成熟的职业安定行政，还有很长的路要走。这方面已经明确反映出来。现代日本社会，学校的新毕业生源源不断地被职场所吸纳。并且，企业在4月1日一齐录用学校毕业生。学校毕业生的劳动力与工作匹配，像欧美和过去的日本那样，并不是靠市场的机能和个人关系网络，而是在有一定规则的“制度”介入的基础上进行的。作为战败后职业安定所最重要的课题，全身心地致力于学校毕业生的职业介绍，正是以这

① 对吉谷二郎的采访（1996年3月25日）。

种劳动市场的制度化为目标的——用吉谷的话来说就是“组织化”。这种尝试，在短期内取得了显著的成果。

但是，20 世纪 60 年代后期以后，职业安定所的影响力在以一般劳动力为中心从初中毕业生向高中毕业生转移的过程中急速衰退。职业介绍的主角也从职业安定所变为学校。现在，高中毕业生的就业是在把企业和学校直接结合作为核心“制度”的基础上进行的，行政介入余地非常有限。企业提出的高中毕业生的招聘几乎都经过职业安定所，但职业安定所只检查招聘的内容在法律上是否妥当——这种机能非常重要——没有问题的大多数招聘表会被转到企业指定的高中。高中学校按照招聘表上记载的“条件”进行职业生涯的指导、选拔学生、向企业推荐。作为教育活动内容之一的职业指导，在招聘范围的制约下，教师积极地给学生提供各种信息，从而促进“自我选拔”的进行。在这种情况下，事先在具体的招聘信息里选定“适合的职业”。这种职业指导的过程可以说是不正确的。现在高中学校的进路指导，在一向致力于普及“科学的”职业指导的吉谷看来，还不够令人满意。

虽然它偏离了本来职业指导的过程，但由于它是以教育理论为基础进行的，所以蕴含着“尊重学生的主体性，调整学生的期望”的功用。曾经把学校新毕业生安心工作作为重要的政策课题的职业安定政策，和学校紧密联系实施职业指导显得尤为重要。高中学校进行的进路指导在调整求职者的野心，事先检查与招聘要求是否相符，从而将跳槽率控制在较低水平上做出了贡献。事实上，日本学校新毕业生的跳槽率从国际上来看是相当低的。虽然有些过时，但根据能够比较的日美高中生的追踪调查，在美国毕业后两年还留在原来工作岗位的人不超过30%，而在日本这个数值达 70%[①]。在欧美，据说青年期处于所谓的延缓偿付期，离开学校的不够优秀的年轻人反复地跳槽和失业是很普遍的。由就业形势所造成的十多岁年轻人的失业率也特别的高，年轻人的失业已成为严重的社会问题。与此相对应的是当前日本的年轻人能够从学校向职场无间断转移，并且稳定在第一份职业的比率很高。这种青年期的职业经历的独特特征实际上是以战败后

① 苅谷刚彦，《学校·职业·选拔的社会学》，27 页。

职业安定行政的展开为契机的，强有力地促进了学校新毕业生劳动市场的制度化①。

从学校毕业后立即到企业就业，并且在同一企业工作到退休。另外，企业录用刚从学校毕业的人，并保障雇用到退休——这是日本雇用关系的特征，也就是所谓“终身雇用”。虽然把这个作为事实认识有失偏颇②，从某方面说是日本雇用关系的特征却并不为过。但从国际比较的观点来看的话，日本雇用惯例的独特性并不仅在于它的长期性和稳定性。正如小池和男所言，长期的雇用关系对于企业或是个人的社会生活有着重要的意义，这是先进工业社会共通的现象③。例如，根据在宏观数据的基础上进行的精确推算，在美国只有超过 30 岁的人才有出现长期在同一企业持续工作的倾向，估计半数的人最终会连续在同一企业工作 20 年以上④。也有人认为，在盎格鲁撒克逊族系的国家，雇用这种长期连续工作的人的先任权制度比较发达，其雇用保障程度，和将雇用调整集中于高龄者的日本相比是毫不逊色的。

这样来看就会明白，从职业发展的观点来看，日本雇用关系的显著特征，实际上是日本青年处于适职探索的时期失业、跳槽程度较低。在日本，十几岁、二十几岁的年轻人的失业、跳槽和其他年龄层次的人相比比较频繁，但与欧美诸国相比还是很低的。另外，在欧美解雇是很普通的，在日本，却鲜有解雇正式录用的年轻人的事例发生。这种惯例是和以大企业为中心的学校新毕业生的定期录用体系的确立有关。把定期录用作为录用管理的支柱，这和在美国的那种先任权制度的不适应也是理所当然的。根据小野旭提供的数据⑤——虽然稍微有点过

① 1995 年实施的最新的 SSM 调查，初次对第一次参加工作的路径进行了询问调查。根据利用这项调查进行的苅谷的研究：(1) 从职业类别来看，高中毕业从事事务性工作、初中毕业从事熟练工作，从企业规模来看，从业人员在 50 人以上的大企业，利用学校介绍就职的较为普遍。(2) 就业单位为大企业与从业人员 100 人以下的中小企业相比，初次就业后离职的概率显著降低。而且，利用回归方法对变量施加重要影响的各种要因的控制分析表明，通过学校实现就业能够获得较多的在大企业就业的机会以及初次参加工作后连续工作年限延长的效果。(苅谷刚彦：《从学校到就业移动过程的分析》，《1995 年 SSM 调查系列 (11) 教育与职业——构造与意识的分析》，1995 年 SSM 调查研究会，1998 年，以及本书第二章)。上述结果再一次表明，在日本，企业与学校的制度联系能够使年轻人获得良好的就业机会以及初次参加工作后的稳定率得以提高的重要作用。

② 关于此点，参照野村正实：《终身雇用》，岩波书店，1994 年。

③ 小池和男，上述书。

④ Robert E. Hall, “The Importance of Lifetime Jobs in the U. S. Economy”, The American Economic Review, Vol. 72, No. 4.

⑤ 小野旭：《日本的劳动市场》，东洋经济新报社，1981 年，206 页。

时——在美国25岁以下年轻人的失业率每年高达95%，而在日本19岁以下为26%，20～29岁为27%。更有趣的是连续工作年数的失业率的变化，连续工作未满1年的在美国是150%，而日本为47%，差距很大，但是连续工作5～9(10)年的日本和美国都是11%，差距为零。

最近，平田周一在进行比较日美男子劳动者职业经历的数据研究①。该研究表明，进入企业之后的工作继续率，美国明显低，尤其是在进入公司后的5年内显著减少，之后曲线相对平稳。从可能导致企业变动的因素，即从失业的危险率来看，与几乎没有变动的日本相比，在美国，开始工作的最初5年里的危险率非常高，但连续工作5年后，日美的情况就发生了逆转，美国的危险率反而比日本低。

从以上的考察来看，日本雇用关系的优良特征，显然与学校新毕业生劳动市场制度化的形式密切相关。本章尝试一边关注职业安定行政在其历史过程中所起的作用，一边探索具有现代日本社会特征的劳动市场“制度”是怎样形成的问题。从防止青少年不良化的本意出发，职业安定所曾充分受理学校新毕业生的就业工作，致力于指导毕业生安心工作，这个事实现在几乎被抛诸脑后。然而，那绝不是过去的一段插曲。其经营的事业所带来的历史遗产：人们具有的从学校毕业就意味着就业的“意识”和把在同一企业工作到退休作为“标准”的职业经历的思想②，到现在还继续存在着。

（菅山真次）

① 平田周一：《初期经历形成的日美比较》，日本劳动研究机构：《日美职业经历与职业生涯的比较研究》，1998年。

② 关于这一点，参照矢野真和：《高等教育的经济分析与政策》第9章，玉川大学出版部，1996年。

# 第七章

# 结　论

本章作为本书的终篇，结合前文的分析对以下 3 点进行考察：(1) 对初中毕业生就业中介制度形成的历史背景的考察；(2) 对制度的评价；(3) 本书形成的理论的内涵及其对当代的课题具有的意义。

## 第一节　新初中毕业生市场的“制度化”：“制度”的确立与发展

在本节，将依据截至目前对其历史过程的分析结果来探讨带有战败后的日本社会特征的新初中毕业生的就业中介的“制度”是如何形成的问题。其中，我们尤其重视的是如何评价战败前后“职业行政”开展的青少年职业介绍的历史经验这一问题。

### 一、对“遗产”的评价：从定量及制度层面

日本战败后，于 1947 年 12 月 1 日实施了在 GHQ 指导下制定的职业安定法。作为战败后新义务教育阶段的新制初中第一届学生是在 4 个月之后的 1948 年 3 月末毕业的。毕业生总数约为 70 万人。这一年，向更名后的职业安定所提出求职申请的新初中毕业生为 111 000 人，其中有 75 000 人通过职业安定所的介绍实现了就业[①]。

5 年后的 1953 年 3 月，共有 1 747 000 人初中毕业，其中 385 000 人向职业

① 《劳动市场年报》，1949 年版。

安定所申请就业，最终有 271 000 人通过职业安定所实现了就业，占非农林水产部门全体就业者的六成左右。如第四章所阐述的那样，对这一年的毕业生，职业安定所将毕业生一个不漏地实现从毕业到就业的无间断连接作为目标，在年初制订了详细的年度计划，并据此与初中学校保持密切的联系，同时实施职业指导与中介活动。职业安定机构在对招聘、求职的需求动态正确把握的基础上，围绕确保新初中毕业生实现就业的目标，充分利用毕业生劳动市场、全国供需调整会议等广域介绍的“特别”措施的同时，立足于全国范围开展了灵活的“供需调整”。职业安定机构这样努力的结果使得这一年的求人倍率最终超过了 1 倍，求职申请作废率与几年前相比显著减少。使得希望就业的年满 15 岁的少男少女们的大多数，通过职业安定所，“在樱花盛开的季节”一起实现就业。

可以这样说，对新制初中毕业生的就业中介，从开始后几年时间里就得到了显著发展。初中毕业生的就业中介制度，在日本经济高度成长以前，就已经确定了基础。战败后日本社会发生的剧烈的劳动人口地区移动之所以能够比较顺利地进行，是因为劳动行政部门最大限度地灵活运用了初中毕业生的工作调配计划，从而成功地把握住了从农村转移到城市的年轻劳动力的流向。“制度”如此快速发展，如果抛开战败前后的历史“遗产”的话，是无法能够理解的。那么在这里，对战败后系统的发展而言，战败前后的“遗产”究竟为何物，我们想从定量的、制度的侧面以及理念的角度分别进行推敲。

第一，从定量的角度，第二次世界大战前、战时的青少年职业介绍的实绩，毋庸置疑具有极其重要的意义。其中职业安定所（1941 年改为国民职业指导所）对战时的劳务从行政上以及法律上实行强制管理发挥的作用是决定性的。正如第三章所述，尽管通过职业安定所就业的新小学毕业生的数量在 1930 年代急剧增加，但其绝对数在安定所被国营化、实行真正的劳务强制管理以前，还是比较小的。在即将国营化之前的 1936 年，未升学的新小学毕业生（含中途退学者）是 1 021 000 人，其中就业的为 395 000 人，而通过安定所的不过 48 000 人，仅占未升学学生总数的 5%、就业者总数的 12%。战败后，初次进行数据统计的 1950 年，通过职业安定所实现就业的新初中毕业生的数量为 152 000 人，占未升学学生总数及非农业就业者总数的比例分别为 16%和 55%。由此可知，战败后的新初中毕业生的职业中介是在以比战败前水平显著提高的情况下起步的。尽管持续的时间不长，新毕业学生的就业全面置于国家的管理之下，曾经一度除了国营的介绍所以外统统不被允许，即使这样的制度限制取消后也无法让人们完全忘记。

第二，从制度层面来看，第二次世界大战时的劳务管理留下的“遗产”也非常丰富。其中具有重要意义的是当时的“职业行政”构筑的、按照全国统一的年度计划运行、实行中央集权式的招聘、求职情报的收集、整理及分配的系统。作为其基础的是，在厚生省确定的日程里，全国所有的小学、职业介绍所统一进行的招聘、求职状况的调查。在导入该系统的 1938 年的书面通知中，要求将调查结果从小学、介绍所向都道府县厅，然后由都道府县厅用统一的方式向厚生省报告。厚生省将这些情报进行整理统计，从而把握全国毕业生劳动力的需求状况，然后将这些信息反馈给各都道府县厅，并努力促使各地区达到招聘、求职的平衡。像这样的劳动供需的调整，最终使处于终端的安定所成为中心并与学校联合从而达到对求职青少年的职业指导的彻底强化。为此，所采用的新方法是安定所的工作人员到所辖区域的小学巡回进行职业商谈，“青少年求职票”作为有效的材料被运用。统一的年度计划、以招聘求职状况调查为开端的信息的集中收集、传播以及根据青少年求职表进行的职业商谈，可以认为支撑战败后就业中介制度的各种准备，基本上在那时就已经就位。也可以说，毕业生劳动市场、全国供需调整会议等战败后采用的新的供需调整的方法正是以这些制度框架为前提才成为可能。由国家强制实行劳务配置已经不再被允许的状况下，为解决青少年大量失业问题采取的上述方法是职业安定行政相关人员智慧的结晶[①]。

**二、对“遗产”的评价：从理念层面**

第三，如何从理念层面来看战败前后的青少年职业介绍的“遗产”状况？为了回答这个问题，首先有必要论证一下战败前的青少年职业介绍原先是出于何种考虑而开始起步的。正如第六章所阐述的那样，日本的青少年职业介绍和作为其模型的美国的情况一样，并不单单作为劳动市场政策，而是带有较为浓厚的解决青少年的失业与不良化等社会问题的对策色彩。青少年由于缺乏与职业相关的知识、技能以及经验等，因此容易在就业问题上陷入困境。考虑到在城市劳动力市场中，如果大量的青少年处于半失业状态，那么就会导致不良少年数量的剧增，从而导致社会秩序的混乱。但是，日本采取的解决方法，与基于最大限度地尊重个人的职业选择，政府所发挥的作用基本停留在接受咨询、提供建议的美国很不一样。具体是采取通过职业安定所与学校共同合作，以还不具备职业经验的在校学生为对象，实施职业指导与中介活动，引导学生从学校毕业后无间断地走上工

① 根据对中岛宁纲的采访（1995 年 12 月 12 日实施）结果。中岛是 1947 年召开的首次全国供需调整会议制订计划的当事人。

作岗位这一方法。因此，日本的青少年职业介绍从一开始就重视就业后的指导工作。显然这和注重个人在多种多样的工作实践中积累经验，从而寻找适合自己的特点与能力的就业单位的所谓“自由的”劳动力市场中寻找工作的情况是明显不一样的。事实上，中央职业介绍事务局的技师三泽房太郎在青少年职业介绍事业开始时的有关人员集会中就这样认为：职业选择权交给个人是危险的，“国家有必要准备适合他们的就业机会，对就业进行适当控制、监督或者直接进行职业指导”①。日本新毕业学生市场的“制度化”，从一开始就不是以保障自由的招聘、求职活动为前提的，而是在以国家实施强制性管理的基础上进行的。

由于职业介绍所仅限于市町村经营，各职业介绍所之间的联系与协调由中央与地方职业介绍事务局进行，因此国家介入的余地并不是很大。但是，随着侵华战争的爆发，国家对经济的全面控制，职业介绍所也被国营化，青少年职业介绍作为劳务动员计划有机的一环，对自由的招聘、求职活动的管理得到空前的加强。在这样的背景下，青少年职业介绍的目的向为建设高度国防国家而正确配置新毕业学生劳动力的方向转变，职业介绍所与学校密切配合进行的职业指导变成了满足“国家的”要求的工具。“职业选择的自由”现在变成了必须克服的“自由主义的”“任性”思想。

战败后，在GHQ的指导下制定的职业安定法，大力提倡“职业选择自由”的原则，规定了职业安定所的活动是“为公众的服务”。这与战败前独创的青少年职业介绍的理念本质上是不一样的。但是，从此点就立即推断出战败后的新初中毕业生的职业介绍从理念层面是在否定战败前后的基础上开展起来的结论是草率的。正如在第三章强调的那样，在战败不久的荒废与混乱中制定的职业安定法，含有一些对战时计划经济来说再熟悉不过的与上述理念不尽相同的原理。根据该法，职业安定行政的使命是“充实产业发展所必需的劳动力，在谋求职业安定的同时振兴经济”（第1条）。为此，在尊重基本的人权的同时，作为政府有必要“对国民劳动力供求作适当的调节以及为了使国民劳动力得到有效发挥而制定必要的计划”（第4条）。作为最具组织形式的有计划的供求调节，不是别的，正是新初中毕业生的就业中介。之所以这样说，是因为考虑到“新毕业学生作为每年劳动市场中最大的新增劳动力”（劳动省编《职业安定法解说》，1956年），而且作为在学校出口处可以把握的群体，因此是比较容易地实施计划“调整”的劳动力。这样的考虑在战时的劳务动员计划中早就被提起过。

① 东京地方职业介绍事务局：《青少年职业指导和介绍》，1927年。

不仅如此，战败后的职业安定行政，对未满15岁的新初中毕业生求职者的职业介绍并不适用于一般成年人，这是考虑到初中毕业生需要“特殊援助”。根据详细记述职业安定所业务内容的《指南》，新毕业学生“缺乏选择职业的判断力”，而且“身心未成熟的较多”。但是，尽管如此，由于他们的就业是“作为职业人的起步”，因此必须“充分考虑到将来的发展规划来选择职业”。作为填补上述两者之间缝隙的就是《指南》中所述的“特殊援助”。具体来说，就是职业安定所与学校密切配合，对在学的学生按照年度计划实施职业指导与中介活动，并且在学生就业后，为使其适应工作岗位开展扎根指导。这样就不难看出，引导没有职业经验的学生从学校毕业后无间断地实现就业为目标，正是战败前青少年职业介绍思想的继承与发展。

根据政府的传统见解，“宪法第22条所规定的国民职业选择的自由权，并不意味着对职业选择的放任自由”，而是“对需要的群体提供特殊援助的服务，从而使其能够获得职业”（《青少年职业中介指南》，1948年）。在尊重个人自由活动的同时，对个人职业选择的过程进行充分干预，并且按照“国家的”观点调整劳动市场的供求关系。正是由于行政当局的积极“服务”，使得招聘、求职活动更加合理、高效地进行，进而能够保障个人的“职业选择的自由”。战败后的新初中毕业生的职业介绍大致可看成是在战败前后的“遗产”继承与由GHQ的指导带来的新理念之间谋求协调的结果。确实如此，战败后的供需调整的方式，以自由的“市场”存在为前提，采用政策手段设置使“未结合”的招聘、求职能够顺利结合的“场所”这一做法，与战时管制下所进行的“劳务调整”明显不同。初中毕业生的就业中介的“制度”，因而可以说不得不受到“市场”供求关系的巨大影响。并且，在民主化潮流中，劳动省高举尊重自由选择职业、推行行政服务等理念，使职业安定所对个人“指导”的强制性特征发生了巨大的变化。

不仅如此，20世纪50年代的初中毕业生的就业中介，不能看做是在保障学生自由的求职活动基础上进行的。首先，学生能够实际接触到的招聘票，仅限于由职业安定部门经过多次“调整”并由学校发放的东西。学生们从中考虑最适合自己的工作，然后选出其中一家单位。像学生的这种“主体”选择，实际上是在学校的就业指导教师以及职业安定所工作人员多次指导下进行的“自我选择”。从职业安定行政角度来说，像这样通过由严格的制度框架与富有弹性的“教育的作用”共同对求职学生的引导，就可使全国范围的劳动供求的调整成为可能。

从中我们可以得知，战败后初中毕业生的就业中介制度，不仅在数量及制度层面，而且在理念层面，也是很大程度上继承了战败前后的“遗产”。对限制自由的招聘、求职活动为特征的战败前日本青少年职业介绍，战败后尽管接受了“民主化”的熏陶，但依然在对新初中毕业生的职业介绍施加着影响。

**三、“制度”的发展**

战败后职业安定行政的环境，与战败前相比变化很大。不管怎么说，战败后新起步的新制初中，与战败前存在着寻常小学、高等小学、青年学校以及补习学校等多种类型的时代不一样，大量的初中毕业生在15岁这一相同的年龄一起走上社会。与此相对，战败后复兴的步履沉重，加上从战场上回来的退伍军人，大街小巷到处可见大量的失业者。即使从以朝鲜战争爆发为分界，日本经济从复兴走上了高度成长之路以后，由于20世纪50年代农村存在大量的剩余人口，劳动市场比较缓慢地推移，雇用形势依然持续呈现严峻状态。

在这样的情况下，职业安定机构确定了使新初中毕业生“确保就业”的目标，在大力拓展招聘局面的同时，正如前面所描述的那样，还通过灵活运用广域介绍系统、巧妙地引导求职学生，取得了显著的成果。但是，另一方面，对求职者的“指导”，姑且不论赤裸裸的人身买卖和中间人的巧取豪夺，虽说有“保护青少年劳动者”的方针，也很难彻底做到遵守劳动基准法所规定的劳动条件等。还有如第五章详细阐述的那样，对大批量的纺织企业的招聘，劳动省在对废止传统制度、采取直接招聘、允许开设劳务事务所以及认可分批录用等方面做出了很大的让步。20世纪50年代的职业安定部门，通过采取上述措施，努力使招聘者在自己所设定的“制度”框架内开展活动。

但是进入20世纪60年代后，招聘人数快速增加，新初中毕业生市场一下子变成了卖方市场。在此情况下，劳动省开展了“几年来所希望”的积极的招聘指导，以职业安定所把握所有的招聘为目标，对自由招聘活动进行彻底的管理。通过采取禁止学校受理招聘申请、禁止委托招聘、书面招聘以及外地来的直接招聘，以及对利用关系招聘的严格控制等，使得大批的人员招聘除了通过职业安定所以外可以说几乎没有其他途径。像这样，职业安定机构通过对招聘活动的统一管理、推进年度计划的早期化和全国统一化、改革全国供需调整会议的运营方式、人为地对各县的求人倍率平均化等措施，实施了“强有力的供求调整”。

不仅如此，职业安定机构对自由招聘活动的限制空前加强的同时，对求职者施加的影响也得到了提高。一旦向职业安定所提出求职申请，几乎没有被取消的。尽管招聘人数快速增加了，但职业安定所对申请的求职进行的职业介绍数以1960年为界，却在显著地减少。总而言之，职业安定所通过自身，能够更加可靠地得以开展对招聘与求职的调配。在此当中，职业安定所以提高初中毕业生就业的“质量”为目标，优先介绍就业后稳定状况良好的企业。

对新初中毕业生的招聘，实行由职业安定所进行统一把握、立足于全国范围实行有计划的“强有力的供求调整”，从而促进青少年从学校到职业的“无间断的移动”以及初次工作的稳定化的加强——带有以上高度成长期的日本社会特征的“制度”，正是战败后职业安定行政在经过一系列的尝试后的成功表现。

如上所述，对新初中毕业生的就业中介“制度”，能够适应劳动市场的供求状况的变化，使其作用与重点灵活变化的同时实现有力的发展。其核心是，对自由招聘、求职活动的限制以及引导学生从学校毕业后不间断地实现就业等带有战败前青少年职业介绍特征的独特思想，可以说稳固地扎下了根。

那么，像这样经过历史的演变所形成的新初中毕业生的就业中介制度，对其学生、企业等相关者究竟带来了哪些影响呢？我们将立足于现在（1999 年），对这些“制度”进行评价，这就是下一节的主题。

## 第二节 由学校、职业安定所介入的工作调配的评价

本节的目的是对成为就业结构中坚的学校与职业安定所的意义与问题，尝试从多方面进行评价。在这里将其分为两大部分进行论述。第一，从工作调配的主角——学生与企业的角度出发，对职业中介制度进行评价；第二，重点对由学校、职业安定所实施的职业中介结构对阶层移动所起的作用进行评价。

### 一、由学校、职业安定所介入的职业中介与学生及企业

本研究正如在第一章进行阐述的那样，着重关注学校与职业安定所深入参与的毕业生工作调配的制度分析。但是，作为对就业的学生个人以及录用学生的企业，也就是在工作调配中所谓的供给方与需求方的角色并没有予以充分注意。所以在本节，首先从学校、职业安定所这一所谓“制度”的承担者角度对系统进行评价以后，再从学生个人与企业的角度进行评价。

本研究以历史发展的脉络为焦点进行了分析。在这里，沿着战败后历史的脉络，首先选取 20 世纪 50 年代前期，由学校与职业安定所联合进行的职业中介的结构开始顺利发挥作用时期为对象。从学校、职业安定所的角度来看，对这些发挥的作用进行评价时，作为重要的历史背景，就是战败后起步的新制初中的存在。相对于在战败前的寻常小学、高等小学、青年学校等不同年龄的学生通过很多出口毕业进而实现就业，战败后，在新的义务教育制度下，面临着大量的毕业生在 15 岁这一相同年龄里走上社会这一前所未有的状况。为此，不难想象，职

业安定行政部门担心大量的失业者滞留在城市。而作为新起步的初中学校来说，带有能否将毕业生顺利地送上社会的危机感。还有以女子纺织行业的招聘为代表的那样，当时全国范围内明显地存在着供需不平衡，大量的初中毕业生在就业的同时伴随着从农村流向城市的地区移动。通过职业安定所与学校这一制度带来的跨地区的就业机会，其结果就是使全国各地初中学校的大量的男女学生对大规模的地区移动一起得以体验，可以说意义非常重大。没有产生大量的失业者，而是使完全没有就业经验的“身心尚未成熟的青少年”求职者中的绝大多数，在毕业的同时实现就业，这一成绩可以说由学校、职业安定所实施的“彻底的日程管理”“合适职业介绍”“依据一人一单位主义原则的选拔”以及“就业后的扎根指导”等“制度”介入其间的职业中介带来的。对由新制学校制度的起步带来的初中毕业生的就业这一重大课题，学校和职业安定所做出了精彩的回答。

从企业的角度来看，这个时期对于被指定为重要产业的钢铁、纺织等来说，能够顺利供给青少年劳动力的制度的作用是很大的。由于没有抚养家庭的负担，因此青少年是比较容易迁移的、报酬相对低廉的、适应能力强的劳动力。作为“制度”，具备使大量的初中毕业生按照日程安排，每年在规定的时期成为新增劳动力，为企业提供了按照年度计划定期大量录用的基础。有关录用的成本，对纺织行业等进行大范围录用的企业来说，考虑到范围越大费用越高，因此更能体会到这个制度的优越性。特别是对于被指定为重要产业的大量招聘，正如其中的典型——纺织行业那样，职业安定行政采取了“分批录用”“劳务事务所纳入职业安定行政内”等一系列优惠措施。另外，对有养成工制度的企业，作为能够提供优秀人才的系统，也考虑了学校、职业安定所的职业中介。

但是不能忽略的是，在录用新毕业生的企业中还存在着不同。如第四章讨论的神奈川县的例子所明确的，职业安定所是根据企业规模不同而在录用考试的时间上有一些微妙的差别，首先是确保大企业优先选拔人才。对大企业来说，通过学校、职业安定所的职业中介，尽管对其自由招聘活动有了限制，但不能否认的是能够获得优先选拔优秀学生的机会。另一方面，对小企业来说，尽管不是大批录用，但也要认真填写招聘表，根据职业安定行政制度录用毕业生的优点，不能说得以明显体现。因此可以推断，从企业角度来说，职业安定行政制度的意义，对不同规模、不同行业的企业是不一样的。

那么，从个人角度来看该对“制度”作何评价呢？对通过学校、职业安定所就业的学生来说，毕业后的进路选择除了与职业安定所的职员和负责职业指导的老师三者面谈时所提供的工作单位之外没有其他选择。对每一个学生来说，包括其特定的就业单位在内的招聘信息是通过什么样的渠道而收集的、所管辖的职业安定所与学校的联合、县层次上的被称为“毕业生劳动市场”的供求调整、还有劳动省召开的全国供需调整会议等“制度”的存在，对学生们来说完全不为所知。从学生自身的体验来看，与老师商量如何根据“职业适应性检查”等做出“适合自己的职业判断”、从毕业生的就业实绩以及与教师及其他学生交谈中了解能够选择什么样的适合自己的企业，然后从学校提供的招聘单位中选择一家，接受该企业的录用考试，如果合格的话向被录用的企业提出同意就业的“志愿书”，在毕业的同时参加工作。显然这是与从多种多样的企业考试的结果中，在明确自己的能力的基础上，选择最适合自己的单位，也就是与尊重学生个人自由求职活动带有明显不同的系统。特别是“制度”本身相对封闭，缺乏透明性，因此对满足学生选择的自由度来说相对很小。个人“职业选择的自由”的保障在以“保护与统制”为基础的“制度”面前，成为了形式。

接下来让我们看一看20世纪60年代时期的情况。这一时期的历史背景发生了很大的变化。正如第三章阐述的一样，劳动市场的需求状况变化很大，20世纪50年代后期的求人倍率是1.2倍左右，1960年约为2倍，到了1964年跃升至3倍以上，真正迎来了劳动力不足的时代。学校、职业安定所比以前更强化了“制度”的实施并成功地进行了有力的供求调整。职业安定行政首先对招聘单位，限定了受理期间，强化了指导，使大批量的招聘除了通过职业安定所以外变得非常困难。对求职者来说，由于考虑到进入大都市的青少年的离、转职行为可能成为不良青少年的温床，于是更加强化了对求职者的“保护与统制”，也就是合适职业介绍与扎根指导。作为“制度”的承担主体，特别是这个时期对职业安定行政的评价，随着60年代的到来，作为“制度”应有的作用在这个时期发挥得更为显著。

对自由招聘活动的彻底限制，可以说对企业层面的职业安定行政评价发生了变化。特别是录用大量初中毕业生的大企业，反映了所谓卖方市场的供求状况，不得不在职业安定行政的制度框架内开展招聘活动，与50年代所受到优惠待遇的状况明显不同。也可以推断，正是由于对自由录用初中毕业生的严格限制，使得与机电行业相关联的大企业由录用初中毕业生转为录用不受职业安定政策限制的高中毕业生。但是，如下文所阐述的那样，由于也一同强化了对求职者的管理，如果通过职业安定所就相对比较容易确保招聘任务的完成，因此对企业来说显得比较有利。还有，对中小企业而言，职业安定政策的加强，成为了它们沉重的负担。因为职业安定部门受理劳动条件恶劣的企业的招聘申请时，会要求这些企业改善条件，对达不到劳动基准的用人单位，将不列入全国供需调整会议的考虑对象。这样强化的结果就是使条件不好的小企业从学校、职业安定所的制度中排除。可以说，60年代的“制度”的意义，在大企业与小企业之间存在着明显的差异。

60年代的历史背景也对就业的学生们带来了相反的变化。本来，根据市场原理，在卖方市场，作为求职一方的选择范围更大。具有讽刺意义的是，尽管急速地转为了卖方市场，但个人的自由求职活动并没有扩大。由于职业安定行政部门对招聘状况的完全控制，对求职一方来说，全面禁止学校受理的招聘以及学校之间进行的招聘调整，成功地限制了自由选择范围的扩大。虽然是对失业的不安已经远去，但职业安定行政的“保护与统制”还是被得以强化。事实上，即使是进入60年代后，非农就业者中通过职业安定机构就业的比例一直在上升，而通过职业安定机构的取消率在下降。也就是说，越来越多的学生通过学校、职业安定所开展就业活动，其结果使得进入原先落实的就业单位就业的稳定性更好。也就是进入卖方市场的剧烈变化并没有使作为卖方的学生的自由选择得到扩大，而是使“制度”得到了加强。正是由于在50年代深深植根于学校、职业安定所组织中的工作调配的存在，使得60年代的劳动市场供求状况的急剧变化的确出现了并没有依据市场原理使得供给方的选择自由扩大，而是反而使制度本身得到了强化的情况。

还有，基于这一制度实现的就业，使个人的生活过程也彻底地标准化了。通过“毕业＝就业”的无缝衔接、依据年度计划进行日程管理、就业后进行辅导等形式，形成了如不按照规定的计划行动就会受到严格限制的构架。特别是旨在促进稳定的就业后的辅导，使得稳定性显著提高的同时，可以说也完全封锁了就业后的学生换岗的可能性。对脱离稳定地在企业就业这一标准的人，即使是初中毕业不久“身心未成熟需要提供援助的青少年”，也不一定能够享受到与在校生同样的“保护”。也就是说，对离职的青少年将不再受到“制度的保护与统制”，变成了所谓能够“自由选择”的个人。

对不按制度规定行动的个人来说，可以说对制度意义的认识从根本上不同。因为那是由学校与职业安定所密切配合所建立的制度，一旦置身于学校的“保护与统制”框架之外，初中毕业生就不再是“需要援助的学生”了，而变成了在劳动市场浪潮中孤身一人奋斗的“自由”劳动者。从个人职业生涯发展以及年轻阶层雇用的流动化角度来看，不得不说由潜藏在这样的“制度”深处的标准化的吸引力与排外性所带来的负面影响是非常大的。

## 二、由学校、职业安定所介入的职业中介与阶层移动

在评价通过学校、职业安定所就业构造时无法回避的一个重要问题就是从有关阶层移动的角度问题。也就是说，在不同的阶层中，通过学校、职业安定所的就业机会是否存在着不平等的问题？是否存在着受益阶层的出身者通过学校、职业安定所能够获得更好的就业机会、未受益阶层的出身者被排除在通过学校、职业安定所的就业机会之外，使其不利的状况更加严重？还是由于学校、职业安定所对工作调配的介入而推进了就业机会的平等化？

要正面回答这个问题非常困难，这是因为验证有关通过学校、职业安定所实现就业对阶层移动所起的作用的数据非常非常少。正如第四章所阐述的那样，学校与劳动行政机构对所谓的“母子家庭”问题十分关注。不难想象，战败后不久在父亲因为战争死亡家庭中的孩子们就业时具有不同寻常的难度。劳动省在有关规定中一再强调，对失去双亲或单亲的学生的录用不允许有任何差别，并出台了相应的对策。在学校，负责就业的老师与校长代替其父亲作为学生的身份保证人，努力使就业时的不利影响降到最小。对学校、劳动行政积极介入帮助被市场结构所排除、最不能受益阶层的事实，其效果尽管不能准确测定，但可以认为其降低了对出身阶层的就业机会的影响。

我们唯一收集得到的有关阶层移动的问题的系列数据资料，是在第四章曾经介绍过的 1953 年 3 月神奈川县实施的初中毕业生的进路调查。这个调查包括学生的出身阶层、就业路径、就业单位等项目。表 7—1 是按照地区类别显示的通过学校、职业安定所的就业单位与通过关系的就业单位的规模与初任工资的差异情况。从这个表中可以发现，不论男女，通过学校、职业安定所的就业比通过关系的就业情况要好，其就业单位的规模与初任工资的平均值高、变动系数小[①]。这也反映了由职业安定所所把握的劳动力市场是规模相对较大的企业这个事实。通过关系的就业，起薪相对较低，而且比较散乱。那么能够利用学校、职业安定所这一制度获得劳动条件相对较好的就业单位仅仅是少部分阶层出身者吗？通过学校、职业安定所就业者的出身阶层类别、学校的地区类别情况如表 7—2 所示[②]。首先看看最后一栏神奈川整个地区的情况。可以发现通过学校、职业安定

---

① 在横滨、川崎工业地区，由学校和职业介绍所介绍和凭借私人关系就业的差别很小。这是由于这个学区位于京滨工业地带，即使是私人关系介绍和其他地区相比具有良好的单位就业。

② 这个表格显示了通过学校、职业介绍所就业的学生的比率，其余为通过亲戚等关系就业。由于直接招聘以及雇用者邀请就业的人占全体就业者的 2%以下，所以从分析中略去。

所就业的比例在不同的阶层间有明显的差别①。不论男女，父亲是工人家庭出身者，通过学校、职业安定所就业的比例在70%以上，通过亲戚等关系就业的比例在30%以下。父亲是“工薪阶层”的情况下，也有60%以上是通过学校、职业安定所就业的。与此相对，父亲是从事农林渔业的，通过学校、职业安定所的就业率最低。

**表7—1　按地区、性别、就业途径分类的就业目的地规模与初始工资**　(%)

| | 男子 | | 女子 | |
|---|---|---|---|---|
| | 学校、职安 | 关系 | 学校、职安 | 关系 |
| 1. 横浜、川崎工业地域 | | | | |
| 规模 | | | | |
| 1～29人 | 15.20 | 46.40 | 16.50 | 26.00 |
| 30～99人 | 23.50 | 17.90 | 16.00 | 18.30 |
| 100～499人 | 19.70 | 7.10 | 14.30 | 5.80 |
| 500人以上 | 41.70 | 28.60 | 53.20 | 50.00 |
| 规模合计（实数） | 732.00 | 112.00 | 545.00 | 104.00 |
| 平均 | 395.65 | 287.87 | 561.62 | 523.53 |
| 变动系数 | 1.03 | 1.45 | 0.81 | 0.92 |
| 起薪 | | | | |
| 3 000日元以下 | 0.10 | 8.50 | 0.30 | 2.60 |
| 3 000～3 999日元 | 16.70 | 10.30 | 40.40 | 21.10 |
| 4 000～4 999日元 | 29.50 | 28.20 | 26.20 | 44.70 |
| 5 000～5 999日元 | 37.80 | 39.30 | 22.70 | 21.10 |
| 6 000日元及以上 | 15.90 | 13.70 | 10.40 | 10.50 |
| 合计工资（实数） | 723.00 | 117.00 | 577.00 | 114.00 |
| 平均 | 4 804.00 | 4 615.00 | 4 305.00 | 4 442.00 |
| 变动系数 | 0.21 | 0.27 | 0.27 | 0.27 |

① 就业途径的检定结果通过纵横坐标图显示为由学校、职业介绍所介绍和靠关系两种方式以及七种出身阶层。

续表

| | 男子 | | 女子 | |
|---|---|---|---|---|
| | 学校、职安 | 关系 | 学校、职安 | 关系 |
| 2. 横浜、川崎城区、横须贺城区 | | | | |
| 规模 | | | | |
| 1～29 人 | 32.20 | 66.30 | 25.70 | 66.30 |
| 30～99 人 | 21.00 | 11.50 | 18.90 | 11.80 |
| 100～499 人 | 12.80 | 5.90 | 20.10 | 6.60 |
| 500 人以上 | 34.00 | 16.30 | 35.30 | 15.30 |
| 规模合计（实数） | 1 309.00 | 661.00 | 1 031.00 | 483.00 |
| 平均 | 330.32 | 197.82 | 422.09 | 173.22 |
| 变动系数 | 1.24 | 2.83 | 1.38 | 2.20 |
| 起薪 | | | | |
| 3 000 日元以下 | 4.70 | 15.70 | 9.00 | 17.70 |
| 3 000～3 999 日元 | 27.00 | 34.30 | 43.30 | 47.60 |
| 4 000～4 999 日元 | 41.30 | 33.60 | 22.90 | 22.20 |
| 5 000～5 999 日元 | 21.60 | 10.50 | 19.80 | 8.90 |
| 6 000 日元及以上 | 5.20 | 5.90 | 5.00 | 3.50 |
| 合计工资（实数） | 1 391.00 | 792.00 | 1 159.00 | 594.00 |
| 平均 | 4 186.00 | 3 689.00 | 3 966.00 | 3 476.00 |
| 变动系数 | 0.25 | 0.34 | 0.29 | 0.34 |
| 3. 横浜、川崎农村、镰仓、逗子、叶山 | | | | |
| 规模 | | | | |
| 1～29 人 | 35.30 | 61.80 | 31.70 | 60.10 |
| 30～99 人 | 20.20 | 15.00 | 15.60 | 11.70 |
| 100～499 人 | 11.00 | 4.30 | 15.80 | 13.50 |
| 500 人以上 | 33.50 | 18.90 | 36.90 | 14.70 |
| 合计工资（实数） | 519.00 | 254.00 | 417.00 | 163.00 |

续表

| | 男子 | | 女子 | |
|---|---|---|---|---|
| | 学校、职安 | 关系 | 学校、职安 | 关系 |
| 平均 | 352.70 | 214.74 | 406.58 | 188.28 |
| 变动系数 | 1.29 | 2.09 | 1.14 | 2.11 |
| 起薪 | | | | |
| 3 000 日元以下 | 7.90 | 28.40 | 8.90 | 30.50 |
| 3 000～3 999 日元 | 26.60 | 26.50 | 30.60 | 29.40 |
| 4 000～4 999 日元 | 33.00 | 19.30 | 26.20 | 23.20 |
| 5 000～5 999 日元 | 25.70 | 17.80 | 28.60 | 11.90 |
| 6 000 日元及以上 | 6.80 | 8.00 | 5.60 | 5.10 |
| 合计工资（实数） | 533.0 | 264.00 | 447.00 | 177.00 |
| 平均 | 4 184.00 | 3 543.00 | 4 132.00 | 3 308.00 |
| 变动系数 | 0.28 | 0.45 | 0.29 | 0.43 |
| 4. 藤泽、茅崎、平塚、小田原 | | | | |
| 规模 | | | | |
| 1～29 人 | 50.40 | 76.10 | 32.30 | 62.80 |
| 30～99 人 | 16.20 | 13.90 | 22.10 | 15.20 |
| 100～499 人 | 17.10 | 4.80 | 21.70 | 14.60 |
| 500 人以上 | 16.20 | 5.30 | 24.00 | 7.30 |
| 规模合计（实数） | 234.00 | 209.00 | 217.00 | 164.00 |
| 平均 | 165.14 | 66.93 | 265.28 | 101.76 |
| 变动系数 | 1.74 | 2.99 | 1.40 | 2.30 |
| 起薪 | | | | |
| 3 000 日元以下 | 11.90 | 38.20 | 14.50 | 40.40 |
| 3 000～3 999 日元 | 35.40 | 33.80 | 40.20 | 29.20 |

续表

| | 男子 | | 女子 | |
|---|---|---|---|---|
| | 学校、职安 | 关系 | 学校、职安 | 关系 |
| 4 000～4 999 日元 | 24.30 | 16.20 | 19.60 | 18.60 |
| 5 000～5 999 日元 | 20.60 | 7.40 | 20.60 | 8.10 |
| 6 000 日元及以上 | 7.80 | 4.40 | 5.10 | 3.70 |
| 合计工资（实数） | 243.00 | 204.00 | 214.00 | 161.00 |
| 平均 | 4 047.00 | 3 081.00 | 3 922.00 | 3 097.00 |
| 变动系数 | 0.29 | 0.48 | 0.29 | 0.41 |
| 5. 农村地区 | | | | |
| 规模 | | | | |
| 1～29 人 | 63.90 | 81.90 | 41.80 | 77.20 |
| 30～99 人 | 20.80 | 9.40 | 21.80 | 12.00 |
| 100～499 人 | 8.00 | 3.80 | 22.80 | 8.30 |
| 500 人以上 | 7.30 | 4.90 | 13.60 | 2.50 |
| 规模合计（实数） | 562.00 | 797.00 | 565.00 | 518.00 |
| 平均 | 95.11 | 64.87 | 202.99 | 46.19 |
| 变动系数 | 2.78 | 3.77 | 1.87 | 3.38 |
| 起薪 | | | | |
| 3 000 日元以下 | 32.70 | 51.60 | 37.90 | 57.90 |
| 3 000～3 999 日元 | 34.70 | 25.60 | 36.40 | 27.30 |
| 4 000～4 999 日元 | 21.60 | 13.00 | 11.60 | 8.50 |
| 5 000～5 999 日元 | 7.00 | 7.00 | 5.70 | 4.30 |
| 6 000 日元及以上 | 4.00 | 2.80 | 8.30 | 2.10 |
| 合计工资（实数） | 556.00 | 754.00 | 601.00 | 532.00 |
| 平均 | 3 245.00 | 2 725.00 | 3 221.00 | 2 549.00 |
| 变动系数 | 0.40 | 0.53 | 0.43 | 0.50 |

但是，对出身阶层与就业途径的关系情况通过5个地区的调查后，在神奈川地区所见到的情况却基本上不存在[①]。也就是说，在各地区不同的出身阶层利用学校、职业安定所就业之间没有发现差别。可以说，无论是什么阶层出身，学校、职业安定所都几乎平等地给予了就业中介的机会。这个事实正反映了由制度介入的就业中介发挥了减少出身阶层差别作用的结果。可以说不仅是减少了像"母子家庭"这样困难家庭出身者进入劳动市场的差别，而且还推进了不同阶层间就业机会的平等化。

那么，究竟为什么在神奈川地区出现出身阶层与就业途径之间存在一定的联系，而其他地区上述关系就不复存在呢？此点可以说明职业安定行政在促进平等化的同时，也有带来新的出身阶层间的不平等的一面。1953年，神奈川县有11个职业安定所，其所在地存在着较大的地方差异。在京浜工业带有川崎、鹤见、横浜这三个安定所，其管辖范围也相对狭小。与此相对，在神奈川县广大的农村地区职业安定所数量有限，其管辖范围非常大，交通状况也不好。正如表7—2所揭示的，农村的学校通过职业安定所就业的比例偏低，依靠关系实现就业的比例偏高。另外，这些地区从事农林渔业者的子女人数比例较高。在地区与学校、职业安定所利用率之间有明显的相关性的同时，地区与出身阶层分布也出现较强的相关性。因此，一旦不进行地区调节，就会出现出身阶层与学校、职业安定所利用率之间有相关性，工人家庭与靠工资生活者出身者的利用率高，农林渔业出身者的利用率偏低。

**表7—2　　按性别、地区、出身阶层分类的经过学校、职业安定所就业者的比例**

| | 1. 横滨、川崎工业地区 | 2. 横滨、川崎城区、横须贺城区 | 3. 横滨、川崎农村、镰仓、逗子、叶山 | 4. 藤泽、茅崎、平塚、小田原 | 5. 农村地区 | 地区全体合计 |
|---|---|---|---|---|---|---|
| 男子 | | | | | | |
| 1 农林渔业 | 90.9% | 62.2% | 64.7% | 48.6% | 43.0% | 50.9% |
| 2 独立商业者 | 75.8% | 55.1% | 70.5% | 32.9% | 35.9% | 52.7% |

① 尽管出身阶层和就业途径间的关系较弱的地区不是没有，但这种关系未必是在整个神奈川范围内被证实的。例如，横滨、川崎工业地区的男子学生中，农林渔业出身者对学校、职业介绍所的利用率是最高的。

续表

| | 1. 横滨、川崎工业地区 | 2. 横滨、川崎城区、横须贺城区 | 3. 横滨、川崎农村、镰仓、逗子、叶山 | 4. 藤泽、茅崎、平塚、小田原 | 5. 农村地区 | 地区全体合计 |
|---|---|---|---|---|---|---|
| 男子 | | | | | | |
| 3 独立工业者 | 87.8% | 58.3% | 62.5% | 40.4% | 34.7% | 54.4% |
| 4 产业工人 | 89.3% | 63.6% | 64.5% | 59.7% | 34.4% | 70.2% |
| 5 运输、通信、公共 | 76.9% | 62.8% | 79.5% | 58.8% | 29.8% | 59.6% |
| 6 工薪阶层 | 78.3% | 61.9% | 56.1% | 55.2% | 41.5% | 60.0% |
| 7 单纯劳动者 | 81.1% | 56.1% | 70.7% | 47.8% | 34.8% | 56.5% |
| 出身阶层全体合计 | 85.7% | 60.3% | 65.6% | 48.4% | 40.0% | 58.6% |
| 女子 | | | | | | |
| 1 农林渔业 | 58.8% | 62.5% | 66.8% | 58.7% | 52.4% | 57.0% |
| 2 独立商业者 | 84.4% | 60.8% | 70.3% | 48.0% | 44.2% | 59.1% |
| 3 独立工业者 | 75.6% | 66.3% | 72.2% | 50.0% | 55.0% | 63.3% |
| 4 产业工人 | 86% | 66.8% | 71.6% | 55.8% | 45.0% | 72.4% |
| 5 运输、通信、公共 | 68.2% | 55.8% | 87.8% | 68.0% | 43.9% | 61.7% |
| 6 工薪阶层 | 85.7% | 62.2% | 67.2% | 68.0% | 51.0% | 65.5% |
| 7 单纯劳动者 | 83.3% | 65.7% | 67.2% | 55.0% | 38.5% | 60.7% |
| 出身阶层全体合计 | 83.8% | 64.1% | 70.1% | 57.9% | 49.8% | 63.9% |
| 男子 二乘值 | 16.27 | 8.75 | 9.32 | 14.19 | 9.72 | 120.74 |
| 自由度 | 6 | 6 | 6 | 6 | 6 | 6 |
| P值 | P=.012 | P=.188 | P=.156 | P=.028 | P=.137 | P<.001 |
| 学生数 | 756 | 1 973 | 744 | 436 | 1 315 | 5 224 |
| 女子 二乘值 | 13.44 | 6.4 | 10.31 | 7.68 | 9.95 | 62.28 |
| 自由度 | 6 | 6 | 6 | 6 | 6 | 6 |
| P值 | P=.037 | P=.380 | P=.112 | P=.262 | P=.126 | P<.001 |
| 学生数 | 660 | 1 590 | 555 | 342 | 1 066 | 4 213 |

像这样，由学校、职业安定所介入的就业结构与阶层移动的关系存在着两面性。一方面，在各个学校内，具备了无论出身阶层如何都平等地通过学校、职业安定所进行就业介绍，促进了就业机会的平等化。但是另一方面，由于职业安定所的分布存在着地区偏差，特别是针对农村毕业生未能充分地开拓出就业途径，因此，相对于很多城市的子女能够通过学校、职业安定所进入以大企业为中心的劳动条件较好的单位而言，农村众多的农林渔业出身者的子女却不能获得同样的就业机会，其结果就造成了出身阶层之间的不平等的扩大。

正如前文所阐述的那样，从阶层移动的角度对“制度”进行评价，我们手头仅有十分有限的一点数据。仅仅依据神奈川县的调查立即得出全国范围的结论必须慎之又慎。但是，在神奈川县所出现的职业安定所分布的地方差异，从《职业研究》《职业安定广报》等资料所反映的情况看，不难发现也是全国共有的问题。从这一点不难推断出其他的都道府县，由于利用职业安定所的情况存在差异，因而也产生了不同出身阶层之间就业机会的不平等。关于各个学校内通过学校、职业安定所平等地进行中介活动，因而促进了不同出身阶层之间就业机会的平等方面，无法确定在全国也有类似倾向。但是，从全国范围提出的“母子家庭”问题以及劳动省在全国发布相应的对策措施来看，似乎不能忽视对促进平等化的努力。

## 第三节　本研究的理论意义与当代的课题

接下来我们在对截至目前已明确的结论的基础上，对这些结论具有的理论意义，特别是从“制度对市场的介入”这一视角出发进行考察，并且探讨当代的课题。

### 一、作为制度联系的学校、职业安定所的职业介绍

正如第一章的“理论的框架”所描述的那样，初中学校与职业安定所联合进行的职业介绍制度，与通常的仅有求职者和招聘者的劳动市场不一样，可以看做是“制度联系”的一种形态。所谓制度联系，就是在组织之间的相互信赖关系基础上建立起来的持续关系，通过这一关系，形成人们“从学校到职业的移动”路径，并由此进行工作调配。如此看来，如本书所阐明的那样，无论是初中学校与职业安定所之间，还是学校、职业安定所与企业之间，都形成了相对稳定的持续的关系，通过这些组织间的关系路径，促成了求职方与招聘方的相互联系。

在本书作为研究对象的初中毕业生的就业中，最密切的是职业安定所与初中学校之间的关系。有关辖区内的学校就业负责人与职业安定所职员之间的密切关系的情况已在第四章作了分析。作为求职者的初中毕业生（个人），只被允许通过这一途径与招聘方进行接触。从这个意义上说，通过学校、职业安定所的招聘信息与求职信息的传播，也带有制度联系的特征。一旦将制度联系看做学校、职业安定所的就业路径，那么通过这一路径的工作调配的构造特征就变得非常清楚。

第一，有关求职者与工作的信息通过这样的制度多次过滤后传播到招聘与求职双方。特别是进入20世纪60年代，通过强化职业安定所的指导，如第三章与第六章所分析的那样，加强了招聘信息的发布管理，使得更为准确的信息通过这一路径得以传播。这些信息，采用全国统一的标准化方法，进行收集、记录、整理，再通过职业安定组织的全国网络传播到各地。从这个意义上来说，在提高信息的可靠性及信息传播的广泛性的基础上，由学校、职业安定所联合的制度联系与仅仅委托给市场的工作调配具有不同的特征。

第二，像这样的“信息管理”，在牺牲对自由招聘活动及求职活动限制的基础上，使信息的可信赖性在双重意义上得以提高。也就是信息的可信赖性不仅限于信息的准确性，而且在招聘、求职活动实现的可能性方面也得到提高。正如在第四章所看到的“一人一单位主义”那样，对招聘方来说，由于确保了求职者不能同时申请其他单位，使信息的可信赖性大大增强。另一方面，对求职者来说，由行政机关对企业录用活动的“指导”，与自由市场相比，降低了毁约的风险。从上述情况看，这一制度联系，加上信息的正确性，对招聘、求职双方来说内在地具有了提高工作调配准确度的机能。

第三，初中毕业生就业的制度联系，尽管带有连续的关系特征，但与个人的纽带关系不同，不具有利于特定个人的构架。通过个人关系的工作调配时，基于个人持有什么样的“社会资源”的不同而相应产生了不同的就业机会的差异（特别是社会阶层利用的差异）。与此相对，以组织间的关系为特征的制度联系，正如本章第2节所述的那样，不易发生由不同出身阶层而带来的差异。制度联系由于不管对何人，都提供透明开放的机会，因此不会带有基于私人间的个人关系网的缺点。

当然，不得不提及的是，如此平等化的功能在现实生活中是否会充分地得以体现。其原因，正如本章第二节已描述的那样，由于职业安定所的分布存在着差异。从这个意义上说，在实际状况中确实存在着不完全的平等化与标准化。尽管如此，从理论上来看，作为制度联系的功能本身，依然可以强调含有这里所说的平等化的契机。之所以这样说，因为制度媒介发挥了与利用个人间关系不一样的机能。

第四，初中学校、职业安定所与企业之间的关系，像高中校与企业之间的“实绩关系”一样，与带有个别性的信赖关系有一些不同。由于职业安定所这一官方组织的介入，排除了个别主义，因此作为原则，不管针对任何招聘单位都形成带有普遍关系这一点上，与高中校和企业的实绩关系有所不同。但是，正如第四章所阐述的，通过职业安定行政组织，在特定的初中学校与特定的企业之间，形成了一种“指定校制度”。当然，对职业安定行政部门来说，也想努力纠正这种做法。尽管如此，在职业安定体系中，企业还是有能够指定特定学校的余地。从这点来说，虽然不如高中校与企业之间的实绩关系那样，尽管是普遍主义的制度，也还是留有个别主义的关系。从这个意义上来看，通过初中学校与职业安定所的职业介绍制度具备了制度联系的特征。

**二、制度与市场的相互作用：包含两个理念的制度的作用**

上文提到制度介入的就业构造也不可能完全摆脱市场的影响。实际上，这个制度在适应新毕业学生劳动市场供求关系变化中，相应巧妙地改变着一些理念的重点进而使制度整体的作用发生变化。

根据前面的分析，职业安定机构对新毕业学生就业的理念包括“职业选择的自由”与对青少年的“保护”两点。其中，关于职业选择的自由兼有作为宪法保障的“人权”（政治的、理念的）的含义。无论对于招聘方还是求职方而言，市场中的个人自由选择行动一定能够产生高效的工作调配这一基于市场经济原则（经济的）的含义。这两个含义与劳务管制下的人员分配的原则是相对立的。换句话说，第一，从国家对劳动力的完全管制中脱离，保障作为人权的个人职业选择；第二，与军事体制下的国家有计划的“劳务管制”不同，是在自由劳动市场中的招聘与求职双方的联系合作。通过这双重含义的“自由”理念的调和能够发现，正是由于保障了个人的职业选择自由才构成了与通过自由市场的最合适的工作调配必然相关的前提。“职业选择的自由”包含在这个前提中，而且，职业安定所原来也考虑到是仅仅发挥作为提供职业信息这一特定服务的服务机构的作用。这一限定终于得到缓解，并由此扩大了职业安定所发挥的作用范围。

更进一步来讲，对青少年的保护也包含两层意思。第一，使青少年从人身买卖与不法劳动等危险中脱离出来从而得到保护。对招聘信息的内容及其准确度，职业安定行政从第三者的立场必须进行审核的考虑，从这个意义上来说正包含在这样的“保护”中。

但是，“保护”的理念不仅限于此。只有通过“科学的”职业介绍才能找到最合适的岗位，并且尽可能地稳定在最初介绍的工作岗位上，有利于青少年发展的“适职介绍”“扎根指导”无疑也包含在“保护”的理念中。职业安定部门推行的“科学的”职业介绍，是希望在对学生的特性作科学把握的基础上开展职业介绍。正是缘于这样的考虑，通过指导介绍合适的单位，从而促进个人的自我稳定。这一点，正如第四章的分析所揭示的，而且在第六章的分析中，所谓“适职介绍”“扎根指导”这些与新初中毕业生就业相关的职业介绍的理念，也与“防止不良化”这一就业后的青少年“健全培育”的价值连接在一起。从上述结论所知，在最初就业的单位安心工作是与青少年的“保护”联系在一起的，“保护”的概念得到了扩充。因此，不仅限于就业后的指导（辅导)，促进能够安心工作的职业选择，也在“保护”的名义下介入到职业指导工作中。

问题在于上述意义的“保护”与“自由”之间具有什么样的关系。第一个含义上的保护，从逻辑上来看，并不和职业选择的“自由”理念相冲突。这是因为截至20世纪50年代中期实施的禁止人身买卖、为避免不法劳动而设置职业安定机构的措施，除去上面一些例外情况之外是能够进行自由地选择职业的。

第二个含义上的“保护”，根据情况不同还带有与职业选择自由相对立的因素。而且，在第二个意义上扩展开来的“保护”理念含有与职业选择自由的两个含义相对立的可能性。第一，通过适职介绍以稳定工作为目标的“保护”理念含有与作为“人权”的学生个人自由选择相抵触的要素。以“科学的”字眼来形容的“适职介绍”实际上含有使学生的选择范围余地变小并有可能改变通过“自我选拔”做出的学生的选择。职业安定机构在就业单位的评价中通过以“稳定”这一基准推断得出的“优良企业”的适职介绍，在考虑求职者的适应性的同时，含有因重视企业的录用条件而选择与此相称的学生的形式，从而限制与求职者的“自由”以及将学生的期望向此处诱导的可能性，即并不是由学生完全自由地选择职业，而是在“适职介绍”的名义下，进行旨在提高稳定率的指导。在这里，职业安定所已不仅是单纯提供信息的服务机构，其发挥的作用得到扩充。

第二，即使从工作调配委托给市场这一基于市场原理意义上的“职业选择自由”角度来看，重视保护的职业安定机构的介入，也是对自由的限制。“一人一单位主义”的原则、通过全国供需调整会议对招聘情报的调整管理等，都是为了保障初中毕业生顺利地就业以及促进就业后的稳定的必要方法，但这也同时创造了与自由劳动市场工作调配不同的形式。

但是，这里不可忽视的是，职业安定机构这样的“保护”理念，在什么样的劳动力市场背景下才能最好地发挥作用，即所谓市场与制度相互关系问题。之所以如此，是由于为了推进“适职介绍”及稳定工作的“保护”成为可能，仅凭行政的权限是不充分的。为了对企业的招聘信息进行确认，或者要求其更正以及介入到招聘条件自身，在与企业的关系处理方面，必须创造不得不接受行政方面指导的市场环境。

如果对前面各章的结论作简单概括的话，在 20 世纪 50 年代的“买方市场”状况下，通过学校、职业安定所的职业介绍制度，在这个意义上的保护上并没有充分地发挥作用。截至这一时期，可以说是以防止人身买卖等相对固定的第一个意义上的保护为中心的。在就业难的时代，对求职者来说，从某种意义上不难理解，学校、职业安定所作为更为稳妥地保证就业的机构而被寄以希望。但是，对招聘方而言，即使招聘途径与职业安定机构实现了某种程度的一体化，但在对招聘情报及招聘条件的管理这一点上，这一时期的职业安定机构发挥的作用还是有限的。

但是，进入 20 世纪 60 年代后，市场一下子变成了“卖方市场”，职业安定行政部门利用这一转机，强化了对市场的调整。比起重视招聘方的录用“自由”及求职方的职业选择自由，包括就业单位的选择方式、招聘票的提出方法在内，在第二个含义上的“青少年的保护”的名义下，强化了对职业介绍的管理。

当然，对进路指导管理的强化，是对学生们的职业选择在“指导”的名义下使其向一定的方向集中并进行适当限制。从这个意义上来讲自由与保护的对立是非常明显的。其解决的关键正如在第六章所示的是建立给学生们提供信息，并依此进行“自我选拔”的指导体制。从这个意义上确实不能否认推进“保护”工作与作为“人权”的职业选择自由之间存在着一定的冲突。而且，在 20 世纪 60 年代的卖方市场，为了更好地体现“自我选拔”的论理，相应地创造了适当的环境。求人倍率提高了，从数字上来看，可供每个学生选择的就业单位得到了增加。不仅如此，正如本章第二节所阐述的，在卖方市场时代选择范围的扩大，并没能掩盖选择的限制。

利用卖方市场的条件，职业安定机构首先确定好就业单位，然后，通过科学的适应性测试，围绕进入这些单位而提供的职业选择的支援肯定与学生们所期望的职业预期相关联。将这样的价值观，通过进路指导传达给学生们。于是学生们在对自己的状况进行客观判断的基础上，从所提供的招聘表的就业单位名单清单中，“自由”地进行选择。至于在就业名单制成之前进行了什么样的调整以及所谓科学的适应性测试的客观性究竟如何，他（她）们却毫不知晓。尊重学生们“主体性”的“职业选择的自由”，就这样在与“为了青少年保护”的理念相协调，其有效性的提高主要缘于卖方市场这一背景。

由上可知，制度在适应市场状况变化中相应地调整着自身的作用与重点。这一见解，可以说提出了以前的“市场与制度”问题的新观点。制度并不仅是干预市场。也有补充市场的作用或对市场进行制约等。制度的作用本身也能够根据市场状况进行相应的调整。或者，制度在发挥某些特定作用的基础上，也能够创造出对市场有利的状况。还有，可以说正是由于在制度中包含的解释范围较广的多数理念的存在使制度能够灵活地适应市场的变化。不管如何，在明确制度与市场相互之间的关系这一点上，本书在原来的“市场与制度”理论中增添了新的观点。

还有，根据上述探讨，进一步明确了与战争时期的差异。与战时体制下的管制经济不同，在战败后，与市场相互作用中，职业安定机构的作用及重点也相应地发生了变化。也就是说，无视市场的存在，像战争时期那样由国家权力保证制度的介入并不一定成为可能。从这个意义上看，战败后的职业安定政策在吸收战争时期的经验的同时，在适应市场方面，带有与战争时期不同的特征。

### 三、市场的“自由”与效率

围绕市场与制度的问题，本书补充的观点不仅局限于两者的相互作用方面。在从怎样的视角来评价市场与制度的关系方面，本研究也有新的观点。这就是提出了由制度对市场进行介入及制约时是否必须从“人权”的角度或者从“效率性”的角度进行评价的观点。

这一问题，与前面阐述的“自由”的两层含义有联系。正如加濑与乾论述的那样，初中学校与职业安定所的职业中介限制了个人的自由，这时的“自由”应该是相当于第一层含义的自由，也就是作为人权的“职业选择的自由”。

对这里所说的“自由”的保障是第二层含义上的自由，也就是所谓的如果委托给自由市场会带来更高效的工作调配不认为是与标榜规制缓和、重视市场原理的经济学考虑具有相同的观点。不如说这些学者在不知不觉中，从“教育的”视角，将阻碍学生的自由意志自身作为“主体性”的侵害问题来对待了。

正如这些讨论所显示的，制度对个人自由进行限制时，或者制度介入市场时，这里的“问题”是基于什么样的理由来进行判断？关于这一点，原来的研究，不能说是进行了充分的理论探讨。个人对职业的选择是否可能按照其个人的希望实现，取决于各种各样的制约条件。新毕业生自由的职业选择归结为高效率的工作调配的主张另当别论，在提出是否提高实现其个人希望的可能性这一问题时，其答案是必然依存机会的构造制约与有关机会的信息制约这两点。有关机会的信息由寄希望于自由市场或者私人关系的人，根据个人希望的实现与否予以传播，并不是先天决定的。正如制度联系有效发挥作用时一样，比起没有制度介入的自由市场或者靠个人关系，有可能提高招聘、求职信息的可信赖性以及信息传播的范围和速度等。从这个意义上来说，如果从取代自由的限制将会带来什么样的结果的角度对其进行评价是可能的。

当然，这样的自由限制与制度的市场介入完全与自由劳动市场相比，究竟带有什么样的效率或者非效率，从实证角度进行验证评价并不是容易的事。尽管如此，考虑到前面所述的制度联系的信息传播中的性能好坏，在劳动力需求急剧增加的时代，像全国供需调整一样对招聘求职信息进行全国范围的调整，是能够发现对调节地区间的需求平衡作了一定贡献的。虽然这里无法进行严密的实证论证，与完全没有上述的调整或者统治相比，是否可以说制度的介入反而比依靠市场以及个人关系具有更好的效果呢？在大量的初中毕业生顺利实现就业这一点上，可以发现制度的介入起到了抑制单纯依靠市场引起混乱的作用。从这个意义上说，尽管与第二层含义中的职业选择自由想抵触，但与单纯依靠市场相比，可以说一定程度上提高了工作调配的效率。

当然，尽管如此，并不意味着制度对市场的介入是自动高效率的工作调配。更进一步来说，以牺牲第二层含义上的职业选择自由所进行的“适职介绍”，即使通过事前的选拔对企业方来说较为容易地招聘到合适者成为可能，但是否会提高与求职者的适应性相称的工作调配的效率化依然留有实证研究的必要。从职业安定行政的立场来看，对企业而言，选出合适人才的工作调配的效率性可能是以学生所期望的工作调配为前提的。有关此点不用说有必要以通过这一制度就业的个人为中心进行研究。

综上所述，本研究留下了实证研究无法阐明的问题。在这里要指出的是，即使是承认这一事实，通过市场的效率性进行自由与保护的对立的研究依然是重要的课题。在对像职业安定机构这样的制度进行评价时，从什么是可能的、什么是不可能的角度进行评价是十分重要的。

## 四、当代的课题

最后，结合前面的理论考察，讨论本研究的理论具有的当代课题作为本书的总结。在这里以当代的高中毕业生就业为中心，对有无制度的制约与市场供求关系变化共同作用时对新毕业生的工作调配带来什么样的影响问题，考察一下近年的高中毕业生劳动市场。之所以不以初中毕业生而以高中毕业生为对象，缘于以下三个原因：第一，正如本书第六章所阐明的那样，在高中毕业生就业中，职业安定所参与较少，制度对市场的直接介入较弱，从这点来讲，能够看到本书所讨论的制度制约的变化情况；第二，受经济萧条的影响，高中毕业生的求人倍率远远低于1.0倍，长期处于“买方市场”状况，在探讨有关劳动力市场的供求关系的急剧变化情况时，当代的高中毕业生就业的问题是可以作为本书理论的应用问题的；第三，受到高等教育升学率上升的影响，希望就业的高中毕业生比例下降，其人数仅占高中毕业生总数20%左右。在他（她）们中间，不少是由于经济方面的原因而未能升学，因而即使从社会阶层的视角来看，通过对可以说是少数派的①高中毕业生就业者的问题的思考，能够使本书的理论得到有效发挥。

制度关联的强弱会对在这种状况下的新毕业生的职业移动究竟带来怎样的影响呢？比如与20世纪60年代的初中毕业生相比，职业移动过程中所包含的要素明显不同，也可以说是所谓的问题的位相不同。但仅以此为据，可以说，当代的高中毕业生的就业问题是可以运用本书理论来进行解决的当代课题的。

这里要讨论的是，在新毕业生市场中对制度的“制约”如何进行评价的问题。正如在大学毕业生劳动市场中明显所见的那样，近年来，在新毕业生劳动市场中有一股极力排除对市场的制约动向。“就业协定”的废除就是其中一例。还有早在之前的20世纪70年代中期以后，在大学毕业生市场，指定校制度不复存在，自由招聘就业成为主流。即使在以实绩关系与一人一单位主义为基础的高中毕业生就业中，就像模仿过去的大学毕业生的做法一样，出现了提倡“自由化”的动向。

这些自由化的动向，通过排除在初次参加工作时对介入过程的制约，努力达到提高个人自由选择职业以及企业录用工作的自由度。其结果如何，只有有待今后的实证研究了。从本研究的理论探讨所持的立场来看，存在着下面的问

---

① 据SSM调查，出身阶层和升学机会之间存在明确的关系。包括前期研究的评论，关于阶层和升学机会的关系，参照苅谷刚彦：《大众教育社会的去向》，中公新书，1995年。

题，也就是与自由相交换，担负着在信息化传播上带有什么样的风险的问题。而且，这些风险谁会承担得更多，有必要包括从阶层的视角对这些问题进行思考。

考虑到高中毕业就业率降低到20%左右，绝大多数高中毕业生升入了高等院校的时代背景，对市场制约的解除（自由的导入）对少数化的高中毕业就业者究竟带来哪些影响呢？假设即使得到了自由与效率，有没有因此而牺牲了平等呢？这些问题也必须有待今后的研究。从本研究的理论立场想指出的是在带来自由的同时可能也带来了不平等的扩大。

第二个想探讨的问题是，劳动市场中需求平衡的变化对工作调配支援机构作用的发挥带来怎样的影响问题。这个问题与在被称为“超冰河期”的现在的高中毕业生劳动力市场中，高中学校的进路指导部等职业介绍机构发挥的作用限度问题紧密关联。在劳动市场供给远远大于需求的就业难的“买方市场”时代，职业介绍机构对招聘方的管理非常困难。“适职介绍”的功能也不能充分发挥。换一个角度来看，在这样的市场状况下，制度的介入不充分，结果使职业介绍机构的作用受到削弱。就像普通高中校的就业指导不能有效发挥作用而出现了大量的失业者的情况一样①，乍一看，是在尊重学生的选择、扩大市场的“自由化”中出现的，实际上也含有由于制度的消亡而产生的、包括消极意义上的自由化（或者是工作调配支援的空洞化）的结果情况。

这一问题，与前面的“自由”的两个含义相关联。站在“教育的”角度，以学生的自我选拔为基轴的进路选择被看做是对“主体性”的制约立场来看，最大限度地保障学生们的进路指导是受欢迎的。但是，作为“人权”的职业选择自由主张难道不是包含在以赞成全权委托自由市场、重视效率性的“市场原理”主张里面了吗？对学生自由选择的尊重是否对“进路未决定者”作了贡献呢？尊重主体性一方（进路指导部）的主张加上尊重效率性一方（企业）的主张，两者相结合，勾勒了一幅促进制度消亡的图景。

但是，一切都交给自由市场，会给高中毕业希望就业者带来什么样的结果？对这一点，这些主张看上去并不乐观。市场的力量有时甚至比学校进行的工作调配对个人的“主观性”带来的损伤更大。作为“人权”的自由与重视“效率性”的自由的结合，如果掩盖这些论点，制度的废除带来的工作调配的自由化（支援

① 苅谷刚彦、粒来香、长须正明、稻田雅也：《进路未决定者的构造》，《东京大学研究生院教育学研究科纪要》第37卷，1997年，第45～76页。

的空洞化），可能就会与在自由与效率的名义下，引导少数派的高中毕业希望就业者抓住有限的就业机会，扩大阶层间的差别相关联。还有，这也包括被这些制度所排除的中途退学的高中生在内①。这难道不是另一层意义上的对“主体性”的制约吗？除掉“保护”的遮盖后，职业机会的分配究竟带有怎样的原生态？结合参与分配的人们的特性，窃以为有必要思考一下制度的废除与市场的自由化的意义。

（本章第一节由菅山真次、第二节由石田浩、第三节由苅谷刚彦执笔）

（附记）本章所用的“1953年神奈川县应届学校毕业生劳动市场调查”是得到东京大学社会科学研究所附属日本社会研究情报中心SSJ数据档案室的许可，得以掌握资料并进行分析。

① 根据吉本圭一的计算，1991年初中学校毕业生中，未升入高中者、高中辍学者，再加上高中毕业生中进路方向不明确者，达到同龄人口（正确地说是同一年初中毕业生数）的16.9%。如果考虑到高中毕业无业者、高中辍学者的比率其后全都继续增加的话，这个数值将有进一步增加的可能性。吉本圭一：《和劳动市场的关系》，《高等教育研究所纪要》第17号，1999年，第143～156页。

# 作者简介


＊苅谷刚彦：东京大学研究生院教育学研究科教授

＊菅山真次：东北学院大学经济学部副教授

西村幸满：东京大学社会科学研究所附属日本社会研究情报中心助手

＊石田浩：东京大学社会科学研究所教授

村尾祐美子：御茶之水女子大学研究生院博士生


（按执笔顺序，加＊者为本书编者）